Albert Bandura

Lernen am Modell

Albert Bandura

Lernen am Modell

Ansätze zu einer sozial-kognitiven Lerntheorie

Mit Beiträgen von siebzehn weiteren Autoren

Ernst Klett Verlag Stuttgart

Die amerikanische Originalausgabe erschien unter dem Titel
Psychological modeling: Conflicting Theories
bei Aldine Atherton, Inc., New York
© 1971 by Aldine Atherton, Inc.
© für das letzte Kapitel by Albert Bandura 1974
Die Übersetzung besorgte Hainer Kober

CIP-Kurztitelaufnahme der Deutschen Bibliothek

Bandura, Albert
Lernen am Modell: Ansätze zu e. sozial-kognitiven Lerntheorie; mit Beitr. von 17 weiteren Autoren. — 1. Aufl. — Stuttgart: Klett, 1976.
   Einheitssacht.: Psychological modeling ‹dt.›.
   ISBN 3-12-920590-X

1. Auflage 1976
Über alle Rechte der deutschen Ausgabe verfügt der
Ernst Klett Verlag, Stuttgart
Fotomechanische Wiedergabe nur mit Genehmigung des Verlages
Printed in Germany
Einbandgestaltung: Werbeagentur Lorenz
Satz und Druck: Wilhelm Röck, Weinsberg

Inhalt

Vorwort des Verlages zur deutschen Auflage 7

Die Analyse von Modellierungsprozessen (Albert Bandura) 9

1. Mimikry bei Beos. Zur Überprüfung der Theorie Mowrers (Brian M. Foss) 69

2. Statusneid, soziale Macht und sekundäre Verstärkung. Eine vergleichende Untersuchung von Theorien des Identifikationslernens (Albert Bandura, Dorothee Ross, Sheila A. Ross) 75

3. Prozesse der symbolischen Kodierung beim Beobachtungslernen (Marvin D. Gerst) 93

4. Einfluß der Verstärkungskontingenzen des Modells auf den Erwerb der Nachahmungsreaktionen (Albert Bandura) 115

5. Die Entwicklung der Nachahmung durch Verstärkung der Verhaltensähnlichkeit mit einem Modell (Donald M. Baer, Robert F. Peterson, James A. Sherman) 131

6. Einfluß der Konsequenzen, die eine bestimmte Handlung für ein soziales Modell hat, auf die Resistenz des Beobachters gegenüber abweichendem Verhalten (Richard H. Walters, Ross D. Parke) 155

7. Nachahmung und die Entwicklung der Grammatik bei Kindern (Dan I. Slobin) 169

8. Einflüsse von Alter und Regelkenntnis auf die Nachbildung modellierter Sprachkonstruktionen (Robert M. Liebert, Richard D. Odom, Jae H. Hill, Ray L. Huff) 181

9 Durch Beobachtung veranlaßte Veränderungen in der Art der Fragen, die Kinder stellten (Ted L. Rosenthal, Barry J. Zimmermann, Kathleen Durning) 191

Verhaltenstheorie und die Modelle des Menschen (Albert Bandura) 205

Vorwort des Verlages zur deutschen Auflage

Albert BANDURA — seit 1953 Professor für Psychologie an der Stanford University — hatte in den frühen sechziger Jahren eine Reihe von Arbeiten publiziert, die ihn als strengen Behavioristen zeigten (vgl. BANDURA & WALTERS 1963). Noch sein 1969 erschienenes Buch „Principles of Behavior Modification" — ein Hauptwerk der behavioristisch orientierten Verhaltensmodifikation — steht in dieser Reihe. Im selben Jahr kündigt sich — in einem Beitrag, den Bandura für GOSLINS Handbuch geschrieben hatte — eine Wende an, deren Entschiedenheit in „Psychological Modeling" noch viel deutlicher wurde. Und drei Jahre nach Erscheinen dieses (hier in deutscher Übersetzung vorgelegten) Buches hielt BANDURA beim Meeting der American Psychological Association, deren Präsident er damals war, eine erstaunliche Rede, eine Rede, die nicht weniger dokumentiert als einen radikalen Wechsel der Paradigmen. In dieser Rede kommen Sätze vor wie die folgenden:

„Es trifft zu, daß Verhalten von Kontingenzen reguliert wird, aber die Kontingenzen werden teilweise von der Person selbst geschaffen. Durch ihre Handlungen bestimmen Menschen wesentlich mit, welche Verstärkungskontingenzen auf sie wirken. Das Verhalten schafft also teilweise die Umwelt, und die Umwelt beeinflußt das Verhalten in einer reziproken Weise. Der oft wiederholte Satz: verändere die Kontingenzen und du veränderst das Verhalten, sollte reziprok ergänzt werden: verändere das Verhalten und du veränderst die Kontingenzen" (S. 221).

Mit dieser Rede ist „die Vorherrschaft situativer Determination, bei SKINNER logisch impliziert, ... überwunden" (HALISCH, BUTZKAMM & POSSE 1976). Doch die Radikalität dieses Paradigmenwechsels kam für den, der „Psychological Modeling" aufmerksam gelesen hatte, nicht unerwartet. Manches Ergebnis der von BANDURA und seinen Mitarbeitern dargestellten empirischen Untersuchungen kann gar nicht interpretiert werden ohne eine solche prinzipielle Änderung der Theorie. Noch mehr: manches Experiment hätte gar nicht durchgeführt werden können, wenn man nicht *auch* die Resultate erwartet hätte, die das SKINNERsche Schema zu sprengen drohten. BANDURAS Wende ist keine „Kapitulation" vor einem allzu mächtig gewordenen Heer der „Kognitivisten". Sie wurde ausgelöst durch die Ergebnisse sorgfältig und einfallsreich durchgeführter Experimente zum sozialen Lernen, zum Lernen am Modell.

Dieser Paradigmenwechsel hat aber nicht nur wissenschaftliche, sondern auch politische Bedeutung:

„Als Wissenschaft, die die sozialen Konsequenzen ihrer Anwendung verantwortet, muß die Psychologie auch dadurch ihre umfassende Verpflichtung gegenüber der Gesellschaft anerkennen, daß sie ihren Einfluß auf der Ebene gesellschaftspolitischer Entscheidungen geltend zu machen versucht, um sicher zu stellen, daß ihre Ergebnisse auch zur Verbesserung menschlicher Lebensverhältnisse verwendet werden" (S. 228).

Der Verlag hat sich im Einverständnis mit dem Autor entschlossen, der Übersetzung von „Psychological Modeling" — ein Werk, das im *Drehpunkt* der „Wende" entstanden ist —, diese Rede beizufügen, die den *Abschluß* der Neuorientierung markiert. Auf diese Weise ist ein Buch entstanden, das eindrücklich demonstriert, was geschieht, wenn ein Wissenschaftler seine Forschungen konsequent vorantreibt, ohne Rücksicht auf seine theoretischen Vorstellungen, und der schließlich die Konsequenzen zieht, seine Theorien auf den Kopf stellt und sie um neue Dimensionen erweitert.

Literatur

BANDURA, A., & WALTERS, R. H. 1963. *Social learning and personality development.* New York: Holt, Rinehart & Winston.
BANDURA, A. 1969. Social learning theory of identificatory processes. In D. A. GOSLIN (Hrsg.), *Handbook of socialisation theory and research.* Chicago: Rand McNally, S. 213–262.
BANDURA, A. 1969. *Principles of behavior modification.* New York: Holt, Rinehart & Winston.
BANDURA, A. 1971. *Psychological modeling: Conflicting theories.* New York: Aldine-Atherton Press (Deutsch: S. 9–204 dieses Buches.)
BANDURA, A. 1974. Behavior Theory and the Models of Man. *American Psychologist,* 12, 859–869 (Deutsch: S. 205–229 dieses Buches).
HALISCH, F., BUTZKAMM, J., & POSSE, N. 1976. Selbstbekräftigung. I. Theorieansätze und experimentelle Erfordernisse. *Zeitschrift für Entwicklungspsychologie und pädagogische Psychologie,* 8, 145–164.

Albert Bandura

Die Analyse von Modellierungsprozessen *

Unter den zahlreichen Gegenständen, die im Laufe der Jahre die Aufmerksamkeit der Psychologen auf sich gezogen haben, nimmt das Phänomen des Lernens eine besondere Stellung ein. Meistens erscheint der Lernprozeß in den Forschungsarbeiten dieses Gebietes als eine Folge unmittelbarer Erfahrung: In diesem Buch geht es in erster Linie um das Lernen am Beispiel.

Die informelle Beobachtung zeigt, daß menschliches Verhalten — absichtlich oder unabsichtlich — weitgehend durch soziale Modelle vermittelt wird. So konnte schon REICHARD (1938) feststellen, daß in vielen Sprachen „dasselbe Wort für ,lehren' und ,zeigen' steht". Nur schwerlich läßt sich eine Kultur denken, in der sich Sprache, Sitten, Berufsverhalten, familiäre Gebräuche, die erzieherischen, religiösen und politischen Praktiken bei jedem neuen Mitglied als unmittelbare Folge seines Versuch-Irrtums-Verhaltens einstellen würden, ohne daß an diesem Prozeß Modelle beteiligt wären, die die kulturellen Muster in ihrem Verhalten zeigten.

Obgleich das soziale Lernen großenteils auf der Beobachtung realer Modelle beruht, wächst mit der Entwicklung der Kommunikation auch die Bedeutung symbolischer Modelle. In vielen Situationen richten die Menschen ihr Verhalten nach Modellen aus, die ihnen verbal oder bildlich präsentiert werden. Ohne Anleitung durch Handbücher, die detailliert beschreiben, wie man sich in besonderen Situationen zu verhalten hat, würden die Menschen in den technologisch fortgeschrittenen Gesellschaften sehr viel Zeit damit zubringen, nach effektiven Verfahren zu suchen, um häufig vorkommende Situationen zu bewältigen. Auch die Abbildung von Modellen, wie sie das Fernsehen und andere Bildmedien zeigen, beeinflußt das soziale Verhalten.

---

* Die Vorbereitung dieser Arbeit und die Forschungen des Autors, über die hier berichtet wird, wurden ermöglicht durch die *Research Grants M-5162* und *1F03MH42658* vom *National Institute of Mental Health, United States Public Health Service.* Der Autor dankt außerdem für die großzügige Hilfe, die ihm das Personal des *Center for Advanced Study in the Behavioral Sciences* gewährt hat.

Wenn man bedenkt, welch außerordentliche Bedeutung dem Einfluß des Beispiels für die Entwicklung und Regulation des menschlichen Verhaltens zukommt, überrascht es, daß die traditionellen Darstellungen des Lernens Modellierungsprozesse kaum oder gar nicht berücksichtigen. Wenn ein reisender Marsbewohner die maßgeblichen Texte der Erdenmenschen über das Lernen durchzusehen hätte, würde er die Überzeugung gewinnen, es gäbe zwei prinzipielle Lernweisen: entweder würden die Menschen durch Belohnung und Strafe konditioniert, die gewünschten Verhaltensmuster zu übernehmen, oder eine emotionale Reaktion werde durch die enge Verbindung mit neutralen und evokativen Reizen geschaffen. Wollte man sich auf dem fernen Planeten nur auf diese Methode verlassen, würde sich die Lebensspanne der Marsbewohner nicht nur drastisch verkürzen, sondern die kurze Zeit, die ihnen noch zum Leben verbliebe, würden sie auch noch mit langwierigen und mühsamen Versuchen hinbringen, einfache Fähigkeiten zu erlernen.

Diese Diskrepanz zwischen Bücherwissen und gesellschaftlicher Wirklichkeit ist weitgehend auf die Tatsache zurückzuführen, daß gewisse Bedingungen, die in natürlichen Situationen von entscheidender Bedeutung sind, in experimentellen Lernstudien kaum oder gar nicht reproduziert werden. Die Versuchsleiter schaffen in ihren Laboruntersuchungen vergleichsweise harmlose Verhältnisse, in denen Irrtümer ohne fatale Folgen für den Organismus bleiben. Doch in der natürlichen Umgebung wirken sich solche zufälligen Irrtümer oft genug tödlich aus. Es wäre demnach äußerst unsinnig, wollte man sich auf die differentielle Verstärkung von Versuch-Irrtums-Reaktionen beschränken, wenn man die Absicht hat, Kinder im Schwimmen, junge Leute im Autofahren, Medizinstudenten im Operieren zu unterweisen, oder wenn man Erwachsene dazu anleiten will, komplexe berufliche und soziale Fähigkeiten auszubilden. Unter realistischeren Versuchsbedingungen hätte man die Tiere, die sich in der Skinner-Box und in den verschiedenen Labyrinthen abquälten und dabei — weil sie ohne Anleitung waren — zwangsläufig Fehler begingen, zur Strafe für diese Irrtümer ertränken, durch elektrischen Strom töten, zerstückeln oder zumindest grün und blau schlagen müssen. Dann wäre man rasch auf die Grenzen instrumenteller Konditionierung gestoßen.

Es sprechen einige Gründe dafür, daß Modellierungseinflüsse gewöhnlich weit geeigneter sind, das Lernen zu erleichtern. In Situationen, wo Fehler kostspielige oder gefährliche Folgen hätten, können hochentwickelte Fähigkeiten unter Vermeidung nutzloser Irrtümer dadurch vermittelt werden, daß die Aufmerksamkeit auf geeignete Modelle gelenkt wird, die die erforderlichen Aktivitäten vorführen. Es gibt sogar gewisse komplexe Verhaltensweisen, die nur unter dem Einfluß von Modellen ausgebildet werden können. Wenn Kinder keine Gelegenheit hätten, andere sprechen zu hören, wäre es wohl unmöglich, ihnen die verbalen Fähigkeiten beizubringen, die erforderlich sind, um eine Sprache zu beherrschen. Es ist zu bezweifeln, daß man auch nur einzelne Wörter hervorbringen könnte, wenn lediglich die zufälligen Vokalisationen selektiv verstärkt würden, von der grammatischen Sprechweise ganz abgesehen. Wo die angestrebten Verhaltensformen der sozialen Anleitung bedürfen, stellt die Modellierung eine unentbehrliche Lernweise dar. Selbst wo es möglich ist, neue Reaktionsmuster durch andere Mittel zu erzeugen, kann der Prozeß, durch den die Reaktionen erworben werden, dadurch erheblich abgekürzt werden, daß geeignete Modelle zur Verfügung gestellt werden (BANDURA und MCDONALD, 1963; JOHN, CHESLER, BARTLETT und VICTOR, 1968; LUCHINS und LUCHINS, 1966).

Differenzierung der Modellierungsphänomene

Bei der Differenzierung der Modellierungsphänomene konnte man sich lange Zeit nicht über die Kriterien einigen, nach denen diese willkürlichen Klassifikationen vorzunehmen seien. Man versuchte das Nachbildungsverhalten* mit einer Reihe verschiedener Termini zu erfassen, so zum Beispiel durch „Nachahmung", „Modellierung", „Beobachtungslernen", „Identifikation", „Internalisierung", „Introjektion", „Inkorporation", „Kopieren", „soziale Bahnung", „Ansteckung" und „Rollenübernahme".
In der theoretischen Diskussion unterscheidet man die Nachahmung sehr häufig von der Identifikation nach den inhaltlichen Veränderungen, die sich ergeben, wenn das Individuum den Modellierungseinflüssen ausgesetzt wird. Nachahmung wird im allgemeinen als die Reproduktion diskreter Reaktionen definiert, während über die Verwendung des Begriffs Identifikation wenig Einverständnis herrscht. Einige Autoren verstehen darunter die Übernahme verschiedener Verhaltensmuster (KOHLBERG, 1963; PARSONS, 1955; STOKE, 1950), andere meinen die symbolische Repräsentation des Modells (EMMERICH, 1959), wieder andere gehen von gleichen Bedeutungssystemen (LAZOWICK, 1955) oder gleichen Motiven, von gleichen Werten und Idealen oder gleichem Bewußtsein (GEWIRTZ und STINGLE, 1968) aus.
Manchmal werden die beiden Begriffe auch nach den Bedingungen unter-

---
* Anm. d. Übers.: Der Terminus „Nachbildungsverhalten" steht hier und im ganzen Buch für englisch *matching behavior*.

schieden, die die Autoren voraussetzen, um zu erklären, wie das Nachbildungsverhalten erzeugt und beibehalten wird. So vertritt PARSONS (1951) die Ansicht, daß für die Identifikation „eine allgemeine, auf eine Person konzentrierte Zuneigung" erforderlich sei, während sie bei der Nachahmung nicht vorausgesetzt werden müsse. KOHLBERG (1963) unterscheidet hier, indem er den Terminus Identifikation einem Verhalten vorbehält, das durch die Befriedigung über die wahrzunehmende Ähnlichkeit beibehalten werde, wohingegen er die Bezeichnung Nachahmung auf instrumentelle Anpassungsreaktionen anwendet, die durch extrinsische Belohnungen unterstützt werden. Es gibt auch Autoren, die Nachahmung als diejenige Art von Nachbildung definieren, die in Gegenwart des Modells erfolge, und mit Identifikation den Fall bezeichnen, daß das Verhalten des Modells in dessen Abwesenheit nachvollzogen werde (KOHLBERG, 1963; MOWRER, 1950). Aber nicht nur über die zu unterscheidenden Merkmale der beiden Begriffe läßt sich kein Konsens herstellen. Während einige Theoretiker annehmen, daß Nachahmung Identifikation erzeuge, verfechten andere mit gleicher Überzeugung die Auffassung, daß sich aus der Identifikation die Nachahmung ergebe.

Wenn nicht gezeigt werden kann, daß die Modellierung unterschiedlicher Verhaltensweisen durch verschiedene Bestimmungsfaktoren gesteuert wird, sind Unterscheidungen, die auf Grund des Inhalts des Nachzubildenden vorgeschlagen werden, nicht nur ohne Wert, sondern auch geeignet, unnötige Verwirrung zu stiften. Man wird die Lernprozesse kaum besser verstehen, wenn man ohne empirische Rechtfertigung äußerst verschiedene Mechanismen bemüht, um darzulegen, wie eine soziale Reaktion im Unterschied zu zehn solchen Reaktionen erworben wird, die willkürlich zu Bestandteilen einer Rolle erklärt werden. Die Ergebnisse von zahlreichen Untersuchungen, die andernorts (BANDURA, 1969 a) detailliert erörtert wurden, zeigen, daß dieselben Bestimmungsfaktoren den Erwerb sowohl isolierter Nachbildungsreaktionen wie auch ganzer Verhaltensrepertoires in gleicher Weise beeinflussen. Darüber hinaus setzen die Erinnerung und die verzögerte Reproduktion von sogar diskreten Nachbildungsreaktionen die symbolische Repräsentation von zuvor modellierten Ereignissen voraus. Dies trifft besonders auf die früheren Stadien des Lernens zu. Es liegen auch kaum empirische oder theoretische Gründe für die Annahme vor, daß die Prozesse, die beim Erwerb modellierter Verhaltensweisen eine Rolle spielen und später in Gegenwart des Modells ausgeführt werden, sich von denen unterscheiden, die in seiner Abwesenheit vollzogen werden.

Eine Reihe von Experimenten (BANDURA, BLANCHARD & RITTER, 1969; BLANCHARD, 1970; PERLOFF, 1970) haben bewiesen, daß bei Beobachtern, die gleichzeitig denselben Modellierungseinflüssen ausgesetzt werden, sich spezifische Verhaltensweisen, emotionale Reaktionen, die Bewertung von Objekten, die in die Modellierungsaktivitäten einbezogen sind, und die Selbsteinschätzung in analoger Weise verändern. Es ist fraglich, ob irgendwelche begrifflichen Vorteile daraus entstehen, daß nun einige dieser Veränderungen ganz willkürlich als Identifikation und andere als Nachahmung bezeichnet werden. Wenn die verschiedenen oben genannten Kriterien ernsthaft — einzeln oder in unterschiedlichen Kombinationen — dazu verwendet würden, die Folgen der Modellierungsprozesse in Kategorien einzuteilen, würden die meisten Erscheinungsformen des Nachbildungsverhaltens, das man traditionell Nachahmung nennt, auch die Identifikation bezeichnen, während das Verhalten, das unter den Begriff des identifikatorischen Lernens fiel, jetzt großenteils als Nachahmung klassifiziert würde.

In der Theorie des sozialen Lernens (BANDURA 1969 a) werden die Erscheinungen, die gewöhnlich unter den Bezeichnungen Nachahmung und Identifikation begriffen werden, als *Modellierung* bezeichnet. Der Terminus wurde gewählt, weil das psychologische Wirkungsfeld der Modellierungseinflüsse viel weiter gesteckt ist als die einfache Mimikry, die durch den Begriff Nachahmung bezeichnet wird. Die unterscheidenden Merkmale der Identifikation sind andererseits zu verschwommen, zu willkürlich und empirisch zu fragwürdig, um die anstehenden Fragen klären und dem Forscher helfen zu können. Untersuchungen, die sich an diesen theoretischen Ansatz hielten, haben gezeigt, daß die Modellierungseinflüsse drei unterscheidbare Wirkungstypen hervorbringen. Sie beruhen auf den verschiedenen beteiligten Prozessen. Erstens können Beobachter neue Verhaltensmuster dadurch erwerben, daß sie die Leistungen anderer wahrnehmen. Dieser *Lerneffekt durch Beobachtung* zeigt sich am deutlichsten, wenn Modelle neue Reaktionen vorführen, die die Beobachter noch nicht beherrschen und die sie später im wesentlichen identisch reproduzieren.

Eine zweite wichtige Funktion der Modellierungseinflüsse besteht darin, die Hemmung früher erlernter Reaktionen zu stärken oder zu schwächen. Ob sich die modellierten Aktivitäten hemmend auf das Verhalten auswirken, wird weitgehend davon bestimmt, ob Belohnung oder Strafe als Folge der Handlungen beobachtet werden können. *Hemmungseffekte* liegen vor, wenn Beobachter entweder die modellierten Verhaltensklassen einschränken oder eine allgemeine Verminderung ihrer Reaktionsbereitschaft erkennen lassen, wenn sie sehen, daß das Verhalten des Modells bestraft wird. Es konnte gezeigt werden, daß die Beobachtung von Bestrafung exploratorisches Verhalten (CROOKS, 1967), Aggressivität (BAN-

DURA, 1965 b, WHELLER, 1966), und Normverstöße (WALTERS und PAKRE, 1964; WALTERS, PARKE und CANE, 1965) eindämmt. Die Leistung von Beobachtern wird in ähnlicher Weise eingeschränkt, wenn die Modelle mit Selbstbestrafung auf ihr Verhalten reagieren (BANDURA, 1971 a; BENTON, 1967).

② Von *Enthemmungseffekten* spricht man, wenn Beobachter einen Leistungsanstieg in vorher gehemmten Verhaltensweisen erkennen lassen, nachdem sie beobachtet haben, wie Modelle ohne mißliche Folgen Handlungen ausführten, die bedrohlich erschienen oder mit Verboten belegt waren. Dieser Veränderungstypus tritt am deutlichsten in Erscheinung, wenn Phobien mit Modellierungsverfahren behandelt werden. Menschen, die auch die schwächste Annäherungsreaktion auf Objekte, die sie fürchten, sehr stark zu hemmen pflegen, können in größter Nähe mit ihnen umgehen, wenn sie beobachten konnten, daß andere die bedrohlichen Handlungen sorglos, und ohne unliebsame Folgen in Kauf nehmen zu müssen, ausgeführt haben.

Das Verhalten anderer kann auch bewirken, daß vorhandene Reaktionen derselben allgemeinen Klasse häufiger auftreten. Menschen applaudieren, wenn andere in die Hände klatschen. Sie sehen nach oben, wenn sie bemerken, daß andere in den Himmel blicken. Sie übernehmen Modeerscheinungen, die sie an anderen beobachtet haben und in zahllosen anderen Situationen auch wird ihr Verhalten durch das Handeln anderer
③ ausgelöst und gelenkt. Diese *Auslösungseffekte* werden einerseits vom Beobachtungslernen unterschieden, weil keine neuen Reaktionen erworben werden, und andererseits von den Enthemmungsprozessen, weil das fragliche Verhalten gesellschaftlich sanktioniert wird und deshalb keinen Einschränkungen unterliegt.

Erklärende Theorien

Einige der wichtigsten Kontroversen, die es über die Erklärung der Modellierungsphänomene gab, lassen sich am besten anhand der Entwicklung der Nachahmung darstellen. Die Auseinandersetzungen zwischen verschiedenen theoretischen Positionen entstehen oft daraus, daß versäumt wird, zwischen den verschiedenen Wirkungen zu unterscheiden, die die Modellierungseinflüsse hervorrufen können. Da Beobachtungslernen, Veränderungen von Verhaltenshemmungen und soziale Bahnung unter jeweils unterschiedlichen Bedingungen zustande kommen, muß sich eine <u>Theorie, die das Lernen durch Beobachtung erklären soll, notwendig von einer solchen unterscheiden, die vor allem die soziale Bahnung zum Ge-</u>

genstand hat. Später werden eine Reihe anderer wichtiger Fragen zu erörtern sein, die gegenwärtig von Theoriebildung und Forschung aufgeworfen werden.

Instinktinterpretationen

In den frühesten Erklärungsversuchen der Nachahmung (MORGAN, 1896; TARDE, 1903; und McDOUGALL, 1908) wurde die Modellierung zum Instinktverhalten gerechnet; Menschen reproduzieren das Verhalten anderer, weil sie einen angeborenen Hang dazu besitzen. Als sich die Tendenz, menschliches Verhalten auf Instinkte zurückzuführen, wachsender Beliebtheit erfreute, wurden die Psychologen mißtrauisch gegenüber dem Erklärungswert des Instinktbegriffs. Spätere Theorien gingen übereinstimmend davon aus, daß die Fähigkeit zur Nachahmung durch bestimmte Lernmechanismen erworben werde, unterschieden sich aber hinsichtlich der Annahme dessen, was gelernt wird, sowie hinsichtlich der Faktoren, die als Voraussetzungen der Nachahmung anzusehen seien.

Assoziationstheorien

Nachdem die Instinktdoktrin in Verruf gekommen war, stellten eine Reihe von Psychologen — vor allem HUMPHREY (1921), ALLPORT (1924), HOLT (1931) und GUTHRIE (1952) — die Modellierung in Übereinstimmung mit den Prinzipien der Assoziationen dar. GUTHRIE stellte bündig fest: „Wenn wir eine Handlung ausgeführt haben, zeigen die mit dieser Handlung assoziierten Reize die Tendenz, zu Hinweisreizen ihrer Ausführung zu werden" (S. 287). Man glaubte, daß sich assoziatives Lernen besonders rasch aus einer Nachahmung mit ursprünglich vertauschten Rollen entwickle. Nach HOLTs Vorstellungen neigt ein Kind dazu, wenn eine seiner Reaktionen von einem Erwachsenen kopiert wird, das nachgeahmte Verhalten seinerseits zu wiederholen. Dauert diese zirkuläre Assoziationsfolge an, wirkt sich das Verhalten des Erwachsenen als Reiz von wachsender Stärke auf das Verhalten des Kindes aus. Wenn der Erwachsene während dieser spontanen wechselseitigen Nachahmung eine Reaktion zeigt, die dem Kind unbekannt ist, wird es diese kopieren. Ganz ähnlich beschrieb PIAGET (1945) die Nachahmung in den frühen Entwicklungsstadien, wo anfangs das spontane Verhalten des Kindes als Reiz für die Nachbildungsreaktionen des Modells benutzt wird. Dieser Vorgang führt dann zu alternierenden Nachahmungssequenzen. ALLPORT glaubte, daß die Fähigkeit zur Nachahmung dadurch entstehe, daß mittels der klassischen Konditionierung Verbalisierungen, motorische Reaktionen und Emotionen mit ähnlichen, eng mit ihnen assoziierten Klassen sozialer Reize verbunden würden.

Durch die Assoziationstheorien ließ sich zwar erklären, wie bereits erlernte Verhaltensweisen durch die Handlungen anderer ausgelöst werden können, es ließ sich jedoch keine Klarheit darüber gewinnen, warum ein bestimmtes Verhalten von einigen sozialen Reizen abhängt, von anderen dagegen nicht, obgleich diese gleich häufig mit dem Verhalten assoziiert werden. Noch schwerer wiegt der Einwand, daß diese Begriffe keinen Aufschluß darüber geben, wie neue Reaktionen ursprünglich erlernt werden. Beobachtungslernen beginnt gewöhnlich weder beim Menschen noch beim Tier damit, daß ein Modell die irrelevanten Reaktionen eines Lernenden reproduziert. Wenn jemand zum Beispiel einen Beo zum Sprechen abrichten will, würde er kaum auf die Idee kommen, sich mit dem Vogel auf einen zirkulären Prozeß wechselseitigen Krächzens einzulassen, sondern wird die Wörter aussprechen, die er dem Vogel beibringen will und die sicher in integrierter Form nicht zu dessen Lautrepertoire gehören.

Verstärkungstheorien

Als man das theoretische Konzept der Verstärkung entwickelte, ersetzte man in der Lerntheorie die klassische durch die instrumentelle Konditionierung, sah also die nachfolgenden Verstärkungen für entscheidend an. In den Modellierungstheorien nahm man folglich an, daß das Beobachtungslernen auf der Verstärkung des Nachahmungsverhaltens basiere. Lernprozesse wurden zwar immer noch als Assoziationsbildung zwischen sozialen Reizen und Nachbildungsreaktionen verstanden, aber man betrachtete die Verstärkung als selektiven Faktor, der darüber entscheide, welche der vielen Reaktionen nachgeahmt würden, die bei anderen zu beobachten seien.

Die führenden Vertreter des Behaviorismus, WATSON (1908) und THORNDIKE (1898), verwarfen die Ansicht, daß Lernen durch Beobachtung erfolgen könne, überhaupt, wobei sie sich lediglich auf die ungünstigen Ergebnisse einiger Tierversuche stützten, deren Bedingungen eine kontrollierte Beobachtung der Versuchstiere nicht gestattete. Da die vorherrschende Lehre der Zeit das Lernen gänzlich mit der Reiz-Reaktions-Theorie erklärte, lag den Fachwissenschaftlern der Begriff des Beobachtungslernens wohl zu fern, als daß sie ihn ernsthaft in Betracht gezogen hätten.

Es gab keine nennenswerten Arbeiten über Modellierungsprozesse bis zu der mittlerweile klassisch gewordenen Veröffentlichung: „Social Learning and Imitation" von MILLER und DOLLARD aus dem Jahre 1941. Die Autoren schärften das Bewußtsein für die Voraussetzungen des Imitationslernens. Danach müssen die Beobachter zum Handeln motiviert werden, müssen Hinweisreize für die Modellierung des gewünschten Verhaltens dargeboten werden, müssen die Beobachter die Nachbildungsreaktionen ausführen und müssen diese positiv verstärkt werden. Weiterhin nahmen die Autoren an, daß sich die Nachahmung, wenn sie wiederholt belohnt werde, in einen sekundären Trieb verwandle, der vermutlich reduziert werde, wenn das Individuum wie das Modell handle.

In den Experimenten von MILLER und DOLLARD zeigte sich, daß sich die Fähigkeiten der Versuchspersonen zur Nachahmung merklich verbessern, wenn sie in Problemen mit zwei Diskriminationsmöglichkeiten beständig für die Nachahmung der Wahlreaktion des Modells belohnt werden, daß die Versuchspersonen die Nachahmung hingegen einstellen, wenn sie nie dafür belohnt werden. Die Versuchspersonen übertragen das Nachahmungsverhalten sogar auf neue Modelle und auf Situationen, in denen sie anders motiviert werden. Man untersuchte jedoch nicht, ob die Nachahmung als Trieb wirkt, dessen Stärke möglicherweise durch Deprivation, bzw. Sättigung des Nachbildungsverhaltens zu verändern ist.

Diese Experimente werden allgemein als Beweis für die Existenz des Nachahmungslernens anerkannt, obwohl in ihnen eigentlich nur eine der besonderen Erscheinungsformen dieses Lernens berücksichtigt wird, nämlich das diskriminative Platz-Lernen, bei dem nicht Umweltreize, sondern soziale Reize über solche Wahlreaktionen entscheiden, die bereits zum Verhaltensrepertoire der Versuchspersonen gehören. Wenn nämlich ein Licht oder ein anderer spezifischer Hinweisreiz verwendet worden wäre, um die Wahlhandlungen zu bezeichnen, hätte sich das Verhalten von Modellen nicht, oder möglicherweise sogar hinderlich auf die Leistungen der Versuchsperson ausgewirkt.

Die meisten Nachahmungsarten beruhen jedoch eher auf *Reaktionen* als auf dem Platz-Lernen, in welchem die Beobachter Verhaltenselemente allein dadurch zu neuen komplexen Reaktionen organisieren, daß sie das modellierte Verhalten beobachten. Da die Theorie von MILLER und DOLLARD voraussetzt, daß ein Individuum Reaktionen schon nachgeahmt haben muß, bevor es sie lernen kann, erklärt sie eigentlich nur, warum bereits früher gelernte Reaktionen auftreten, nicht aber, wie sie erworben werden. Hieran liegt es vielleicht, daß die Veröffentlichung von „Social Learning and Imitation", obgleich sich dort viele anregende Gedanken finden, die Forschung so wenig beeinflußte. Die Modellierungsprozesse wurden weiterhin nur oberflächlich behandelt oder gänzlich außer acht gelassen, wenn es galt, das Lernen zu erklären.

Die Analyse der Modellierungsphänomene mittels der operanten Konditionierung (Baer und Sherman, 1964; Skinner, 1953), in der man sich ebenfalls auf die Verstärkung als notwendige Bedingung beruft, stützt sich ausschließlich auf das Standardmuster des Dreierschritts $S^d \rightarrow R \rightarrow R^v$, in dem S^d den modellierten Reiz bezeichnet, R für die offene Nachbildungsreaktion steht und S^v auf den Verstärkungsreiz verweist. Abgesehen davon, daß Skinner die Motivation nicht als erforderlich ansieht, sind nach seiner Auffassung dieselben Bedingungen für die Nachahmung notwendig (nämlich Hinweisreiz, Reaktion, Verstärkung), die schon von Miller und Dollard angenommen wurden. Er vermutet, daß das Beobachtungslernen durch einen Prozeß differentieller Verstärkung vermittelt werde. Wenn ein Nachahmungsverhalten positiv verstärkt wird und abweichende Reaktionen entweder nicht belohnt oder bestraft werden, fungiert das Verhalten anderer als Unterscheidungsreiz für Nachbildungsreaktionen.

Es ist kaum einzusehen, wie dieses Schema mit dem Beobachtungslernen zur Deckung gebracht werden kann, das stattfindet, obwohl das Modell während der Zeit, in der das Verhalten erworben wird, keine offenen Reaktionen zeigt, obwohl weder dem Modell noch dem Beobachter Verstärkungen zuteil werden und obwohl sich das erste Auftreten der erworbenen Reaktionen möglicherweise um Tage, Wochen oder sogar Monate verzögert. Im letzten Fall, einem der häufigsten Formen des sozialen Lernens, fehlen zwei Ereignisse des Dreierschritts (nämlich $R \rightarrow S^v$) beim Erwerb, während das dritte Element (S^d oder der Modellierungsreiz) in der Situation, in der die mittels Beobachtung gelernte Reaktion ausgeführt wird, definitionsgemäß nicht vorhanden ist. Wie die Theorie von Miller und Dollard erklärt auch die Auffassung von Skinner nur, wie der Ablauf bereits etablierter Anpassungsreaktionen durch soziale Reize und nachfolgende Verstärkung gebahnt wird. Sie erklärt aber nicht hinreichend, wie eine neue Nachbildungsreaktion ursprünglich durch Beobachtung erworben wird. Dies geschieht durch symbolische Prozesse während des Zeitraums, da die Modellierungsreize dargeboten werden, und noch bevor eine offene Reaktion gezeigt wird oder irgendwelche Verstärkungsereignisse auftreten.

In einer kürzlich vorgelegten Analyse, der die operante Konditionierung zugrunde liegt, definierten Gewirtz und Stingle (1968) das Beobachtungslernen als Analogon des Paradigmas „Nachbildung von Beispielen", das bei der Untersuchung des Diskriminationslernens verwendet wird. Obgleich sowohl die Modellierung wie die Nachbildung von Beispielen auf einem Nachbildungsprozeß beruhen, darf man sie nicht gleichsetzen. Ein Individuum kann zu einwandfreien Wahlhandlungen beim Vergleich zwischen Arien aus italienischen und Wagneropern fähig sein, wenn es sich dabei an das Beispiel eines Wagnervortrags halten kann, wird aber zum Vokalverhalten, das im Beispiel vorliegt, völlig außerstande sein. Exakte Reizunterscheidung ist lediglich eine Vorbedingung des Beobachtungslernens.

Bei dem Versuch, das Beobachtungslernen auf die operante Konditionierung zurückzuführen, nennt GEWIRTZ gewöhnlich Beispiele, in denen die Modelle nur bereits erlernte Reaktionen auslösen. Das Ziel einer Theorie des Beobachtungslernens besteht jedoch nicht darin, die soziale Bahnung bereits etablierter Reaktionen zu erklären, sondern darüber Aufschluß zu geben, wie Beobachter allein dadurch, daß sie ein Modell wahrnehmen, neue Reaktionen erwerben können, die sie vorher noch nie gezeigt haben. Da man nicht die gesamte frühere Lerngeschichte eines Beobachters kenne — so argumentiert GEWIRTZ — lasse sich nicht beweisen, daß eine gezeigte Reaktion nicht schon vor der Modellierungserfahrung gelernt worden sei. Es läßt sich nun aber leicht beweisen, daß Menschen durch Beobachtung lernen können, und man braucht dazu nicht die ganze Lebensgeschichte des Beobachters zu überprüfen oder aufzuzeichnen. Man braucht lediglich eine wirklich neue Reaktion zu modellieren, wie zum Beispiel das Wort *zoognick* — das bestimmt noch nie zu hören war, weil es gerade erst erfunden wurde — und zu prüfen, ob Beobachter es sich aneignen. Andere Formen des Lernens, die die operante Konditionierung einbeziehen, werden ebenfalls häufiger unter Verwendung neuer Reaktionen untersucht, als daß man bereits verfügbares Verhalten beurteilte, was erfordern würde, daß jede Handlung zu berücksichtigen wäre, die der Organismus jemals innerhalb und außerhalb der Experimentalsituation ausgeführt hat. Die Position, die GEWIRTZ dem Beobachtungslernen gegenüber einnimmt, ist etwas unbestimmt, weil er abwechselnd bezweifelt, daß das Phänomen existiert, es auf die soziale Bahnung bereits erlernter Reaktionen einschränkt und neue deskriptive Bezeichnungen (zum Beispiel „generalisierte Nachahmung", „Lernen lernen" und „differenzierter Operant") als Erklärungen vorschlägt. Wenn man sagt, daß Menschen durch Beobachtung lernen, weil sie das „Lernen gelernt" haben oder weil sie einen „komplexen differenzierten Operanten" erworben haben, erklärt dies in keiner Weise, wie Reaktionen so organisiert werden, daß sie ohne verstärkte Ausführung neue beobachtete Muster bilden.

Affektive Feedback-Theorien

MOWRER (1960) entwickelte eine sensorische Feedbacktheorie der Nachahmung, die er auf die klassische Konditionierung positiver und negativer Emotionen gründete. Diese Emotionen werden durch die Verstärkung der Reize erzeugt, die sich aus dem Nachbildungsverhalten ergeben. MOWRER unterscheidet zwei Formen des Nachahmungslernens, je nachdem, ob der Beobachter unmittelbar oder stellvertretend verstärkt wird. Im ersten Fall führt das Modell eine bestimmte Reaktion aus und belohnt den Beobachter zur gleichen Zeit. Durch wiederholte kontingente Assoziation des modellierten Verhaltens mit der Erfahrung, belohnt zu werden, bewertet der Beobachter diese Reaktionen unter Umständen positiv. Durch Reizgeneralisierung kann er die Erfahrung später einfach dadurch in Selbstbelohnung überführen, daß er selbst das positiv bewertete Verhalten des Modells hervorbringt.

In der zweiten „einfühlenden" Form des Nachahmungslernens zeigt das Modell nicht nur die Reaktion, sondern erfährt auch selbst die verstärkenden Folgen. Es wird angenommen, daß der Beobachter die sensorischen Erscheinungen, die das Verhalten des Modells begleiten, mitempfindet und dessen Befriedigung und Mißbehagen intuitiv erfaßt. Diese einfühlende Konditionierung macht den Beobachter geneigt, die Nachbildungsreaktionen um der folgenden positiven sensorischen Rückmeldung willen zu wiederholen.

Es gibt eindeutige Belege dafür (BANDURA und HUSTON, 1961; GRUSEC, 1966; HENKER, 1964; MISCHEL und GRUSEC, 1966; MUSSEN und PARKER, 1965), daß die Modellierung dadurch unterstützt werden kann, daß die positiven Qualitäten eines Modells erhöht werden oder daß man dem Beobachter vorführt, wie das Modell belohnt wird. Diese selben Untersuchungen enthalten jedoch widersprüchliche Ergebnisse hinsichtlich der affektiven Feedbacktheorie. Obgleich die Belohnungsqualitäten eines Modells in den verschiedenen Untersuchungen übereinstimmend mit den verschiedenen Verhaltenstypen assoziiert werden, die es an den Tag legt, tendieren Modellierungsaffekte eher dazu, spezifisch als allgemein zu sein. Die Unterstützung des Modells fördert also die Nachahmung bestimmter Reaktionen, hat keine Wirkung auf andere und wirkt sich auf die Übernahme wieder anderer möglicherweise hinderlich aus (BANDURA, GRUSEC und MENLOVE, 1967 a). Eine vorläufige Studie von Foss (1964), in der er Beos mit Hilfe eines Tonbands ungewöhnliche Pfiffe beibrachte, konnte ebenfalls keine Beweise für die Annahme liefern, daß Modellierung durch positive Konditionierung gefördert werde. Die Geräusche wurden, unabhängig davon, ob sie allein dargeboten wurden oder ob sie nur vorgespielt wurden, wenn die Vögel gefüttert wurden, von diesen immer in gleichem Umfang nachgeahmt.

In seiner Analyse der Nachahmung beschäftigt sich MOWRER hauptsächlich mit der Frage, wie modellierte Reaktionen mit positiven oder negativen emotionalen Qualitäten versehen werden können. Andererseits wird die Modellierungstheorie häufiger dazu verwendet, zu erklären, welche Mechanismen bewirken, daß Verhaltensmuster durch Beobachtung erworben werden, während sie die emotionalen Begleitumstände außer acht lassen. Eine übergreifende Theorie müßte folglich erhellen, wie neue Verhaltensmuster aufgebaut werden und welche Prozesse ihre Ausführung lenken.

In Erweiterung der affektiven Feedbacktheorie nahm AARONFREED (1969) an, daß unangenehme und aversive affektive Zustände, sowohl durch von Reaktionen erzeugte Reize wie auch durch kognitive Schablonen modellierter Handlungen konditioniert würden. Er vermutete, daß das Nachahmungsverhalten mittels affektiver Rückmeldung gesteuert werde, die genauso durch Intentionen wie durch während einer offenen Handlung erzeugte propriozeptive Hinweisreize erfolge. Dieser Nachahmungsbegriff ist empirisch schlecht zu verifizieren, weil in ihm nicht genau genug ausgeführt wurde, wie die Schablonen beschaffen sind, durch welchen Prozeß kognitive Schablonen erworben werden, in welcher Weise affektive Valenzen mit Schablonen verknüpft werden und wie das Vermögen der Schablonen, Emotionen zu wecken, in Intentionen und in offenen Reaktionen innewohnende Hinweisreize übergeführt werden. Es liegt jedoch eine gewisse experimentelle Evidenz vor, die von erheblicher Bedeutung für die grundsätzliche Annahme des Feedbackbegriffs ist.

Feedbacktheorien, vor allem jene, die den propriozeptiven Hinweisreizen entscheidende Funktion zuschreiben, werden ernsthaft durch die Ergebnisse der Konditionierungsexperimente in Frage gestellt, die unter Verwendung von Kurare durchgeführt wurden. Dabei wurde der Bewegungsapparat von Tieren gelähmt. Gleichzeitig wurden sie einer aversiven Konditionierung unterzogen, oder eine solche wurde gelöscht. Diese Untersuchungen (BLACK, 1958; BLACK, CARLSON und SOLOMON, 1962; SOLOMON und TURNER, 1962) zeigten, daß Lernen auch in Abwesenheit von Reaktionen des Bewegungsapparates und der sie begleitenden propriozeptiven Rückmeldung stattfinden kann. Die Resultate aus Deafferentierungsstudien (TAUB, BACON und BEMRAN, 1965; TAUB u. a., 1966) zeigen ebenfalls, daß Reaktionen erworben, differenziert ausgeführt und gelöscht werden können, obwohl das sensorisch-somatische Feedback durch Deafferentierung der Extremitäten chirurgisch unterbunden wurde. Diese Ergebnisse scheinen den Schluß zuzulassen, daß Erwerb, Integration, Bahnung und Hemmung von Reaktionen durch zentrale Mechanismen erworben werden können, die unabhängig vom peripheren sensorischen Feedback funktionieren.

Außerdem liegt auf der Hand, daß die rasche Auswahl von bestimmten Reaktionen aus einer Anzahl verschiedener Alternativen nicht durch sensorisches Feedback gesteuert werden kann. Versuchspersonen gelingt es sofort, sich auf die Auswahl relativ weniger Reaktionen zu beschränken, auch wenn ihnen nicht mehr Zeit zur Verfügung steht, als Menschen gewöhnlich haben, um zu entscheiden, wie sie auf eine bestimmte Situation reagieren sollen (MILLER 1964). Angesichts dieses Problems hat MOWRER (1960) vermutet, daß die ursprüngliche Prüfung und Auswahl der Reaktionen eher auf der kognitiven als auf der Handlungsebene vorgenommen werde. In Übereinstimmung mit dieser Ansicht geht man bei der Analyse selbstregulierender Prozesse im Bereich des sozialen Lernens (BANDURA, 1971 a; 1971 c) davon aus, daß das menschliche Verhalten weitgehend von den antizipierten Folgen beabsichtigter Handlungen bestimmt werde.

Der Mensch würde sich in seinen Funktionen außerordentlich schwerfällig zeigen und wäre kaum in der Lage sich anzupassen, wenn seine Reaktionen von verhaltensimmanenten Affekten bestimmt würden. Wenn man bedenkt, wie außerordentlich differenziert die sozialen Reaktionen sind, ist sehr zu bezweifeln, daß das Handeln durch affektive Qualitäten reguliert werden kann, die dem Verhalten innewohnen. Dies soll am Beispiel der Aggression gezeigt werden.

Die Reaktionen von Kindern, die Eltern, Gleichaltrige und unbelebte Gegenstände schlagen, unterscheiden sich, wenn überhaupt, nur wenig. Dennoch zeigen Kinder gewöhnlich sehr starke Hemmungen, ihre Eltern zu schlagen, während sie körperliche Aggressionen gegenüber Gleichaltrigen ungezwungen ausdrücken (BANDURA, 1960; BANDURA und WALTERS, 1959). In bestimmten, genau abgegrenzten Kontexten, besonders bei sportlichen Wettkämpfen, die zu engem körperlichen Kontakt herausfordern, wie zum Beispiel beim Boxen, entwickeln Menschen sogar sehr heftige körperliche Aggression. Man kann den Ausdruck oder die Hemmung identischer aggressiver Reaktionen genauer vorhersagen, wenn man den sozialen Kontext (Kirche oder Turnhalle) oder das Ziel kennt (Eltern, Priester, Polizisten oder Gleichaltrige), bzw. andere Hinweisreize berücksichtigt, die mögliche Folgen zuverlässig bezeichnen, als wenn man den affektiven Wert des aggressiven Verhaltens an sich bewertet. Es konnte eindeutig bewiesen werden (BANDURA, 1971a), daß Auswahl und Ausführung der Nachbildungsreaktionen vor allem von den antizipierten Konsequenzen gesteuert werden, wobei sich das Individuum an früheren

Ergebnissen orientiert, die es entweder am eigenen Leibe erfahren, stellvertretend erlebt oder sich selbst zugefügt hat. Die Reaktionen werden also aus den zur Verfügung stehenden Alternativen häufiger aufgrund ihrer funktionalen als aufgrund ihrer emotionalen Bedeutung ausgewählt.

Will man Modellierung mit dem affektiven Feedback erklären, wird es einem überdies nicht gelingen zu erklären, wieso Anpassungsverhalten auch erfolgt, wenn weder das Modell noch der Beobachter verstärkt wird. In diesen Fällen läßt sich die Theorie nur dadurch aufrechterhalten, daß man annimmt, dem Verhalten wohnten bestimmte emotionale Eigenschaften inne, was nicht immer gerechtfertigt sein muß. Tatsächlich wird die große Mehrzahl der Reaktionen, die durch Beobachtung erworben wurden, affektiv überhaupt nicht bewertet. Dies konnte in Untersuchungen nachgewiesen werden, in denen das Beobachtungslernen mit Hilfe mechanischer Montageaufgaben untersucht wurde. Zur Anleitung führte man Filme vor, welche keine Emotionen weckenden Reize enthielten, wodurch die Voraussetzung affektiver Konditionierung fortfiel (SHEFFIELD und MACCOBY, 1961). Natürlich weist MOWRER darauf hin, daß sensorische Erfahrung auch konditionierte Empfindungen oder Vorstellungen hervorrufen kann. In den meisten Fällen des Beobachtungslernens können die Vorstellungen oder andere symbolische Repräsentationen der Modellierungsreize die einzigen wichtigen Vermittlungsprozesse darstellen. Nachahmungstheorien, die sich auf das sensorische Feedback stützen, können aus diesem Grunde vor allem dann brauchbar sein, wenn die modellierten Reaktionen nachdrückliche Folgen heraufbeschwören, so daß Beobachter sich veranlaßt fühlen, gleiche emotionale Konsequenzen für den Fall zu antizipieren, daß sie das Verhalten nachahmen. Deshalb ist affektive Konditionierung eher als auslösender Faktor und nicht so sehr als notwendige Bedingung der Modellierung anzusehen.

Theorie des sozialen Lernens

Die meisten zeitgenössischen Lernauffassungen weisen den kognitiven Funktionen für den Erwerb und die Regulierung des menschlichen Verhaltens eine wichtigere Rolle zu, als es frühere Erklärungssysteme taten. <u>Die Theorie des sozialen Lernens (BANDURA, 1969a; 1971c) geht davon aus, daß Modellierungseinflüssen hauptsächlich informative Funktion zukommt und daß Beobachter eher symbolische Repräsentationen modellierter Ereignisse aufnehmen als eigentliche Reiz-Reaktions-Assoziationen.</u> Nach dieser Auffassung werden Modellierungsphänomene durch vier in Wechselwirkung stehende Subprozesse gesteuert. Diese vier Subsysteme sollen in den folgenden Abschnitten kurz erörtert werden.

Aufmerksamkeitsprozesse

Eine der wichtigsten Funktionen des Beobachtungslernens übernehmen die Aufmerksamkeitsprozesse. Wenn man Menschen die modellierten Reaktionen lediglich vorführt, garantiert dies allein noch nicht, daß sie ihnen ihre ungeteilte Aufmerksamkeit zuwenden, aus dem Gesamtkomplex der gebotenen Reize die relevantesten Ereignisse auswählen und die Hinweisreize genau wahrnehmen, denen sie sich zuwenden sollen. Es wird einem Beobachter nicht gelingen, sich das Anpassungsverhalten durch sensorische Registrierung anzueignen, wenn er die unterscheidenden Merkmale der Modellreaktionen nicht mit Aufmerksamkeit behandelt, sie erkennt und differenziert. Differenzierende Beobachtung ist deshalb eine der notwendigen Bedingungen des Beobachtungslernens.

Eine Reihe von aufmerksamkeitsbestimmenden Variablen können darauf Einfluß haben, welche Modelle genau beobachtet und welche nicht beachtet werden. Der Anreiz, der im Lernen des modellierten Verhaltens liegt, die Motivation und die psychischen Eigenschaften des Beobachters, die Differenziertheit, die das Modell von Natur aus besitzt oder die es erworben hat, sowie seine Macht und Ausstrahlungskraft sind einige der vielen Faktoren, die entscheiden, welchen der modellierten Aktivitäten aus der großen Menge, denen Menschen in ihrem Alltag begegnen, sie ihre Aufmerksamkeit selektiv zuwenden. Die Menschen, mit denen man häufig umgeht, bestimmen, welche Verhaltenstypen man häufig beobachten kann und demzufolge am genauesten lernen wird.

Gedächtnisprozesse

Eine zweite Grundfunktion des Beobachtungslernens, die in den Nachahmungstheorien eigentlich übersehen wurde, ist das Behalten der modellierten Ereignisse. Wenn ein Individuum das Verhalten eines Modells beobachtet, ohne die Reaktionen zu vollziehen, kann es die modellierten Reaktionen erwerben, obwohl diese sich nur als Repräsentationen ereignen. Um dieses Verhalten reproduzieren zu können, auch wenn externe Modellierungsreize fehlen, muß es die ursprüngliche Beobachtungseingabe in irgendeiner symbolischen Form behalten haben. Dieses Problem ist von besonderem Interesse, wenn durch Beobachtung erworbene Reaktionsmuster über sehr ausgedehnte Zeiträume behalten werden, obwohl sie, wenn überhaupt, nur höchst selten offen gezeigt werden, bis das Individuum das Alter oder den sozialen Status erreicht hat, denen das Verhalten als angemessen zugerechnet wird.

Das Beobachtungslernen beruht auf zwei Repräsentationssystemen, dem bildhaften und dem sprachlichen. Während die Modellierungsreize dargeboten werden, erzeugen sie über einen sensorischen Konditionierungsprozeß relativ dauerhafte, abrufbare Vorstellungen der modellierten Verhaltenssequenzen. Wenn die Reizereignisse hoch korrelieren, wenn zum Beispiel ein Name ständig mit einer bestimmten Person assoziiert wird, ist es eigentlich unmöglich, den Namen zu hören, ohne sich die körperliche Erscheinung des betreffenden Menschen vorzustellen. Ganz ähnlich ruft der Verweis auf Tätigkeiten (zum Beispiel Golfspielen oder Wellenreiten), Orte (San Franzisko, New York, Paris) oder Dinge (das Washington-Denkmal, ein Verkehrsflugzeug), die man irgendwann einmal gesehen hat, sofort eine lebhafte Repräsentation der abwesenden materiellen Reize auf der Vorstellungsebene hervor.

Das zweite Repräsentationssystem beruht auf der verbalen Kodierung beobachteter Ereignisse; in ihm ist wahrscheinlich der Grund dafür zu sehen, daß sich das Beobachtungslernen manchmal mit so bemerkenswerter Geschwindigkeit vollzieht und daß Menschen die modellierten Inhalte über so lange Zeiträume behalten können. Die meisten der kognitiven Prozesse, die das Verhalten regulieren, sind primär sprachlicher und nicht visueller Natur. Man kann sich das an einem einfachen Beispiel vergegenwärtigen. Hat ein Modell einen bestimmten Weg gewählt, kann dieser leichter begriffen, behalten und später reproduziert werden, wenn die visuelle Information sprachlich in eine Folge von Rechts-Links-Wendungen (RRLRR) kodiert wird, als wenn man sich auf die visuelle Vorstellung der Wegstrecke verlassen würde. Beobachtungslernen und Behalten werden durch solche Kodes erleichtert, weil sie eine große Informationsmenge in leicht zu speichernder Form enthalten. Wenn modellierte Reaktionen in Vorstellungen und verwendungsfähige Sprachsymbole umgeformt worden sind, dienen diese Gedächtniskodes als Anleitung für eine spätere Reproduktion der Nachbildungsreaktionen.

Der Einfluß, den die symbolische Repräsentation auf das Beobachtungslernen ausübt, wird durch eine Reihe von Untersuchungen erhärtet, die sich sowohl hinsichtlich des Alters der Versuchspersonen wie auch hinsichtlich des Inhalts der modellierten Aktivitäten unterscheiden. In einem Experiment sahen Kinder einen Film, in dem ein Modell mehrere komplexe Verhaltenssequenzen zeigte. Während der Darbietung paßte eine Gruppe nur genau auf, eine andere kodierte die neuen Reaktionen des Modells in sprachlichen Entsprechungen und eine dritte Gruppe zählte rasch, während sie den Film sah, wodurch verhindert werden sollte, daß sie die Modellierungsreize implizit kodierte. Eine anschließende Untersuchung des Beobachtungslernens erbrachte, daß die Kinder, die die modellierten Verhaltensmuster sprachlich kodiert hatten, signifikant mehr Nachbildungsreaktionen reproduzierten als jene, die die Modellreaktionen nur visuell aufgenommen hatten. Diese Kinder wiederum hatten sich mehr angeeignet als die Kinder, die mit konkurrierender Symbolisierung beschäftigt waren. Kinder aus der Gruppe, die verbalisiert hatte, reproduzierten einen großen Anteil (60 %) der modellierten Reaktionen, die sie in Wörtern kodiert hatten, während sie nur einen geringen Anteil (25 %) der Reaktionen zeigten, die sie versäumt hatten zu kodieren.

COATES und HARTRUP (1969) untersuchten, welchen Veränderungen die Rolle unterworfen ist, die die sprachliche Kodierung von Modellierungsreizen für das Beobachtungslernen spielt. Dies geschah im Kontext einer Defizienz-Hypothese, die ursprünglich von KEENEY, CANNIZZO und FLAVELL (1967) vorgeschlagen wurde und die besagt, daß kleinere Kinder zwar in der Lage seien, symbolisch zu handeln, wodurch sie ihr Leistungsvermögen hätten erhöhen können, daß sie dies aber unterließen, während ältere Kinder die sprachlichen Vermittler spontan erzeugten und verwendeten und deshalb auch keinen Nutzen aus weiteren Anregungen zu symbolischer Aktivität ziehen könnten. In Übereinstimmung mit dieser Ansicht kamen COATES und HARTRUP zu dem Ergebnis, daß das Beobachtungslernen kleiner Kinder dadurch gefördert werde, daß man ihnen die Modellierungsreize sprachlich bezeichne, solche Hilfe dagegen ohne Einfluß auf ältere Versuchspersonen bleibe. Bei weiterer Beschäftigung mit dem Problem ergab sich jedoch, daß auch das Beobachtungslernen älterer Kinder (BANDURA, GRUSEC und MENLOVE, 1966) und Erwachsener (BANDURA und JEFFERY, 1971; GERST, 1971) dadurch erleichtert werden kann, daß man ihnen bei der sprachlichen Kodierung hilft. Darüber hinaus konnte HEKKEN (1969) ermitteln, daß diejenigen älteren Kinder, die sich auch in anderen Lernaufgaben spontan ihres Sprachvermögens bedienen – im Unterschied zu Kindern, die auf solche Vermittlung verzichten –, einen Leistungsanstieg im Beobachtungslernen erkennen lassen, wenn man ihnen bei der sprachlichen Kodierung der Modellierungsreize hilft.

Weitere Beweise dafür, daß die Art, in der die Modellreaktionen erworben und behalten werden, dem Einfluß der symbolischen Kodierung unterliegt, hat GERST (1971) geliefert. Collegestudenten sahen einen Film, in dem ein Modell komplexe motorische Reaktionen ausführte – es handelte sich um schwierige Bewegungen aus der Taubstummensprache. Unmittelbar nachdem die Versuchspersonen alle modellierten Reaktionen gesehen hatten, mußten sie einer von vier symbolischen Beschäftigungen für die Dauer von einigen Minuten nachgehen. Eine Gruppe vergegenwärtigte sich die Reaktionen durch möglichst genaue Vorstellungen; eine zweite Gruppe kodierte die Modellierungsreize in konkreten sprachlichen Ausdrücken, indem sie die einzelnen Elemente der Reaktionen und ihre Elemente beschrieb; die dritte Gruppe suchte prägnante Bezeichnungen, die das charakteristische der Reaktionen erfaßten. (Eine Reaktion von der Form einer Brezel zum Beispiel mochte als Dirigent bezeichnet werden, der seinen Taktstock im Finale einer Symphonie bewegt.) Die Versuchspersonen der Kontrollgruppe waren mit Kopfrechnen beschäftigt, damit sie die dargestellten Ereignisse nicht symbolisch kodieren konnten. Die Versuchspersonen reproduzierten die modellierten Reaktionen unmittelbar nach der Kodierung. Dann wurden sie 15 Minuten lang einer ablenkenden Aufgabe unterzogen, die sie daran hindern sollte, die Modellreaktionen symbolisch zu wiederholen.

Alle drei Kodierungsoperationen kamen dem Beobachtungslernen zugute. Die knappen Bezeichnungen und die Vorstellungskodes erwiesen sich als gleichermaßen geeignet, um die modellierten Reaktionen sofort reproduzieren zu können. Beide waren in dieser Hinsicht der konkreten sprachlichen Form überlegen. Der verzögerte Test, in dem untersucht wurde, wie weit die Nachbildungsreaktionen behalten wurden, zeigte, daß die knappe Bezeichnung das beste Kodierungssystem für die Gedächtnisrepräsentation ist. Die Versuchspersonen aus dieser Gruppe behielten signifikant mehr Nachbildungsreaktionen als diejenigen, die Vorstellungsbilder oder konkrete Verbalisationen verwendet hatten.

Die relative Überlegenheit des summarischen Bezeichnungskodes zeigt sich noch deutlicher, wenn die Nachbildungsleistungen nach einem genauen Maßstab bewertet werden, der festlegt, daß alle Reaktionselemente in genau der Reihenfolge reproduziert werden müssen, in der sie ursprünglich modelliert wurden. Im Gedächtnistest waren Versuchspersonen, die die Modellierungsreize in prägnanten Bezeichnungen kodiert hatten, in der Lage, beinahe doppelt so viele richtig geordnete Reaktionen wie die anderen Gruppen zu reproduzieren. Darüber hinaus wurden modellierte Reaktionen, deren summarischen Kode die Versuchspersonen behalten hatten, sehr viel vollständiger (52 %) reproduziert als die Reaktionen, deren Kode vergessen worden war (7 %).

In einer 1968 veröffentlichten Arbeit stellten GEWIRTZ und STINGLE den Wert von Modellierungstheorien in Frage, die symbolische Prozesse einbeziehen, weil die symbolischen Ereignisse erst aus dem Nachbildungsverhalten abgeleitet würden, über das sie angeblich entschieden. Diese Kritik mag auf Theorien zutreffen, die das Verhalten hypothetisch auf innere Vermittlungsinstanzen zurückführen, die nur in flüchtiger Beziehung zu vorausgehenden Ereignissen und zum Verhalten stehen, das sie erklären sollen. In den hier angeführten Experimenten werden die symbolischen Ereignisse völlig unabhängig verwendet und nicht einfach aus dem Nachbildungsverhalten abgeleitet.

Bevor erörtert werden kann, welche anderen Faktoren dazu beitragen, daß symbolisch modellierte Inhalte behalten werden, muß Klarheit über die strukturellen Merkmale der Repräsentation gewonnen werden. Innere Repräsentationen sind nicht notwendig die genauen Abbilder externer Modellierungsreize. Nur in bescheidenem Maße wären nämlich Veränderungen durch Modellierungsreize hervorzurufen, wenn die kodierten Repräsentationen immer strukturell isomorph mit den individuellen Reaktionen wären, die andere zeigen. Es wird noch davon die Rede sein, daß Beobachter häufig aus einer Vielzahl von modellierten Reaktionen einige allgemeine Züge abstrahieren und daraus übergeordnete Kodes bilden, die über einen hohen Allgemeinheitsgrad verfügen. Außerdem legte GERST (1971) Ergebnisse vor, die nahelegen, daß modelliertes Verhalten am wirksamsten erworben und behalten wird, wenn die modellierten Reaktionsformen Ereignissen ähneln, die dem Beobachter vertraut und für ihn bedeutungsvoll sind. Diese Erkenntnis entspricht der bekannten Beobachtung, daß Lernen durch Modellierung oft gefördert wird, wenn die angestrebten Leistungen so dargeboten werden, daß sie vertrauten Tätigkeiten ähneln. Man konnte beobachten, daß es den Mitgliedern eines Skikurses nicht gelang, ihr Gewicht auf den Talski zu verlagern, obwohl der Skilehrer es ihnen wiederholt vormachte, daß sie dazu aber sofort in der Lage waren, als man sie aufforderte, so zu fahren, als trügen sie, während sie wedelten und ihre Schwünge ausführten, ein Tablett zu Tal.

<u>Nach der Theorie des sozialen Lernens üben die Beobachter eine höchst aktive Funktion aus, indem sie die Modellierungsreize in leicht erinnerliche Schemata umformen, klassifizieren und organisieren.</u> Sie sind beileibe nicht regungslose Kameras oder Tonbänder, die einfach isomorphe Repräsentationen der modellierten Ereignisse aufnehmen. Ein anderes Mittel, um die erworbenen Reaktionen zu stabilisieren und zu stärken, stellt die Operation der Wiederholung dar. Das Beobachtungslernen kann dadurch beträchtlich verbessert werden, daß die modellierten Reaktionsfolgen praktisch erprobt, d. h. offen wiederholt werden. Dies gilt besonders dann, wenn die Wiederholung entsprechend den natürlichen Abschnitten eines komplexeren Modellverhaltens unterteilt wird. Für noch wichtiger müssen die Belege dafür angesehen werden, daß die verdeckte Wiederholung, die mühelos praktiziert werden kann, auch wenn die offene Ausführung verhindert wird oder sich aus praktischen Gründen verbietet, in

gleicher Weise der Fähigkeit zugute kommt, erworbenes Anpassungsverhalten zu behalten (BANDURA und JEFFERY, 1971; MICHAEL und MACCOBY, 1961). Wie der Kodierung liegen auch der Wiederholung aktive Prozesse zugrunde. Mit gutem Grund darf man vermuten, daß die positive Wirkung der Wiederholung eher darauf zurückzuführen ist, daß das Individuum die Ereignisse, die es aufnimmt, reorganisiert und noch einmal kodiert, als darauf, daß es sie bloß kopiert.

Motorische Reproduktionsprozesse

Die dritte Grundfunktion der Modellierungsphänomene besteht in den motorischen Reproduktionsprozessen. Dabei steuern symbolische Repräsentationen der modellierten Verhaltensmuster deren offene Ausführung. Diese Steuerung durch Repräsentationen ist jenen Bedingungen vergleichbar, in denen das Individuum mit seinen Reaktionen einem extern vorgeführten Muster folgt oder diese Reaktionen unter der Anleitung von Instruktionen ausführt. Der einzige Unterschied liegt darin, daß eine gesteuerte Ausführung unter Anleitung externer Hinweisreize steht, während bei der verzögerten Modellierung die Reproduktion des Verhaltens durch symbolische Entsprechungen der abwesenden Reize kontrolliert wird.

Ausmaß und Niveau des Beobachtungslernens wird sicherlich teilweise davon abhängen, wie weit wichtige Teilreaktionen verfügbar sind. Komplexe Verhaltensweisen entstehen durch Kombination früher erlernter Teile, die ihrerseits recht kompliziert zusammengesetzt sein können. Wenn Beobachtern einige der notwendigen Teile nicht zur Verfügung stehen, können die konstituierenden Elemente zuerst modelliert werden, um dann durch Nachahmung schrittweise zu immer schwierigeren Zusammensetzungen ausgebaut zu werden.

Verstärkungs- und Motivationsprozesse

Die letzte Grundfunktion beruht auf den Motivations- oder Verstärkungsprozessen. Ein Individuum mag zwar die Fähigkeit erwerben und behalten, ein modelliertes Verhalten auszuführen, wird das Erlernte aber nur schwerlich offen ausführen, wenn Sanktionen drohen oder die Umstände keinen Ansporn bieten. Unter solchen Bedingungen bedarf es lediglich eines positiven Ansporns, damit das Individuum das Beobachtungslernen sofort in Handeln umsetzt (BANDURA, 1965b). Verstärkungsvariablen regulieren nicht nur den offenen Ausdruck des Nachbildungsverhaltens, sondern beeinflussen auch das Beobachtungslernen selbst, indem sie selektiv bestimmen, welche modellierten Ereignistypen von Menschen beachtet werden. Da sie außerdem für die äußerst wichtige planvolle Kodierung und Wiederholung sorgen, helfen sie mit, die modellierten Verhaltensweisen selektiv zu behalten. Diese und andere Fragen, die die Rolle der Verstärkung bei der Modellierung betreffen, werden in den folgenden Abschnitten ausführlich erörtert werden.

Wenn es einem lediglich darum geht, nachahmendes Verhalten hervorzurufen, kann man einige der oben dargestellten Subprozesse außer acht lassen. Wenn ein Modell die erwünschten Reaktionen wiederholt vorführt, wenn es andere dazu anleitet, sie zu wiederholen, wenn es eigenhändig das Verhalten fördert, sofern dieses sich nicht einstellt, und wenn es für gelungene Nachahmungen erstrebenswerte Belohnungen in Aussicht stellt, wird es wahrscheinlich die meisten Menschen zu Anpassungsreaktionen veranlassen. Dazu mögen eine, zehn oder hundert Vorführungen vonnöten sein; wenn man nur genügend Ausdauer zeigt, läßt sich das erwünschte Verhalten wahrscheinlich hervorrufen. Wenn man jedoch die Bedingungen erklären will, unter denen die Modellierungsphänomene zustande kommen, müssen eine Reihe kontrollierender Variablen in Betracht gezogen werden. Die entscheidenden Subprozesse und ihre Bestimmungsfaktoren werden im folgenden Schaubild zusammengefaßt.

Nachahmungstheorien, die die kognitiven Funktionen nicht in Betracht ziehen, können die verschiedenen Spielarten nicht erklären, die sich aus den symbolischen Aktivitäten ergeben (BANDURA und JEFFERY, 1971; GERST, 1971), wenn gleichzeitig die Modellierungsreize und Verstärkungsereignisse für alle Versuchspersonen gleich bleiben. Genausowenig können solche Unterschiede auf früher erfolgte Verstärkung zurückgeführt werden, weil kein Anlaß für die Annahme besteht, daß die Versuchspersonen, die zufällig der Gruppe angehören, die symbolisch kodieren soll, für Nachahmung öfter belohnt worden seien, als jene, die nicht veranlaßt werden, die modellierten Ereignisse in Wörter oder Vorstellungen zu kodieren. Die Grenzen theoretischer Entwürfe, die das Nachbildungsverhalten so darstellen, als würde es nur von externen Reizen und Verstärkungsfolgen bestimmt, geraten in jenen Fällen bald in den Blick, wo es nicht gelingt, Nachbildungsreaktionen zu erzeugen, obwohl die Modellierungsreize unter günstigen Verstärkungsbedingungen wiederholt präsentiert wurden. Die Schwierigkeiten, auf die LOVAAS bei seinem Versuch stieß, einige autistische Kinder zum Nachahmungsverhalten anzuregen, haben einige Forscher veranlaßt, mögliche Aufmerksamkeitsdefizite zu untersuchen (LOVAAS, REHM und SCHREIBMAN, 1969). Erste Ergebnisse lassen darauf schließen, daß es autistischen Kindern schwerfällt, Informationen zu verarbeiten, die ihnen auf verschiedenen sensori-

AUFMERK-SAMKEITS-PROZESSE	GEDÄCHTNIS-PROZESSE	MOTORISCHE REPRO-DUKTIONS-PROZESSE	MOTIVATIONS-PROZESSE
Modellierungsreize Differenziertheit Affektive Valenz Komplexität funktioneller Wert *Merkmale des Beobachters* sensorische Fähigkeiten Niveau der Erregbarkeit Motivation Wahrnehmungshaltung frühere Verstärkung	symbolische Kodierung kognitive Organisation symbolische Wiederholung motorische Wiederholung	körperliche Fähigkeiten Verfügbarkeit der Teilreaktionen Selbstbeobachtung bei den Reproduktionen Feedback der Genauigkeit	externe Verstärkung stellvertretende Verstärkung Selbstverstärkung

MODELLIERTE EREIGNISSE → ... → NACHBILDUNGSLEISTUNGEN

schen Wegen übermittelt wurden. Dennoch kann ihre Lernleistung erheblich durch verschiedene Verfahren zur Steigerung der Aufmerksamkeit verbessert werden (Wassermann, 1968), die zweifellos das Beobachtungslernen begünstigen. Wenn bewiesen werden könnte, daß Beobachter oft nicht in der Lage sind, sich an die Dinge zu erinnern, die sie gelernt haben, würden auch in Nicht-Vermittlungstheorien möglicherweise die Gedächtnisprozesse berücksichtigt werden müssen.

Wenn ein entsprechendes Nachbildungsverhalten nach der Darbietung der Modellierungsreize ausbleibt, kann das jeweils verschiedene Ursachen haben. Es kann sein, daß die modellierten Ereignisse sensorisch nicht registriert wurden, daß die Modellierungsreize für die Gedächtnisrepräsentation nicht angemessen kodiert wurden, daß die Erinnerung nachließ, daß motorische Schwächen vorlagen oder die Versuchsperson keine Lust hatte, das Nachbildungsverhalten auszuführen, weil sie nicht adäquat verstärkt wurde. Aus diesen Gründen ist möglicherweise der Erklärungswert jener Theorien sehr begrenzt, in denen behauptet wird, daß Menschen nachahmen, weil sie in der Vergangenheit für ihre Nachahmung intermittierend verstärkt wurden.

In anderen Interpretationen der Nachahmung wurden den Repräsentationsprozessen in der einen oder anderen Form die entscheidende Rolle zugeschrieben. Nach Sheffields Ansicht (1961) werden die Anpassungsleistungen von Wahrnehmungsrepräsentationen der modellierten Ereignisse vermittelt, vor allem von visuellen Vorstellungen. Von diesen Wahrnehmungsreaktionen oder „Abzügen", die als Hinweisreize für offene Handlungen dienen, wird angenommen, daß sie allein durch kontingente Assoziationen mit Reizereignissen konditioniert würden.

Diese Auffassung und die Theorie des sozialen Lernens weisen einige Ähnlichkeiten auf. Beide Positionen gehen davon aus, daß das Nachbildungsverhalten von einem auf Repräsentationen gegründeten Steuerungssystem abhänge, das aufgebaut werden könne, ohne daß offene Reaktionen gezeigt werden. Aber sie unterscheiden sich auch in einigen wichtigen Punkten. In der Theorie des sozialen Lernens werden die Modellierungsreize nicht so sehr als mechanische Konditionierungsreize angesehen, sondern eher als Informationsquellen. Beobachter verarbeiten die Modellereignisse ebenso sehr mit Hilfe von Transformations- und Organisationsprozessen, wie sie von Assoziationsprozessen abhängen. In der Theorie des sozialen Lernens nimmt man außerdem keine so weitgehende strukturelle Entsprechung zwischen den Gedächtniskodes und den ursprünglich modellierten Verhaltensmustern an. Dort wird der sprachlichen Repräsentation eine größere Rolle für die Reaktionssteuerung zugeschrieben, und die Verstärkung, die in Sheffields Theorie gar nicht erwähnt wird, wird als Faktor in Erwägung gezogen, der das Beobachtungslernen erleichtern kann.

Piagets Theorie

PIAGET (1945) erklärt die Nachahmung unter dem Gesichtspunkt der Entwicklung, wobei er der symbolischen Repräsentation, besonders für die komplexeren Modellierungsphänomene, eine wichtige Funktion zuweist. Auf den frühen sensomotorischen Stufen der Entwicklung können Nachahmungsreaktionen nur dadurch hervorgerufen werden, daß das Modell die unmittelbar vorausgehenden Reaktionen des Kindes in alternierenden Nachahmungssequenzen wiederholt. Während dieser Periode ist das Kind, nach PIAGET, nicht in der Lage, Reaktionen nachzuahmen, die es vorher nicht selbst spontan gezeigt hat, weil Handlungen nicht assimiliert werden können, sofern sie nicht bereits vorhandenen Schemata entsprechen. PIAGET berichtet, daß Kinder keine Nachahmungsreaktionen zeigten, wenn Modelle neue Verhaltenselemente einführten oder auch bekannte Reaktionen vorführten, die die Kinder bereits erworben, aber im Moment nicht ausgeführt hätten. Nachahmung beschränkt sich also auf die Reproduktion von Aktivitäten, die Kinder bereits entwickelt haben, die sie an sich selbst beobachten können und die sie unmittelbar vor der Wiederholung durch das Modell ausgeführt haben.
Wenn sich diese Beobachtungen, die PIAGET in Längsschnittuntersuchungen an seinen eigenen drei Kindern machte, bestätigen lassen, sind kleine Kinder weniger für das Beobachtungslernen geeignet als einige Tierarten. Tiere (ADLER und ADLER, 1968) und Vögel (FOSS, 1964) können neue Verhaltensweisen durch Beobachtung lernen und durch Modellierungsreize dazu bewegt werden, bereits erworbene Nachbildungsreaktionen auch dann hervorzubringen, wenn sie sie nicht unmittelbar vorher gezeigt haben. PIAGET nimmt an, daß Kinder auf den ersten Entwicklungsstufen nicht unterscheiden, ob sie eigene oder fremde Handlungen nachahmten. Wenn diese Annahme zutrifft, müßte die Theorie erklären, warum sich aus dem eigenen Verhalten des Kindes Nachbildungsreaktionen entwickeln können, und warum dies nicht der Fall ist bei genau denselben Handlungen anderer.
Nach PIAGETs Ansicht bestimmen die Schemata — worunter er die schematischen Grundzüge der Aktivitäten versteht —, welches Verhalten nachgeahmt werden kann und welches nicht. Unglücklicherweise versäumt er es in seiner deskriptiven Darstellung, näher auszuführen, inwieweit die Schemata erlernt oder vererbt werden, und — wenn sie gelernt wer-

den — wie die Prozesse beschaffen sind, durch die die allgemeinen Kennzeichen einer Aktivität von jeweils besonderen Umständen abstrahiert werden. Unter dem Gesichtspunkt der multiprozessualen Modellierungstheorie können sich Unzulänglichkeiten der Nachahmungsleistung, die PIAGET auf nicht genügend differenzierte Schemata zurückführt, aus einer fehlerhaften Beobachtung der Modellierungsreize, aus motorischen Schwierigkeiten bei der Ausführung der gelernten Verhaltensmuster oder aus falscher Verstärkung ergeben. Der letzte Faktor bedarf weiterer Erklärungen, weil er sehr wichtig für die Einschätzung von Ergebnissen ist, die sich bei der naturalistischen Untersuchung der Modellierung ergaben.

Beobachtungsdaten müssen mit Vorbehalt aufgenommen werden, wenn sie nicht wiedergeben, wie das Modell auf die Leistungen des Kindes reagiert hat. LOVAAS (1967) konnte zeigen, daß kleine Kinder genau nachahmen, wenn sie nur für exakte Anpassungsreaktionen belohnt werden, daß ihre Nachahmungen jedoch rasch an Genauigkeit verlieren, wenn sie ungeachtet der Reproduktionsqualität positiv verstärkt werden. Wenn nur die Reaktionen des Kindes beobachtet und festgehalten werden, werden Unzulänglichkeiten in der Nachahmung, die von falscher Verstärkung herrühren, wahrscheinlich irrtümlicherweise einem Versagen des Kindes zugeschrieben. Da Beobachtungsstudien vom Typ, den PIAGET wählt, einem doppelten Einfluß unterliegen, findet in den Nachahmungsleistungen nicht nur die Fähigkeit des Kindes ihren Niederschlag, sondern auch die Weise, in der das beteiligte Modell auf die Genauigkeit und Ungenauigkeit der Anpassungsreaktionen reagiert. Wenn Modelle in ihren Reaktionen keinen Unterschied erkennen lassen, obgleich die Leistungen der Kinder erheblich in ihrer Qualität schwanken, werden diese dazu neigen, die Modellierungsreize außer acht zu lassen, während sie alle Aktivitäten, so genau es ihnen möglich ist, reproduzieren werden, wenn Modelle differenziert reagieren.

Soweit wurde dargestellt, wie PIAGET die frühen Entwicklungsstadien der Nachahmung beschreibt. In dem Maße, in dem die intellektuelle Entwicklung eines Kindes fortschreitet, gelingt es diesem, auch modellierte Ereignisse, deren Ausführung es an sich selbst nicht beobachten kann, verzögert nachzuahmen. Diese Veränderungen sind wahrscheinlich darauf zurückzuführen, daß das Kind seine visuellen und sensomotorischen Schemata zu koordinieren und seine eigenen Handlungen von denen anderer zu unterscheiden lernt. Nun beginnt es, systematische Versuch-Irrtums-Reaktionen zu zeigen, bis es sein Verhalten befriedigend an neu modellierte Reaktionen angepaßt hat.

In den letzten Entwicklungsstadien, die gewöhnlich im zweiten Lebensjahr beginnen, wird den Kindern auch die repräsentative Nachahmung möglich. Die Schemata werden innerlich koordiniert, wodurch neue und komplexe Muster aus dem modellierten Verhalten gebildet werden, ohne daß dazu noch offene Handlungsversuche nötig wären. Diese verdeckte Nachahmung geht aus der Vorstellungsrepräsentation von modellierten Reaktionen hervor, die auch dann noch als Ausgangspunkt wiederholten Nachbildungsverhaltens dienen, wenn die Modelle nicht mehr anwesend sind. Hätte PIAGET auch die Nachahmung während der späten Kindheit untersucht, hätte er wahrscheinlich festgestellt, daß die sprachliche Repräsentation eine wichtige Vermittlungsfunktion bei der verzögerten Modellierung übernimmt.

Eine übergreifende Modellierungstheorie muß nicht nur erklären, wie bestimmte Verhaltensmuster durch Beobachtung erworben werden, sondern auch wann und wie häufig das Nachahmungsverhalten gezeigt wird, welcher Person es gilt und an welche sozialen Einstellungen es gewöhnlich gebunden ist. PIAGET schließt in seine Erklärung der Nachahmung nur einige beiläufige Bemerkungen über die motivierenden Faktoren ein, die die Ausführung von Nachbildungsverhalten regulieren. Abwechselnd wird die Nachahmung auf eine zwingende Notwendigkeit zum Handeln und Erkennen zurückgeführt, auf den Wunsch, Handlungen zu reproduzieren, die sich teilweise von vorhandenen Schemata unterscheiden und auf die Wertschätzung, die das Modell beim Beobachter genießt. Die meisten Forscher, die sich dem Gegenstand der Modellierung verschrieben haben, dürften diese Faktoren für viel zu allgemein ansehen, um die höchst differenzierte Beschaffenheit der Nachahmungsreaktionen befriedigend zu erklären. Angesichts der schlagenden Beweise dafür, daß Nachahmungsleistungen weitgehend von ihren externen Folgen kontrolliert werden können, muß der Einfluß von Verstärkungsvariablen in den Erklärungssystemen berücksichtigt werden, woran auch immer sie sich orientieren mögen.

Kontroverse Fragen zur Modellierung

Einige der kontroversen Fragen auf dem Gebiet der Modellierung wurden bereits bei der geschichtlichen Darstellung der Theorien genannt, die zur Erklärung der Nachahmungsprozesse entwickelt wurden. Im vorliegenden Abschnitt sollen die Hauptpunkte, um die der Streit geht, vollständiger erörtert werden. Dabei darf nicht vergessen werden, daß einige der Probleme sich keinesfalls nur bei dieser Erscheinung stellen, denn die Modellierung beruht auf grundlegenden psychischen Subprozessen, wie z. B. der Wahrnehmung, den kognitiven Funktionen und dem Behalten.

Kriterien des Beobachtungslernens

Man ist sich nicht über die Kriterien einig, nach denen zu entscheiden ist, wann Beobachtungslernen vorliegt und wann nicht. Lernen kann sich als assoziative oder organisatorische Verhaltensveränderung bemerkbar machen. Im ersten Fall lernen Menschen auf bestimmte Situationen in bestimmter Weise zu reagieren. Die Verknüpfung bestimmter Erfahrungen bewirkt, daß bestehende Verhaltensweisen unter die Kontrolle von Reizen geraten, auf die die Individuen früher entweder gar nicht oder in wesentlich anderer Weise reagiert haben. Sie lernen beispielsweise, an roten Signallichtern zu halten, gewisse Orte und Dinge zu meiden, mit denen sie schmerzhafte Erfahrungen gemacht haben, Handlungen auszuführen, die in besonderen Umständen ermutigt und belohnt wurden und auf spezifische akustische und optische Wahrnehmungen emotional zu reagieren. Hier stellt sich das Lernen eher als eine Veränderung der Reizkontrolle dar und nicht so sehr als eine der Verhaltensmerkmale selbst.

Die zweite Betrachtungsweise des Lernens, die weit mehr Beachtung in der Modellierungsforschung fand, geht davon aus, daß Teilreaktionen zu neuen Verhaltensweisen organisiert werden. Um ein einfaches Beispiel zu nehmen: Menschen können aufgrund ihrer angeborenen Fähigkeit eine Reihe elementarer Laute erzeugen. Wenn sie diese vorhandenen Laute kombinieren, können sie völlig neue und außerordentlich komplexe Verbalreaktionen schaffen wie etwa *superkalifragilistikexpialidokius*.

Einige Autoren (ARONFREED, 1969; PATTERSON, LITTMAN und BRICKER, 1967) haben bezweifelt, daß Verhaltensmuster, die allein durch die Kombination bereits verfügbarer Elemente gebildet werden, durch Prozesse zustande kämen, die man als Lernen bezeichnen könne, weil die Teile bereits im Repertoire der Versuchsperson vorhanden seien. Nach dieser Argumentation hätte ein Pianist, der ein Klavierkonzert von BEETHOVEN spielen kann, nichts Neues gelernt, weil alle Fingerbewegungen bereits in seinem Repertoire vorhanden waren. Und BEETHOVEN hätte dann keine neuen symphonischen Musikwerke geschaffen, sondern nur einige bereits vorhandene Noten neu geordnet.

Ob Reaktionen neu sind, wird besser durch empirische Kriterien als durch Wertungen *a priori* festgelegt. Jedes Verhalten, dessen Vorkommenswahrscheinlichkeit bei gegebenen Reizbedingungen extrem gering oder gleich Null ist, gilt als eine neue Reaktion. Die meisten neu zusammengesetzten Reaktionen werden aus bekannten Verhaltenselementen gebildet.

Oben wurde bereits erwähnt, daß sich Modellierungseinflüsse je nach ihrer Beschaffenheit in drei verschiedenen Weisen auf Beobachter auswirken können. Meinungsverschiedenheiten über das Beobachtungslernen ergeben sich manchmal daraus, daß Experimente, in denen Lerneffekte hervorgerufen werden sollen, nicht genügend von den Experimenten unterschieden werden, die Aufschluß über Hemmungs- oder Auslösungseffekte geben sollen. Wie Reaktionen durch Beobachtung gelernt werden, wird am überzeugendsten in Untersuchungen bewiesen, die mit für diesen Anlaß speziell geschaffenen Reaktionen arbeiten. Es ist zum Beispiel außerordentlich unwahrscheinlich, daß Neologismen wie *lickitstickit* oder *wetosmacko* (BANDURA, ROSS und ROSS, 1963a) jemals zu Lebzeiten eines Forschers von den Versuchspersonen geäußert würden, wenn sie niemals modelliert worden wären.

Wie für ein bestimmtes Verhalten eine neue Reizkontrolle hergestellt wird, wird überzeugend in Experimenten vorgeführt, in denen Beobachter auf ehemals neutrale Reize emotional zu reagieren lernen, weil sie gesehen haben, daß andere beim Auftreten der Reize schmerzhafte Erfahrungen gemacht haben (BERGER, 1962; BANDURA und ROSENTHAL, 1966; CRAIG und WEINSTEIN 1965). Instrumentelle Reaktionen sind in ähnlicher Weise unter neue Reizkontrolle zu bringen, wenn die Beobachter miterleben, daß andere für das Verhalten belohnt werden, sofern sie es in Gegenwart bestimmter Reize zeigen, und daß ihnen keine Beachtung geschenkt wird oder daß sie bestraft werden, wenn sie das Verhalten in anderen Kontexten produzieren (MCDAVID, 1962, 1964; WILSON, 1958). Einige Forscher (GEWIRTZ und STINGLE, 1968) haben sich besonders mit dem Auftreten der ersten Nachahmungsreaktionen beschäftigt, weil sie vermuten, dadurch Aufschluß über das spätere Beobachtungslernen gewinnen zu können. Diesen Autoren zufolge können sich die ersten Nachahmungsreaktionen zufällig oder durch materielle Anleitung einstellen oder sich allmählich herausbilden, wenn zufällig auftretendes Verhalten differenziert verstärkt wird. Diese Nachahmung kann vermutlich durch unmittelbare Verstärkung unterstützt werden. Möglicherweise kann die Reaktionsähnlichkeit zu einem Unterscheidungsreiz werden, der die wahrscheinlichen Folgen bezeichnet, und möglicherweise auch führt die intermittierende externe Verstärkung des Anpassungsverhaltens zur generalisierten Nachahmung verschiedener Modelle in unterschiedlichen Situationen, selbst wenn das betreffende Verhalten nicht immer belohnt wird.

Mit einer gewissen Berechtigung läßt sich fragen, ob die Bedingungen, unter denen sich die ursprüngliche Nachahmung vollzieht, auch notwendigerweise das Beobachtungslernen erklären. Modellierungsphänomene sind einander auf den verschiedenen Entwicklungsstufen keineswegs äquivalent. Folglich stellen die Bestimmungsfaktoren der frühen Nachahmung möglicherweise eine unzulängliche oder sogar irreführende Erklärung dafür dar, wie modellierte Reaktionen später erworben werden. In den ersten Jahren werden Nachahmungsreaktionen unmittelbar durch die Handlungen eines Modells hervorgerufen, später dagegen wird das Nachbildungsverhalten typischerweise ausgeführt, lange nachdem die modellierenden Reize aufgetreten sind, und in Abwesenheit des Modells. Für die unmittelbare Nachahmung bedarf es der Symbolfunktion kaum, weil die Reproduktion des Verhaltens extern durch die Reaktionen des Modells gesteuert wird. Bei der verzögerten Nachahmung hingegen müssen die abwesenden modellierten Ereignisse in symbolischer Form innerlich repräsentiert werden, und verdeckte Wiederholungen, sowie Organisationsprozesse, die das Langzeit-Behalten der angeeigneten Inhalte erleichtern, treten als wichtige Bestimmungsfaktoren des Beobachtungslernens in Erscheinung.

Zweifellos läßt sich die Bereitwilligkeit kleiner Kinder, das Verhalten anderer zu übernehmen, dadurch steigern, daß man sie belohnt, wenn sie Gesten, Vokalisationen und soziale Reaktionen nachahmen. Frühere intermittierende Verstärkung von Nachbildungsreaktionen erklärt jedoch keineswegs, warum Menschen, die die Modellierungsreize in leicht erinnerliche verbale Schemata umformen, Modellreaktionen besser erwerben und behalten als Menschen, die die externen Verhaltensereignisse für die Gedächtnisrepräsentation nicht sprachlich kodieren (BANDURA und JEFFERY, 1971; GERST, 1971). In diesem Fall lassen sich die Unterschiede in der Modellierung besser durch die kognitiven Funktionen als durch frühere Verstärkung erklären.

Wenn es zutrifft, daß die kognitiven Funktionen von solcher Bedeutung für das Beobachtungslernen sind, kann das experimentelle Beispiel, das in Nachahmungsuntersuchungen, die sich der operanten Konditionierung bedienen, regelmäßig angewandt wird, kaum geeignet sein, das Phänomen zu klären. In den Standardverfahren zeigt ein Modell diskrete Reaktionen, die die Beobachter entweder während oder unmittelbar nach der Vorführung kopieren. Sofortige Nachbildung ist weder auf symbolische Repräsentation noch auf spezielles Lernen angewiesen, genauso wie Individuen ja auch imstande sind, einen komplizierten Apparat zusammenzusetzen, wenn sie dabei ständig angeleitet werden, während sie zu dieser Leistung nicht fähig wären, wenn sie auf die externen Hilfen verzichten müßten. Der Unterschied zwischen der unmittelbar veranlaßten und der verzögerten Nachahmung entspricht dem Unterschied, der zwischen dem Zeichnen meines Autos besteht, wenn es vor mir steht, und dem Zeichnen aus der Erinnerung. Im zweiten Fall werden die Umrisse des Autos nicht automatisch, sondern mit Hilfe der Erinnerung, vor allem in Form von Vorstellungen, übertragen.

Oft gelingt es nicht, Nachbildungsreaktionen der Beobachter durch die Darbietung des modellierten Verhaltens hervorzurufen. Wenn dies bei kleinen Kindern vorkommt, die ausdrücklich angewiesen wurden, vorgeführte Aktivitäten zu reproduzieren, spricht man, wenn man die Kinder beschreibt, häufig davon, daß ihnen ein „Nachahmungsrepertoire" fehle. Nachahmungsverhalten sollte aber besser als Ähnlichkeit mit modellierten Verhaltensmustern und nicht als ein spezifisches Reaktionenbündel definiert werden, denn es kann die verschiedensten Erscheinungsformen annehmen. Deshalb ist nicht klar, was unter einem „Nachahmungsrepertoire" zu verstehen ist, wodurch ja eine spezifische Zusammenstellung von Inhalten impliziert wird. Wie oben dargelegt, kann es mehrere Gründe dafür geben, daß Menschen ein Verhalten nicht nachahmen. Ihnen können die notwendigen Elemente fehlen, oder sie können zwar dazu fähig sein, aber keine Lust haben, das gewünschte Verhalten zu zeigen. BANDURA und BARAB (1971) berichten über ein Experiment, in dem beträchtlich retardierte Kinder, die, selbst als man sie aktiv dazu ermutigte, nicht zum Nachbildungsverhalten zu bewegen waren, aber sofort jede modellierte Reaktion nachahmten, als man die Belohnung veränderte und als eine vertraute Person das Verhalten vorführte. Diese Ergebnisse und die oben genannten Daten lassen Vorsicht angeraten sein, Unzulänglichkeiten der Nachahmungsleistung auf Unzulänglichkeiten des Beobachtungslernens zurückzuführen.

Ausmaß der Modellierungseinflüsse

Es wird weithin angenommen, daß die Nachahmung am ehesten geeignet ist, die Mimikry spezifischer von anderen Menschen gezeigter Reaktionen zu erzeugen. Einige Gründe sprechen dafür, diese begrenzten Lerneffekte der Nachahmung zuzuschreiben. Der Begriff legt die Auffassung nahe, daß der Prozeß darauf beschränkt ist, spezifisch modellierte Reaktionen so naturgetreu wie möglich zu kopieren. Formale Definitionen der Nachahmung führen nicht im einzelnen aus, welche Eigenschaften des Modellverhaltens übernommen werden. Einige Forscher kamen deshalb zu dem Schluß, daß der Begriff sich nur auf die Anpassung an einfache materielle Charakteristika erstrecke. Das Verhalten, das von anderen gezeigt wird, variiert gewöhnlich in mehreren Reizdimensionen, die sich nach Inhalt, Komplexität und Differenziertheit unterscheiden. Es bleibt der Willkür überlassen, welche modellierten Eigenschaften in einem gegebenen Experiment als relevant ausgewählt werden. Obwohl der Nachbildungsprozeß häufig die Reproduktion konkreter Verhaltensmuster einbezieht, müssen die Beobachter in vielen Fällen sehr feine Züge berücksichtigen, die eine Vielzahl von modellierten Reaktionen gemeinsam haben, die sich in anderer Hinsicht unterscheiden.

Ein anderer Faktor, der dazu beitrug, daß man das Ausmaß der Modellierungseinflüsse unterschätzte, war die Tatsache, daß man weithin ein sehr eingeschränktes experimentelles Paradigma verwendet. In diesen Untersuchungen zeigt ein Modell einige wenige Reaktionen, die sich durch ein einziges hervorstechendes Kennzeichen auszeichnen. Anschließend testet man die Beobachter, ob sie das modellierte Verhalten in identischen oder gleichen Situationen genau reproduzieren können. Unter den beschriebenen Umständen können Experimente lediglich die Mimikry spezifischer Reaktionen hervorbringen. Dies veranlaßte viele Forscher, den Verhaltensveränderungen, die Modellierungseinflüssen zugeschrieben werden können, sehr enge Grenzen zu setzen.

Um darzulegen, daß die Grenzen, die der Modellierung zugeschrieben wurden, eher der Methodologie als dem Phänomen selbst innewohnen, wurden einige Experimente durchgeführt (BANDURA und HARRIS, 1966; BANDURA und MCDONALD, 1963; BANDURA und MISCHEL, 1965), die sich komplexerer Modellierungsformen bedienten. In diesen Studien wurde ein Paradigma verwendet, in dem Versuchspersonen Modelle beobachteten, die in übereinstimmender Weise nach einer vorher festgelegten Regel auf verschiedene Reize reagierten. Verschiedene Versuchsleiter testeten später die generalisierte Nachahmung. Dies geschah in verschiedenen sozialen Kontexten, in Abwesenheit der Modelle und mit verschiedenen Reizitems. Die Ergebnisse brachten zutage, daß Beobachter auch auf neue Situationen, selbst wenn sie niemals gesehen haben, wie das Modell auf diese besonderen Reize antwortet, in einer Weise reagieren, die den Neigungen des Modells entspricht.

In dieser höher einzustufenden Modellierungsform informiert der Ausführende die Beobachter durch sein Verhalten, welche charakteristischen Merkmale angemessene Reaktionen aufweisen müssen. Die Beobachter müssen allgemeine Eigenschaften aus verschiedenen modellierten Reaktionen abstrahieren und eine Regel aufstellen, die ähnliche Verhaltensmuster erzeugt (oder „generiert"). Es ist wahrscheinlich, daß die Reaktionen der Versuchspersonen, die sich die durch Beobachtung gewonnenen Regeln zu eigen gemacht haben, dem Verhalten ähneln, das das Modell unter ähnlichen Umständen zu zeigen geneigt wäre, selbst wenn die Beobachter niemals erlebt haben, wie sich das Modell in dieser Situation verhält.

Der Beweis dafür, daß Regeln, die Reaktionen „generieren", durch Beobachtung erworben werden, ist von großer Bedeutung für die Kontroverse über den Sprachlernprozeß. Weil das sprachliche Verhalten ausgesprochen generativ ist, nahmen Psycholinguisten (BROWN und BELLUGI, 1964; ERVIN, 1964; MENYUK, 1964) im allgemeinen an, daß Nachahmung bei der Entwicklung und Hervorbringung der Sprache keine besonders große Rolle spielen könne. Dieser Schluß gründet sich hauptsächlich auf die irrtümliche Annahme, daß man durch Beobachtung nur die konkreten Einzelheiten eines Verhaltens lernen könne, nicht seine abstrakten Eigenschaften. Offensichtlich sind Kinder fähig, eine unendliche Vielfalt von Sätzen zu konstruieren, die sie niemals gehört haben. Statt daß sie also spezifische Äußerungen durch Nachahmung lernen, müssen sie vielmehr eine begrenzte Zahl von Regeln lernen, mit deren Hilfe sie dann eine unbegrenzte Zahl neuer grammatischer Sätze generieren können. Außerdem wurde die Bedeutung des Nachahmungslernens für die Sprachentwicklung unterschätzt, weil Kinder oft nur vage Annäherungen an die Verbalisationen Erwachsener zeigen (BROWN und BELLUGI, 1964) und weil sie linguistische Regeln erwerben können, ohne die Sprachmotorik einzuschalten (LENNEBERG, 1962).

Die obige Einschränkung besteht zu Recht, wenn sie auf Nachahmungstheorien bezogen wird, die von der wörtlichen Wiederholung modellierter Reaktionen und der Annahme ausgehen, daß Nachbildungsreaktionen ausgeführt und verstärkt werden müssen, wenn sie gelernt werden sollen. Das bisher ausführlich erörterte Material bezeugt jedoch, daß die Modellierungsprozesse, wie sie in der Theorie des sozialen Lernens angenommen werden, durchaus mit den Theorien des Regellernens zu vereinbaren sind, die von Psycholinguisten entwickelt wurden. Wenn die Psycholinguisten die Sprachkompetenz von der Sprachperformanz abheben, entspricht dies der Unterscheidung zwischen Lernen und Ausführung, die in der Theorie des sozialen Lernens gemacht wird. Ein anderer Berührungspunkt besteht darin, daß keiner der beiden Entwürfe davon ausgeht, daß das Beobachtungslernen voraussetze, die Beobachter müßten die Reaktionen ausführen. Schließlich wird angenommen, daß die Basisregeln oder Prototypen, die die Erzeugung grammatischer Äußerungen steuern, aus individuellen Modellsituationen gewonnen werden und nicht auf eingeborene Programme zurückzuführen sind. Menschen besitzen zwar natürliche Fähigkeiten, Informationen zu verarbeiten; Regeln, die Reaktionen generieren, sind ihnen aber nicht angeboren.

Regeln, die die grammatischen Beziehungen zwischen Wörtern betreffen, können nicht gelernt werden, wenn sie nicht im sprachlichen Verhalten eines Modells vorgeführt werden. Es wurden eine Reihe von Experimenten durchgeführt, um die Bedingungen herauszufinden, die die Abstraktion von Regeln aus sprachlichen Modellierungsreizen ermöglichen. Das Prinzip, das den unterschiedlichen Reaktionen eines Modells zugrunde liegt, läßt sich am besten erkennen, wenn seine identischen Merkmale in solchen Reaktionen deutlich wiederholt werden, die sich in anderer Hinsicht voneinander unterscheiden. Wenn beispielsweise eine Reihe von Objekten zuerst auf Tische, dann auf Stühle, Schachteln und andere Dinge zu legen wären, wobei gleichzeitig die einfache präpositionale Beziehung zwischen diesen verschiedenen Objekten genannt werden sollte, würde ein Kind möglicherweise das grammatische Prinzip erkennen. Dann könnte es mit Leichtigkeit einen neuen grammatischen Satz erzeugen, wenn man ein Spielzeugnilpferd auf ein Xylophon stellen und das Kind auffordern würde, das vorgeführte Reizereignis zu beschreiben.

Veränderungen des Sprachverhaltens sind schwer zu leisten, weil Sätze komplexe Reizmuster darstellen, in denen die identifizierenden Züge syntaktischer Strukturen nicht leicht auszumachen sind. Welchen Einfluß sowohl die Modellierungs- wie die Unterscheidungsprozesse auf die Sprachentwicklung ausüben, wurde in einem Experiment gezeigt, in dem der syntaktische Stil kleiner Kinder verändert werden sollte, die keine formalen grammatischen Kenntnisse hinsichtlich der linguistischen Merkmale besaßen, die für die Veränderung vorgesehen waren (BANDURA und HARRIS, 1966). Die Kinder erweiterten die grammatischen Konstruktionen in Übereinstimmung mit den Regeln, die die modellierten Äußerungen leiteten, als die sprachlichen Modellierungseinflüsse mit Maßnahmen gekoppelt wurden, die zugleich verstärkten und die Aufmerksamkeit erregten — wodurch eben die syntaktische Differenziertheit gefördert werden sollte. Diese Ergebnisse wurden von ODOM, LIEBERT und HILL (1968) bestätigt und von ROSENTHAL und seinen Mitarbeitern (CARROLL, ROSENTHAL und BRYSH, 1969; ROSENTHAL und WHITEBOOK, 1970) erweitert, die bewiesen, daß unter dem Einfluß sprachlicher Modellierung die strukturellen Komponenten des sprachlichen Verhaltens von Kindern dieselben Veränderungen wie die Satzregeln des Modells erleiden.

Die oben genannten Untersuchungen beschäftigen sich im wesentlichen mit der Modifikation linguistischer Merkmale, die den Kindern zumindest teilweise vertraut waren. Eine jüngere Untersuchung von LIEBERT, ODOM, HILL und HUFF (1969) zeigte, daß Kinder durch Modellierung auch eine willkürliche, ungrammatische Regel erwerben können, mit deren Hilfe sie dann merkwürdige Sätze erzeugen.

Weitere Beweise dafür, daß Modellierungseinflüsse sich auf den Spracherwerb auswirken, liefern naturalistische Untersuchungen, in denen Verbalisationssequenzen von Kindern und die unmittelbar sich anschließenden Antworten ihrer Eltern analysiert wurden. Diese Untersuchungen offenbaren, daß die Ausdrucksweise kleiner Kinder bestenfalls semi-grammatisch ist. In nahezu 30 Prozent der Fälle wiederholen Erwachsene die

Verbalisationen ihrer Kinder in grammatisch komplexerer Form, wobei sie die ausgelassenen oder unangebracht verwendeten Elemente betonen (BROWN und BELLUGI, 1964). Außerdem reproduzieren Kinder oft diese grammatisch komplizierteren Rekonstruktionen, die die Erwachsenen modellieren (SLOBIN, 1968). Von besonderem Interesse ist der Beweis dafür (LOVAAS, 1967), daß der Genauigkeitsgrad der kindlichen Nachahmung sich durch Verstärkung kontrollieren läßt. Wenn also Belohnungen unmittelbar auf korrekte Reproduktionen der modellierten Reaktionen erfolgen, gewinnen die Nachahmungen der Kinder an Genauigkeit. Wenn Kinder sich dagegen Belohnungen unabhängig vom Genauigkeitsgrad verschaffen können, mit dem sie die modellierten Äußerungen reproduzieren, verlieren ihre Anpassungsreaktionen an Übereinstimmung mit dem Modellverhalten.

Wie verhaltenssteuernde Prinzipien durch Modellierung übermittelt werden können, verdeutlichen außerdem noch die Experimente, in denen verändert werden sollte: die Orientierung des moralischen Urteils (BANDURA und MCDONALD, 1963; COWAN, LANGER, HEAVENRICH und NATHANSON, 1969; LE FURGY und WOLOSHIN, 1969), die Verzögerung der Befriedigung (BANDURA und MISCHEL, 1965; STUMPHAUZER, 1969) und der Stil der Informationsbeschaffung (ROSENTHAL, ZIMMERMANN und DURNING, 1970). Andere Forscher haben zu untersuchen begonnen, wie Modellierungseinflüsse kognitive Funktionen der Art verändern, wie sie PIAGET und seine Nachfolger beschrieben. Einige dieser Untersuchungen beschäftigen sich mit dem Erhaltungsprinzip, das die Fähigkeit des Kindes wiedergibt, zu erkennen, daß eine gegebene Eigenschaft invariant bleibt, auch wenn äußerliche Veränderungen eintreten, die ihr ein anderes Aussehen verleihen (wenn zum Beispiel die gleiche Flüssigkeitsmenge in verschieden geformte Behälter gegossen wird). Kleine Kinder, die noch keinen Begriff von Erhaltung haben, verstehen Erhaltung dann konsistent, wenn sie beobachten, daß ein Modell in seinen Urteilen Erhaltung zum Ausdruck bringt und sie erklärt (ROSENTHAL und ZIMMERMANN, 1970). Darüber hinaus werden Erhaltungsurteile, die durch Modellierung entstanden sind, auch auf neue Merkmale ausgedehnt. Sie sind beständig und unterscheiden sich nicht vom Erhaltungsbegriff, den Kinder durch alltägliche Erfahrung erwerben (SULLIVAN, 1967).

Die weiteren Auswirkungen der Modellierungseinflüsse zeigen sich in experimentellen Paradigmen mit mehreren Modellen, die verschiedene Verhaltensmuster vorführen. Entgegen einer verbreiteten Überzeugung ist es möglich, neue Reaktionsweisen nur durch Nachahmung zu schaffen (BANDURA, ROSS und ROSS, 1963a). Wenn man Individuen eine Vielzahl von Modellen zeigt, wählen sie gewöhnlich eins oder mehrere von ihnen als primäre Verhaltensvorbilder aus, doch selten begnügen sie sich damit, ein einziges Vorbild nachzuahmen, genausowenig wie sie alle Merkmale der vorhandenen Modelle reproduzieren. Vielmehr zeigen Beobachter im allgemeinen relativ neue Reaktionen, die sich aus dem Verhalten verschiedener Modelle zusammensetzen. Das jeweilige Mischungsverhältnis, in dem die Verhaltenselemente vorkommen, variiert von Individuum zu Individuum. Selbst in einer Familie können so Geschwister gleichen Geschlechts verschiedenartige Charaktere ausbilden, weil sie in unterschiedlicher Kombination nachahmen. Eine Sequenz von Modellierungseinflüssen, in der Beobachter später selbst zu Verhaltensvorbildern für neue Mitglieder avancierten, würde höchstwahrscheinlich durch allmähliche Evolution der Nachahmung zu neuen Verhaltensmustern führen, die jenen der ursprünglichen Modelle kaum mehr ähnelten.

Das Ausmaß, in dem sich Verhalten durch Nachahmung erneuern läßt, wird von der Verschiedenheit der modellierten Muster abhängen. In homogenen Kulturen, in denen alle Modelle ähnliche Reaktionsweisen an den Tag legen, mag das Nachahmungsverhalten bei aufeinander folgenden Modellen wenig oder keine Veränderung erleiden, unterschiedliche Modelle hingegen sind geeignet, die Entstehung neuer und abweichender Verhaltensmuster zu fördern. Die Beweise, die bislang vorliegen, lassen vermuten, daß Modellierungseinflüsse, wenn sie sehr komplex und verschieden sind, über die Mimikry spezifischer Reaktionen hinaus auch Verhaltensweisen schaffen können, die ihrerseits neue zu erzeugen und zu innovieren vermögen.

Lokalisation der Reaktionsintegration

Die Entwicklung neuer Reaktionsweisen setzt voraus, daß Verhaltenselemente zu bestimmten Mustern und Folgen organisiert werden. Die verschiedenen Nachahmungstheorien gehen in der Frage auseinander, ob Teilreaktionen an zentraler oder peripherer Stelle des Prozesses in neue Formen integriert werden. Obwohl dieses Problem von großer Wichtigkeit ist, ist dieser Aspekt des Beobachtungslernens von der Forschung bisher wenig beachtet worden.

Klassische Konditionierungstheorien wandten sich dem Problem, wie Reaktionen erworben werden, überhaupt nicht zu. In ihnen galt die Aufmerksamkeit hauptsächlich Assoziationsprozessen, durch die bereits bestehende Reaktionsmuster unter die Kontrolle sozialer Reize gebracht und mit der Eigenschaft versehen werden, positive oder negative Emotionen wachzurufen. Im Konzept der instrumentellen Konditionierung

(BAER und SHERMAN, 1964; GEWIRTZ und STINGLE, 1968) geht man von der Vermutung aus, daß die konstituierenden Reaktionselemente aus der offenen Ausführung dadurch ausgewählt werden, daß man den Einfluß differenzierender Reize und differenzierender Verstärkung hinzufügt. Die herausgehobenen Elemente werden dann verkettet, so daß sie komplexere Verhaltensmuster bilden. Da man hierbei annimmt, daß Verhalten im Verlauf der Ausführung zu neuen Mustern organisiert wird, setzt Lernen offene Reaktionen und unmittelbare Verstärkung voraus.

In der Theorie des sozialen Lernens (BANDURA, 1969a) nimmt man an, daß Verhalten vor allem durch zentrale Integrationsmechanismen, die der motorischen Ausführung vorgeschaltet sind, gelernt und organisiert wird. Wenn ein Individuum ein Modell des gewünschten Verhaltens beobachtet, gewinnt es eine Vorstellung davon, wie die Reaktionselemente kombiniert und in welche zeitliche Abfolge sie gebracht werden müssen, damit das neue Verhaltensschema entsteht. Mit anderen Worten: Verhalten nach bestimmten Mustern wird mehr durch symbolische Repräsentation gesteuert und weniger durch Ausführung und deren Verstärkung geformt.

Daß Beobachtungslernen auch ohne Ausführung möglich ist, wurde zur Genüge in Modellierungsstudien dokumentiert, die sich eines nicht-reaktiven Aneignungsverfahrens bedienten (BANDURA, 1965a; FLANDERS, 1968). Nachdem die Versuchspersonen beobachtet haben, wie Modelle neue Reaktionsweisen ausführen, können sie mit bemerkenswerter Genauigkeit das vollständige Verhaltensmuster beschreiben und es gelingt ihnen im Test oft im ersten Anlauf, das Verhalten fehlerfrei zu reproduzieren. Diese Ergebnisse deuten darauf hin, daß das modellierte Verhalten als ganzes in symbolischer Form gelernt, bevor es in die Tat umgesetzt wird.

Gemeinhin wird angenommen, daß Kontroversen über die Lokalisation des Lernens nicht entschieden werden könnten, weil man von der Ausführung auf das Lernen schließen müsse. Dies mag auf Tierexperimente zutreffen. Um zu entscheiden, ob eine Ratte mit einem Labyrinth fertig wird, muß man sie hindurchlaufen lassen. Für Menschen gibt es einen zuverlässigen Lernindex, der unabhängig von der motorischen Ausführung ist. Um festzustellen, ob ein Mensch den richtigen Weg durch ein Labyrinth gelernt hat, wenn er die erfolgreiche Ausführung eines Modells beobachtet hat, genügt es, ihn das richtige Muster der Rechts-Links-Wendungen beschreiben zu lassen. Solch ein Experiment würde unzweifelhaft beweisen, daß Menschen durch Modellierung lernen können, bevor sie die entsprechenden Reaktionen ausgeführt haben.

In vielen Fällen reicht das Beobachtungslernen natürlich nicht aus, fehlerlose Leistungen zu erzeugen. Dafür gibt es einige Gründe. Wenn modellierte Verhaltensmuster kurz oder nur sporadisch beobachtet werden, erwerben Individuen im allgemeinen bestenfalls eine fragmentarische Vorstellung der vorgeführten Aktivitäten. Die Reproduktion des Verhaltens wird unzulänglich sein, weil die den Prozeß steuernde innere Repräsentation inadäquat ist. Die offene Ausführung hilft in diesem Fall, diejenigen Elemente herauszufinden, die vollständig fortgelassen oder nur teilweise gelernt wurden. Wenn man den Individuen jetzt die Gelegenheit verschafft, dasselbe Verhalten noch einmal zu beobachten, werden sie ihre Aufmerksamkeit wahrscheinlich auf die problematischen Ausschnitte konzentrieren, um das einzufügen, was ihnen zur Steuerung einer genauen Ausführung fehlt.

Selbst wenn die Repräsentation der modellierten Aktivitäten ausgebildet und behalten wird, kann die Umsetzung in die Tat fehlerhaft bleiben, weil es den Individuen an den notwendigen körperlichen Voraussetzungen mangelt. Ein kleines Kind kann durch Beobachtung lernen, wie man ein Auto fährt, wenn es aber zu klein ist, um das Armaturenbrett zu bedienen, wird es nicht in der Lage sein, die Reaktionen auszuführen, die notwendig sind, um das Fahrzeug mit Erfolg zu lenken.

Genaues Umsetzen modellierter Vorgänge in die Tat läßt sich auch dann nur schwer leisten, wenn die Vorführung durch das Modell mittels Feinregulierung innerer Reaktionen gesteuert wird, die nicht zu beobachten und sprachlich nur schwer auszudrücken sind. Jemand, der Opernsänger werden will, kann beträchtlichen Nutzen daraus ziehen, einen Gesanglehrer zu beobachten. Trotzdem wird die perfekte vokale Reproduktion dadurch entscheidend behindert, daß die laryngealen und die respiratorischen Muskelreaktionen weder vollständig zu beobachten noch leicht zu beschreiben sind.

Noch schwieriger wird das Problem der Verhaltensreproduktion, wenn es sich um in hohem Maße koordinierte motorische Fertigkeiten handelt, wie zum Beispiel das Golfspielen, bei denen man den größten Teil der Reaktionen, die man ausführt, nicht sehen kann, und bei denen man sich deshalb primär auf propriozeptive Feedbackreize und auf das von Zuschauern sprachlich Wiedergegebene verlassen muß. Es ist außerordentlich schwierig, Handlungen zu steuern, die schwer zu beobachten sind, oder sich die Korrekturregulierungen anzueignen, die notwendig sind, um das symbolische Modell und die offene Ausführung einander anzugleichen. Um die Ausbildung solcher motorischer Fertigkeiten zu fördern, werden in zunehmendem Maße zur verzögerten Selbstbeobachtung Videorecorder eingesetzt. In den meisten Fällen alltäglichen Lernens erwerben die Menschen durch Beobachtung eine ungefähre Annäherung an das gewünschte Verhalten. Ihre ursprünglichen Verhaltensäußerungen vervollkommnen sie dann dadurch, daß sie sich mit Hilfe von Regulierungen auf der Basis des informativen Feedbacks der ausgeführten Handlung selbst korrigieren.

Modellierungsprozeß und Übermittlung der Reaktionsinformation

Wie schon festgestellt, besteht eine der Hauptfunktionen der Modellierungsreize darin, den Beobachtern Informationen darüber zu vermitteln, wie Reaktionselemente organisiert werden müssen, damit sie die erforderlichen Verhaltensmuster bilden. Diese Reaktionsinformation kann durch konkrete Vorführung, Bildrepräsentation oder verbale Beschreibung weitergegeben werden.
Oft vollzieht sich soziales Lernen, indem Modelle des wirklichen Lebens zufällig oder vorsätzlich beobachtet werden, wie sie etwas tun. Tatsächlich beruht das Nachahmungslernen kleiner Kinder fast ausschließlich auf Verhaltensmodellierung. Wenn die Sprachkompetenz erworben ist, wird die Verhaltensmodellierung allmählich durch die verbale Modellierung als bevorzugtes Modell der Reaktionssteuerung ersetzt. Ob Menschen komplizierte Apparaturen zusammenbauen und bedienen wollen, ob sie die Fähigkeiten erwerben wollen, die sie für Gesellschaft, Beruf und Freizeit brauchen, ob sie die angemessene Fähigkeit für irgendeine Situation lernen wollen, fast immer können sie sich damit helfen, die entsprechenden Beschreibungen in Lehrbüchern zu Rate zu ziehen. Die verbale Modellierungsweise wird deshalb in so hohem Maße verwendet, weil man mittels der Sprache eine nahezu unbegrenzte Vielfalt von Verhaltensmustern weitergeben kann, die nur unter großen Schwierigkeiten und erheblichem Zeitaufwand verhaltensmäßig porträtiert werden könnten. Weil die sprachliche Beschreibung ein effektives Mittel darstellt, die Aufmerksamkeit auf die relevanten Aspekte von Aktivitäten zu lenken, die gerade ausgeführt werden, werden Verhaltensvorführungen sogar oft von verbaler Modellierung begleitet.
Eine andere einflußreiche Quelle sozialen Lernens auf allen Altersstufen ist die reichlich vorhandene und verschiedenartige symbolische Modellierung durch Fernsehen, Filme und andere audiovisuelle Medien. Es liegt genügend empirisches Beweismaterial dafür vor (BANDURA, 1969a; FLANDERS, 1968), daß Kinder wie Erwachsene Einstellungen, emotionale Reaktionen und komplexe Verhaltensmuster erwerben, wenn man sie bildhaft präsentierten Modellen aussetzt. Hält man sich vor Augen, wie wirksam

bildhafte Modellierung ist und wieviel Zeit Menschen damit zubringen, Fernseh-Produktionen zu betrachten, kann kein Zweifel darüber bestehen, daß Massenmedien eine wichtige Rolle bei der Ausbildung des Verhaltens und der sozialen Einstellungen spielen. Bei fortschreitender Entwicklung der Kommunikationstechnologie, wenn jedes gewünschte Verhalten jederzeit bei Bedarf auf an Wänden angebrachten Fernsehschirmen (PARKER, 1970) abgebildet werden kann, wird wohl die Rolle von Eltern, Lehrern und anderen traditionellen Rollenmodellen in dem Maße ihre Bedeutung im Prozeß des sozialen Lernens einbüßen, als zunehmend symbolische Modellierungseinflüsse eingesetzt werden.

Reaktionsinformation läßt sich auch — obgleich weniger genau — auf andere Weise als durch auditive und visuelle Medien übermitteln. Taube und blinde Menschen sind, wenn sie sprechen lernen, auf kinästhetische Modellierung angewiesen, indem sie durch Berührung die Muskelreaktionen des Mundes und des Kehlkopfes aufnehmen und nachbilden, die ein sprechendes Modell vorführt (KELLER, 1927; YOUNG und HAWK, 1955).

Es hat in der Literatur Auseinandersetzungen gegeben, weil man unterschiedliche Bezeichnungen für die verschiedenen Weisen wählte, durch die Reaktionsinformationen übermittelt werden. Einige Autoren behalten den Terminus „Nachahmung" solchen Fällen vor, in denen Beobachter Reaktionen reproduzieren, die sozial demonstriert wurden (FOUTS und PARTON, 1969); „Kopieren" verwenden sie bei mechanischen Demonstrationen (FOUTS und PARTON, 1969) und „Instruktionen" bei verbalen Demonstrationen (MASTERS und BRANCH, 1969). Andere definieren Kopieren als einen Sonderfall der Nachahmung, in dem sozial vorgeführtes Verhalten genau nachgebildet wird (MILLER und DOLLARD, 1941). Es wäre nur von Vorteil, unterschiedliche Begriffe zu verwenden, wenn die Veränderungen, die durch unterschiedliche Informationsweisen erzeugt werden, grundlegend verschiedene Lernprozesse nach sich ziehen würden. Wenn sie jedoch im wesentlichen zu gleichen Lernprozessen führen, ist eine willkürliche Begriffstrennung wahrscheinlich eher dazu angetan, das Phänomen zu verschleiern als es zu erhellen.

In der Theorie des sozialen Lernens (BANDURA, 1969a) beschäftigt man sich mehr mit dem Prozeß, durch den die Repräsentation von Aktivitäten, für die es Verhaltensmuster gibt, es übernimmt, Reaktionen zu steuern, und weniger mit der besonderen Form, in der Reaktionsinformation präsentiert wird. Man nimmt an, der zugrundeliegende Nachbildungsprozeß bleibe sich gleich, ob er nun durch Wörter, Bilder oder Handlungen übermittelt würde.

Kontrovers ist auch die Frage, welche Bedingungen bei der Darstellung der gewünschten Aktivitäten erfüllt sein müssen, damit die Modellierung stattfindet. In mehreren Experimenten verglichen PARTON und seine Mitarbeiter (DUBANOSKI und PARTON, 1968; FOUTS und PARTON, 1969) die Genauigkeit, mit der Kinder Gegenstände auf bestimmte Plätze stellten, wenn ihnen im Film vorgeführt worden war, wie diese Gegenstände angeordnet wurden: a) von einem gänzlich sichtbaren Individuum, b) von einer Hand, c) durch einen Nylonfaden, oder wenn den Kindern erst das Objekt allein und dann durch einen Kameraschwenk der vorgeschriebene Platz gezeigt wurde. Nicht unerwartet wurden, ungeachtet der Übertragungsweisen, vergleichbare Nachbildungsleistungen erzielt.

Menschliche Vermittler werden in Modellierungsexperimenten am häufigsten verwendet, nicht weil sie das einzige Mittel zur Reaktionssteuerung darstellten, sondern weil unter natürlichen Bedingungen die Reaktionsmuster — willentlich oder unwillentlich — gewöhnlich durch soziale Demonstration abgebildet werden. In den meisten Fällen sozialen Verhaltens sind die Handlungen des Modells sogar die entscheidenden Ereignisse. Wenn man das soziale Modell fortlassen würde, würde man das Verhalten löschen. Wie ließen sich zum Beispiel ein Marsch ohne einen Marschierer, sprachliche Reaktionen ohne einen Sprecher oder ein Boxhieb ohne einen Boxer denken? Ich hoffe, daß diese Feststellung jetzt keinen Forscher veranlaßt, eine Studie zu entwickeln, in der von unsichtbaren Drähten bewegte Plastikarme Gegenstände schlagen, wodurch dann bewiesen werden soll, daß Menschen als Verhaltensvorbilder zu ersetzen sind.

Die Untersuchungen der symbolischen Modellierung (BANDURA und MISCHEL, 1965; BANDURA, Ross und Ross, 1963a) zeigt, daß Nachbildungsleistungen auch ohne die körperliche Anwesenheit eines Modells erreicht werden können, wenn die wichtigen Merkmale seines Verhaltens entweder bildlich oder sprachlich genau dargestellt werden. In dem Maße, in dem Leben und symbolische Modellierung eine gleiche Menge an Reaktionsinformation übertragen und mit gleichem Erfolg die Aufmerksamkeit zu fesseln vermögen, ist es wahrscheinlich, daß sie ein Nachahmungsverhalten von vergleichbarer Qualität hervorrufen. Verschiedene Nachahmungsformen sind jedoch nicht immer gleich effizient. Stark gehemmtes Verhalten läßt sich sicherlich leichter durch die Vorführung lebender Modelle als durch Filmvorführungen auslösen (BANDURA und MENLOVE, 1968). Auch darf man erwarten, daß Beobachter, deren begriffliche Fähigkeiten nicht sehr ausgebildet sind, von sprachlicher Modellierung weniger als von Verhaltensvorführung profitieren werden.

Wenn neue Reaktionsmuster durch das Medium sprachlicher Modellierung geschaffen werden, bezeichnet man dies häufig als „Instruktion" und unterscheidet es von der Modellierung, als ob es sich um unterschiedliche Weisen der Einflußnahme handle. Wenn man beurteilen will, wieweit die Sprache das Verhalten kontrolliert, muß man zwischen der anspornenden und der modellierenden Funktion der Sprache unterscheiden. Mit Worten kann man Menschen dazu veranlassen, früher erlernte Handlungen auszuführen. Man kann ihnen aber auch mit Hilfe der Sprache neue Verhaltensweise beibringen. „Instruktion" wird wahrscheinlich in jedem Fall korrekte Ausführungen zur Folge haben, ob sie nun einen Menschen zur Reaktion veranlaßt oder ob sie die erwünschten Verhaltensweisen und die Art und Weise beschreibt, in der sie auszuführen sind. In Studien, die angeblich die Effizienz von Instruktionen und sprachlicher Modellierung verglichen (MASTERS und BRANCH, 1969), wirkten sich tatsächlich beide Einzeltypen als sprachliche Modellierung aus. Sie unterschieden sich nur insofern, als die erwünschten Reaktionen im einen Fall expliziter definiert wurden. Bessere Leistungen werden erzielt, wenn das gewünschte Verhalten ausführlich beschrieben wird, als wenn es aus einigen wenigen Beispielen gefolgert werden muß.

Erklärungen der Modellierungsphänomene begnügen sich gewöhnlich damit, den Modellierungsreizen eine informative Funktion zuzuschreiben. Wie oben gezeigt, muß die psychologische Analyse weitergehen, wenn sie erklären will, wie die übermittelte Information kodiert wird, in welchen Repräsentationsformen sie behalten wird und mittels welcher Prozesse die Repräsentation das Handeln steuert. Mit Sicherheit vermögen Modellierungsreize mehr als nur Informationen zu übermitteln. Sie können auch starke Emotionen und Wertungen im Gefolge haben, die sich sowohl beim Erwerb neuer Verhaltensmuster wie auch bei der Ausführung bereits bestehender bemerkbar machen (BANDURA 1971a).

Die Rolle der Verstärkung beim Beobachtungslernen

Ein recht interessantes Problem stellt die Frage dar, ob Verstärkung eine notwendige Voraussetzung des Imitationslernens ist. Wie bereits bemerkt, nehmen verstärkungsorientierte Wissenschaftler (BAER und SHERMAN, 1964; MILLER und DOLLARD, 1941; GEWIRTZ und STINGLE, 1968) an, daß Nachahmungsverhalten verstärkt werden muß, wenn es gelernt werden soll. In der sozialen Lerntheorie (BANDURA, 1965b; 1969a) unterscheidet man zwischen Erwerb und Ausführung des Anpassungsverhaltens. Dieser Auffassung zufolge wird das Nachahmungslernen möglich, weil die differenzierte Beobachtung der modellierten Ereignisse in Abwesenheit externer Verstärkung von kognitiven Aktivitäten begleitet wird. Es liegt jedoch auf der Hand, daß die bloße Darbietung der Mo-

dellierungsreize allein nicht genügt, Nachahmungslernen zu erzeugen, weil nicht alle Reize, denen die Menschen ausgesetzt sind, auch von ihnen bemerkt werden. Eine angemessene Theorie muß jene Faktoren berücksichtigen, die vorkommende Reaktionen kontrollieren.
Die Antizipation der Verstärkung ist eine von mehreren Variablen, die jene Prozesse beeinflussen können, seien sie nun zu beobachten oder nicht. Wenn ein Individuum weiß, daß es sich dadurch Belohnung verschafft oder Bestrafung abwendet, daß es ein bestimmtes Nachbildungsverhalten zeigt, wird es seine Aufmerksamkeit wahrscheinlich verstärkt solchen Modellen zuwenden, deren Verhalten ihm dabei nützen kann. Verstärkung kann sich also durch seine anspornenden Motivationseffekte indirekt auf den Verlauf des Nachahmungslernens auswirken, indem es die Beobachtungsreaktionen fördert und lenkt. Darüber hinaus können die antizipierten Folgen dabei helfen, das zu behalten, was durch Beobachtung gelernt wurde, indem sie die Menschen dazu veranlassen, die nützlichen modellierten Reaktionen zu kodieren und zu wiederholen. Die Kontroverse zwischen den einzelnen Modellierungstheorien geht nur um die Art und Weise, in der Verstärkung das Lernen beeinflußt. Es sind sich alle Wissenschaftler darüber einig, daß sie beim Aneignungsprozeß eine Rolle spielt. Wie im Schaubild gezeigt, lautet die <u>strittige Frage, ob die Verstärkungsfunktion im Nachhinein vorausgehende Reaktionen unterstützt oder ob sie das Lernen fördert, weil sie sich auf die Aufmerksamkeits-, Organisations- und Wiederholungsprozesse auswirkt.</u>

Verstärkungstheorien

$$\text{Modellierungsreize} \to R \to S^{\text{Verst.}}$$

Theorie des sozialen Lernens

$$\text{Antizipierter } S^{\text{Verst.}} \to \text{Aufmerksamkeit} \to S^{\text{Modellierungsreize}} \to \begin{Bmatrix} \text{symbolische Kodierung} \\ \text{kognitive Organisation} \\ \text{Wiederholung} \end{Bmatrix} \to R$$

In der <u>Theorie des sozialen Lernens wird die Verstärkung eher als förderliche und nicht so sehr als notwendige Bedingung angesehen, weil</u> neben den Reaktionskonsequenzen auch andere Faktoren die Aufmerksamkeit selektiv kontrollieren können. Menschen werden modellierte Ereignisse auch lernen, wenn diese ihre Aufmerksamkeit durch besondere materielle Eigenschaften oder durch Differenziertheit und affektive Valenz fesseln, die sie aufgrund früherer Erfahrung besitzen. Man braucht nicht verstärkt zu werden, um zwingende auditive Reize zu hören, um sich auffallende visuelle Vorgänge anzusehen, oder ins Auge fallende Schönheiten wahrzunehmen. Wenn die Aufmerksamkeit durch materielle Besonderheiten nachdrücklich auf die Modellierungsreize gelenkt wird, wirkt es sich tatsächlich nicht auf die Qualität des Beobachtungslernens aus, wenn man zusätzlich einen positiven Ansporn liefert (BANDURA, GRUSEC und MENLOVE, 1966). Man ließ Kinder in einem Raum, den man zur Vermeidung jeder Ablenkung verdunkelt hatte, auf einem Fernsehschirm einige modellierte Aktivitäten verfolgen. Das Nachahmungslernen dieser Kinder unterschied sich hinterher nicht, gleichgültig ob man sie vorher darüber informiert hatte, daß richtige Nachahmung belohnt würde, oder ob man sie vorher nicht angespornt hatte, die modellierten Handlungen zu lernen. Antizipierte positive Folgen des Nachbildungsverhaltens dürften aber ein sich selbst regulierendes Beobachtungslernen beeinflussen, bei dem Individuen frei wählen können, wen sie über welche Zeitdauer beobachten wollen.

Sowohl bei der Theorie der operanten Konditionierung wie bei der Theorie des sozialen Lernens nimmt man an, daß die Ausführung eines erworbenen Nachbildungsverhaltens einer strengen Kontrolle durch seine Folgen unterliege. Nach der Theorie des sozialen Lernens wird das Verhalten jedoch nicht nur durch unmittelbar erfahrene Folgen reguliert, die externen Ursprungs sind, sondern auch durch stellvertretende Verstärkung und durch Selbstverstärkung (BANDURA, 1971a). Unter normalen Umständen beobachten Menschen die anderen ständig beim Handeln und in Bedingungen, unter denen sie belohnt, nicht beachtet oder bestraft werden. Die beobachteten Konsequenzen beeinflussen nicht nur die Weise, in der ein und dasselbe Verhalten ausgeführt wird, sondern entscheiden auch darüber, ob ein bestimmter äußerer Verstärker als Belohnung oder Bestrafung fungieren wird. Weil unmittelbare und stellvertretende Verstärkung unter natürlichen Verhältnissen gemeinsam auftreten, läßt sich am ehesten verstehen, wie ein Verhalten ausgeführt wird, wenn man betrachtet, welche Wechselwirkungen die beiden Einflußquellen aufeinander ausüben.

Nicht jedes menschliche Verhalten wird von unmittelbarer äußerer Verstärkung kontrolliert. Bis zu einem gewissen Grad regulieren die Menschen ihre Handlungen durch Konsequenzen, die sie antizipatorisch selbst schaffen und durch die sie sich selbst bewerten. Auf dieser höheren Ebene der psychischen Funktionen stellen sie gewisse Leistungsansprüche an sich selbst und reagieren auf ihr eigenes Verhalten, indem sie sich selbst belohnen oder selbst bestrafen. Dies hängt ganz davon ab, ob ihre Leistungen den selbstgestellten Forderungen nicht genügen, ihnen entsprechen oder sie übertreffen. Nach Aufbau eines sich selbst steuernden Verstärkungssystems führt jedes Verhalten zu einer doppelten Konsequenz — zu einer Selbstbewertungs-Reaktion und zu einigen externen Ergebnissen. In vielen Fällen können die selbst geschaffenen und die externen Konsequenzen miteinander in Konflikt geraten. Das geschieht zum Beispiel, wenn extern gebilligte Handlungsverläufe zu Reaktionen führen, mit denen sich die Individuen selbst abwerten. Unter diesen Umständen würde sich die Wirkung der Selbstverstärkung gegenüber den äußeren Einflüssen durchsetzen. Umgekehrt können Reaktionsmuster hartnäckig durch Selbstbelohnung erhalten werden, auch wenn sie wenig äußere Unterstützung und Billigung finden.

Interpretation der stellvertretenden Verstärkung

Man kann Laboratoriumssituationen schaffen, in denen ein Individuum das Verhalten eines anderen beobachtet, ohne zu sehen, zu welchen Konsequenzen es führt. Unter alltäglichen Bedingungen ziehen jedoch modellierte Reaktionen unabänderliche Ergebnisse nach sich, die darüber entscheiden, inwieweit Beobachter die fragliche Handlungsweise übernehmen. Der Terminus stellvertretende Verstärkung wird auf Fälle angewendet, wo Beobachter ihr Verhalten verändern, weil sie gesehen haben, wie die Handlungen eines Modells belohnt oder bestraft wurden. Wie bei der unmittelbaren Verstärkung variiert der Einfluß der stellvertretenden Verstärkung mit den Bedingungen, unter denen sie erteilt wird. Außerdem richtet sich der Einfluß auch danach, ob man mißt, was gelernt oder was ausgeführt wurde.

Wenn Individuen beobachten, daß eine bestimmte Verhaltenssequenz zu verschiedenen Ergebnissen führt, lernen sie, was sie gesehen haben — unabhängig davon, ob die Handlungen des Modells belohnt, bestraft oder nicht beachtet wurden (BANDURA, 1965b). Wenn ein Modell wiederholt verstärkt wird, während es eine Reaktionsreihe zeigt, kann die Beobachtung verstärkender Konsequenzen, die sich zu einem frühen Zeitpunkt der Handlungsfolge ergaben, den Beobachter veranlassen, seine Aufmerksamkeit dem nachfolgenden Verhalten des Modells verstärkt zuzuwenden. Menschen neigen dazu, Modellen, die sich als wenig wirkungsvoll erwiesen haben, wenig Aufmerksamkeit zu schenken, jedoch solche Modelle aufmerksam zu beobachten, die in der Vergangenheit erfolgreich waren. Die stellvertretende Verstärkung kann den Verlauf des Beobachtungslernens indirekt beeinflussen, wenn das Individuum wiederholt

Gelegenheit erhält, die modellierten Reaktionen zu beobachten, wenn es die beobachteten Konsequenzen bewertet und wenn es annimmt, daß das Nachbildungsverhalten ähnliche Folgen für es selbst haben würde.

Nachahmungsverhalten wird gewöhnlich dadurch gefördert, daß Belohnungen zu beobachten sind, und dadurch behindert, daß Bestrafungen zu beobachten sind. Man darf aber nicht vergessen, daß stellvertretende Verstärkung nur ein deskriptiver Terminus ist, der nicht im mindesten erklärt, wie die beobachteten Konsequenzen sich auf das Verhalten auswirken. Man hat verschiedene Erklärungen für ihre Wirkungsweise vorgeschlagen.

Nach Lewis und Duncan (1958) rufen die Reaktionen des Modells während der Aneignungsphase verdeckte Verbalisationen bei den Beobachtern hervor. Die beobachteten Konsequenzen werden ebenfalls stellvertretend erfahren. Aufgrund ihrer Kontiguität werden die Lusteffekte der beobachteten Belohnungen und die Frustrationseffekte der beobachteten Nicht-Belohnung mit den verdeckten Verbalisationen des Beobachters verknüpft. Weiterhin nimmt man an, daß diese stellvertretend erzeugten Emotionen von den Verbalisationen auf ähnliche motorische Handlungen übertragen werden könnten, weil die beiden Reaktionsweisen schon früher miteinander assoziiert worden seien.

Es gibt einige Beweise dafür, daß Beobachter konditionierte emotionale Reaktionen dadurch erwerben können, daß sie sehen, wie andere schmerzhafte Erfahrungen machen. Es bleibt noch zu beweisen, ob die Beobachtung, daß keine Belohnung erfolgt, Emotionen in den Beobachtern wachruft; ob Beobachter die instrumentellen Reaktionen des Modells verdeckt verbalisieren, während sie beobachten, wie es diese ausführt; und ob emotionale Eigenschaften tatsächlich auf Verbalisationen konditioniert werden. Nach der mehr kognitiven Interpretation der klassischen Konditionierung (Bandura, 1969a) kann der Reiz allein emotionale Reaktionen hervorrufen, wenn er mit aversiven Erfahrungen verbunden wird — nicht weil er mit emotionalen Eigenschaften besetzt ist, sondern weil er die Tendenz hat, emotionserregende Gedanken wachzurufen. Die emotionalen Reaktionen werden also in beträchtlichem Maße kognitiv induziert und nicht automatisch von den konditionierten Reizen hervorgerufen. Unter diesem Gesichtspunkt kann ein Individuum bei der Ausführung von Reaktionen bestimmte Gefühle antizipieren, wenn es erlebt hat, daß sie früher bestraft worden sind. Dazu ist nicht notwendig, daß die emotionalen Reaktionen ursprünglich auf verdeckte Verbalisationen konditioniert wurden, die dazu dienen, Emotionen mit offenen Handlungen zu verknüpfen.

Die Vertreter der Theorie der operanten Konditionierung betonen, daß die beobachtete Verstärkung eher differenziere, als daß sie emotional konditioniere. Konsequenzen, die einem Modell widerfahren, werden als differenzierende Reize behandelt, die Beobachtern anzeigen, daß Reaktionen, die derselben allgemeinen Klasse angehören, im allgemeinen in gleicher Weise verstärkt werden (GEWIRTZ und STINGLE, 1968). Da die beobachteten Konsequenzen nicht zugegen sind, um als steuernde Hinweisreize zu wirken, wenn das Nachahmungsverhalten ausgeführt wird, übernehmen wohl die unterscheidenden Merkmale der Umgebung oder das Verhalten selbst diese Kontrollfunktionen.

Nach der Theorie des sozialen Lernens (BANDURA, 1971a) kann die stellvertretende Verstärkung über zumindest sechs verschiedene Mechanismen psychische Veränderungen in Beobachtern hervorrufen. Erstens erklärt man sie mit der *informativen Funktion* der beobachteten Ergebnisse. Reaktionskonsequenzen, die andere Menschen erfahren, übermitteln den Beobachtern Information darüber, mit welchem Verhaltenstyp sie wahrscheinlich auf Billigung oder Mißbilligung stoßen werden. Das Wissen um die wahrscheinlichen Reaktionskonsequenzen kann dazu beitragen, analoge Reaktionen zu bahnen oder zu hemmen. Anders als bei der operanten Konditionierung geht man in der Theorie des sozialen Lernens davon aus, daß das Nachahmungsverhalten eher dadurch reguliert wird, daß der Beobachter die wahrscheinlichen Konsequenzen beabsichtigter Handlungen beurteilt, als daß er unmittelbar von Reizen, die mit Verstärkung korreliert sind, kontrolliert würde. Der Einfluß kognitiver Regulierungsfaktoren wird in einigen Untersuchungen offenbar (BANDURA und BARAB, 1971), die zeigen, daß die nicht zutreffenden Urteile über wahrscheinliche Reaktionskonsequenzen nachdrücklicher das Nachahmungsverhalten kontrollieren können — zumindest eine Zeitlang — als differenzierende Reize und die tatsächlichen Auswirkungen der Reaktionen. Diese Ergebnisse decken sich mit den Forschungsresultaten zum nicht-imitativen Verhalten (KAUFMAN, BARON und KOPP, 1966), wo sich zeigt, daß Verstärkungsabsichten, die die Menschen vermuten, tatsächlich den Einfluß der Verstärkungen übertreffen können, die ihr Verhalten wirklich erfährt.

Wenn das gleiche Verhalten je nach den sozialen Umständen, unter denen es ausgeführt wird, verschieden behandelt wird (wie es oft der Fall ist), ermöglicht die stellvertretende Verstärkung den Beobachtern, Situationen zu identifizieren, in denen die modellierten Aktivitäten wahrscheinlich auf Zustimmung oder auf Mißbilligung stoßen werden. Die hieraus sich ergebenden *Umweltdiskriminationen* (McDAVID, 1964; WILSON, 1958) tragen möglicherweise dazu bei, daß das Nachbildungsverhalten in Situationen ausgeführt wird, in denen das Modell die Reaktionen früher mit günstigen Konsequenzen gezeigt hat. Umgekehrt werden Individuen davon absehen, sich in Situationen imitativ zu verhalten, in denen sie sehen konnten, daß andere für ähnliche Handlungen bestraft wurden. Beobachtete Verstärkung ist nicht nur informativ, sondern kann auch *anspornende Motivationseffekte* haben. Wenn der Beobachter sieht, daß andere durch etwas verstärkt werden, was er schätzt, wirkt dies als Motivation, weil es in ihm die Erwartung weckt, daß er in gleicher Weise für sein Nachahmungsverhalten belohnt werden wird. Die Antizipation von Belohnungen entscheidet über Geschwindigkeit, Intensität und Dauerhaftigkeit des Nachbildungsverhaltens (BRUNING, 1965; ROSENBAUM und BRUNING, 1966; BERGER und JOHANSSON, 1968).

Im allgemeinen zeigen Modelle emotionale Reaktionen, während sie Belohnungen oder Strafen erfahren. Beobachter sind leicht durch den emotionalen Ausdruck anderer zu erschüttern. Diese stellvertretend geweckten emotionalen Reaktionen können entweder mit dem modellierten Verhalten selbst oder mit den Umweltreizen verknüpft werden, die regelmäßig mit den Verzweiflungsreaktionen des Ausführenden assoziiert werden (BANDURA und ROSENTHAL, 1966; BERGER, 1962; CRAIG und WEINSTEIN, 1965). Folglich wird die spätere Ausführung ähnlicher Reaktionen durch den Beobachter oder die Anwesenheit negativ bewerteter Reize wahrscheinlich Furcht und Reaktionsunterdrückung hervorrufen. Emotionsweckung und Verhaltenshemmungen können auch dadurch gelöscht werden, daß ängstliche Beobachter miterleben, wie Modelle die bedrohlichen Aktivitäten ausführen, ohne irgendeine unangenehme Konsequenz dabei zu erfahren (BANDURA, 1971b). *Stellvertretende Konditionierung und Löschung einer emotionalen Aktivierung* können also teilweise die Verhaltensunterdrückung oder -bahnung erklären, die sich daraus ergibt, daß ein Individuum beobachtet, wie ein Modell bestimmte affektive Konsequenzen erfährt.

Neben den oben erwähnten Wirkungen der stellvertretenden Verstärkung kann den Ausführenden auch ein bestimmter Sozialstatus durch die Art verliehen werden, in der ihr Verhalten verstärkt wird. Strafen haben die Tendenz, das Modell und sein Verhalten abzuwerten, während Beobachter demselben Modell nacheifern würden, wenn seine Handlungen gelobt und in anderer Weise belohnt würden (BANDURA, ROSS und ROSS, 1963 b; HASTORF, 1965). *Modifikation des Modellstatus* beeinflußt das Maß, in dem Beobachter ihre eigenen Handlungen dem Verhalten angleichen, das von verschiedenen Modellen vorgeführt wurde.

Beobachtete Verstärkungen können die *Bewertung der Verstärkungsagenten* genauso wie die der Rezipienten verändern. Wenn Menschen ihre Macht zu belohnen und zu strafen mißbrauchen, untergraben sie die Legitimität ihrer Autorität und bewirken dadurch eine heftige Verstimmung. Wenn die Beobachter zu Zeugen einer ungerechten Bestrafung werden erzürnt sie dies möglicherweise und sie werden eher damit aufhören, ihre eigenen Handlungen zu mißbilligen, als daß sie den Bestrafungen zustimmen werden, wodurch Normverstöße zunehmen werden. Andererseits können besonnene Menschen leicht dazu gebracht werden, sich ohne Gewissensbisse grausam zu verhalten, wenn sie Ungerechtigkeiten beobachten. Stellvertretende Verstärkung kann sich also je nach ihrer Natur und ihrem Kontext auf das Niveau der Nachahmungsreaktionen durch jeden der oben erörterten oder andere Prozesse auswirken.

Beibehaltung nicht-verstärkter Modellierung

Eng verbunden mit der Frage, ob Verstärkung für das Beobachtungslernen unentbehrlich ist, sind die Erklärungen dafür, daß Menschen damit fortfahren, Nachahmungsreaktionen auszuführen, wenn diese nicht explizit verstärkt werden. BAER (BAER, PETERSON und SHERMAN, 1967; BAER und SHERMAN, 1964) und andere Forscher, die sich im theoretischen Rahmen der operanten Konditionierung (LOVAAS, 1967) bewegen, haben das Phänomen, das sie „generalisierte Nachahmung" nennen, mit Hilfe der konditionierten Verstärkung gedeutet. In dieser Hypothese gehen sie davon aus, daß die wiederholte positive Verstärkung von Nachbildungsreaktionen Ähnlichkeit mit den belohnenden Eigenschaften erhält. Wenn Ähnlichkeit an sich als verstärkend empfunden wird, sind die Individuen geneigt, Nachahmungsreaktionen um des ihnen innewohnenden Belohnungswertes auszuführen.
Die Erklärung der nicht-verstärkten Nachahmung in Begriffen der konditionierten Verstärkung ist von anderen Forschern sowohl aus theoretischen wie auch aus empirischen Gründen in Frage gestellt worden (BANDURA und BARAB, 1971; STEINMAN, 1970a, b; ZAHN und YARROW, 1970). Die Theorie erklärt mehr, als jemals beobachtet worden ist. Wenn der Verhaltensähnlichkeit die Belohnung bereits innewohnt, dann müßten Menschen alle Verhaltenstypen nachahmen, die sie modelliert sehen, während die Menschen doch tatsächlich dazu neigen, sich sehr selektiv hinsichtlich der Verhaltensweisen zu zeigen, die sie von anderen übernehmen (BANDURA, 1969b). In einer Deutung, die sich auf die konditionierte Verstärkung gründet, würde man entgegenwirkende Einflüsse annehmen müssen, um zu erklären, warum Menschen nicht unterschiedslos alles nachahmen, was sie zufällig beobachten.
Eine Reihe von Experimenten wurde durchgeführt, um alternative Hypothesen zu den Bedingungen zu überprüfen, unter denen nicht-ver-

stärkte Nachahmung stattfindet. Das Laborverfahren, das gewöhnlich verwendet wird, um zu beweisen, daß nicht-verstärkte Nachahmung stattfindet (BAER und SHERMAN, 1964), bedient sich einer Vielfalt unnatürlicher Belohnungen und Zwangsmaßnahmen, um Nachahmungsreaktionen hervorzurufen. Ein gewaltsamer Einfluß wird z. B. dann ausgeübt, wenn Modelle Kinder darin unterweisen, das vorgeführte Verhalten auszuführen, und erwartungsvoll über quälend lange Zeiträume ausharren, wenn die Kinder versäumen, imitativ zu reagieren. Wie zu erwarten war, wurde die nicht-verstärkte Nachahmung — von der man annimmt, daß sie durch den ihr innewohnenden Beobachtungswert erhalten werde — eingestellt, sobald die externen sozialen Kontrollen aufgehoben werden (PETERSON und WHITEHURST, 1970; STEINMAN, 1970a, b; ZAHN und YARROW, 1970).

Unter natürlichen Bedingungen wird das Nachahmungsverhalten oft ausgeführt, ohne daß ausdrückliche externe Verstärkung erteilt wird, selbst wenn keine zwingenden sozialen Kontrollen ausgeübt werden. Dies Phänomen kann zum Teil den Diskriminationsprozessen zugeschrieben werden. Es ist gezeigt worden, daß Menschen ihr Verhalten in großem Umfange auf der Basis antizipierter Konsequenzen regulieren. Diese antizipierten Konsequenzen werden durch differenzierte Verstärkungen geschaffen, die die Individuen früher auf verschiedene Verhaltensweisen, bei verschiedenen Menschen und in verschiedenen Situationen erfahren haben. Sie werden aus den beobachteten Reaktionskonsequenzen anderer geschlossen. Oder sie können durch sprachliche Erklärungen übermittelt werden. In vielen Fällen geraten diese unterschiedlichen Informationsquellen über die Verstärkungskontingenzen miteinander in Konflikt. Das Problem, die wahrscheinlichen Konsequenzen genau einzuschätzen, wird weiterhin durch die Tatsache kompliziert, daß verschiedene Ergebnisse oft auf feine Unterschiede im Verhalten zurückzuführen sind. Dasselbe Verhalten kann belohnt, nicht beachtet oder bestraft werden, je nachdem, welcher Person gegenüber es zum Ausdruck gebracht wird, in welchem sozialen oder historischen Kontext es gezeigt wird und welche anderen Faktoren sich hier noch auswirken mögen.

Nach der Diskriminationshypothese wird nicht belohnte Imitation auch in Abwesenheit fremder sozialer Kontrollen beibehalten, wenn Individuen nicht in der Lage sind, zu erkennen, auf welche Weise verschiedene modellierte Verhaltensweisen verstärkt werden. Diese Annahme wird durch eine Untersuchung von BANDURA und BARAB (1971) unterstützt, die die Abhängigkeit der Nachahmung von den differenzierenden Konsequenzen maß, wie sie von den Modellcharakteristika des Verhaltens selbst übermittelt wurden. Kinder hörten auf, nicht-belohnte Modelle

und nicht-verstärkte Reaktionen nachzuahmen, die leicht zu unterscheiden waren, aber sie fuhren fort, nicht-belohnte Nachbildungsreaktionen auszuführen, die schwer von belohnten Nachahmungen zu unterscheiden waren.
Die einhelligen Forschungsergebnisse lassen die Ansicht sehr zweifelhaft erscheinen, daß die Reaktionsähnlichkeit als ein konditionierter Verstärker fungiere, der das Nachahmungsverhalten aufrechterhalte. Solch ein Verhalten kann jedoch zum Teil von seinen externen Konsequenzen unabhängig werden, wenn das Individuum seine Nachahmungsleistungen selbst verstärkt. In dem Maße, in dem es selbst gutheißt, daß es belobigte Reaktionen genau nachbildet, kann es sein eigenes Verhalten verstärken, ohne daß noch die Notwendigkeit einer externen Verstärkung bestünde.

Korrelate der Modellierung

Bei der Erörterung der Nachahmung taucht oft die Frage auf, welcher Typus am ehesten auf Modellierungseinflüsse reagiert, und welche Art von Modellen am besten geeignet ist, das Nachahmungsverhalten anderer hervorzurufen. Sehr viele Forschungsarbeiten sind diesem Thema gewidmet worden (BANDURA und WALTERS, 1963, CAMPBELL, 1961; FLANDERS, 1968), aber es bleibt fraglich, ob die Ergebnisse zu verallgemeinern sind, weil die Bedingungen, unter denen die Wechselwirkung gemessen wurde, in der Beobachter und Modell hinsichtlich des Nachahmungsverhaltens zueinander stehen, unzulänglich sind.
Es wird oft berichtet, daß Personen, denen es an Selbstachtung fehlt, die sich unfähig fühlen, die sehr abhängig sind, eine niedrige Intelligenz besitzen, oder die häufig für Nachahmungsreaktionen belohnt wurden, in hohem Maße bereit sind, daß Verhalten von erfolgreichen Modellen zu übernehmen. Diese prosaischen Beziehungen werden hauptsächlich aus den Ergebnissen zweifelhafter Experimentalsituationen gefolgert, in denen ungewohnte Modelle inkonsequente Reaktionen ausführen, die ohne jeden Nutzen für die Versuchspersonen sind. In solchen Situationen verschaffen sich die gescheiteren und selbstbewußteren Versuchspersonen die schönste Belohnung dadurch, daß sie den Versuchsleiter überlisten, und die Modellierungseinflüsse nicht beachten.
Leider mangelt es an Forschungsarbeiten, die untersuchen, in welchem Maße Menschen, die sich hinsichtlich ihrer Intelligenz, ihrer Wahrnehmungsfähigkeit und ihres Vertrauens unterscheiden, idealisierten Modellen nacheifern und Modellen, deren Verhalten sehr nützlich ist. Es ist höchst unwahrscheinlich, daß dumme, abhängige und sich selbst niedrig

einschätzende Studenten mehr Nutzen davon haben würden, Skilehrer, Gehirnchirurgen, Flugzeugpiloten oder einfallsreiche Forscher bei ihren komplizierten Tätigkeiten zu beobachten, als ungelernte Hilfskräfte haben würden, die gescheit, aufmerksam und selbstsicher sind. Wenn Modellierungseinflüsse ausdrücklich dazu verwendet werden, Menschen beizubringen, wie sie sich in Kommunikationssituationen effektiv verhalten, wie sie sich in bestimmten Interaktionssituationen benehmen, und wie sie berufliche Tätigkeiten geschickt verrichten können, werden die aktiveren und begabteren Individuen mehr Nutzen aus der Beobachtung exemplarischer Modelle ziehen.

Die traditionellen Korrelate des Nachahmungsmodells sollten aus ähnlichen Gründen mit Zurückhaltung aufgenommen werden. In der sozialpsychologischen Forschung gibt es Belege in Hülle und Fülle dafür (BANDURA 1969b; BLAKE, 1958; CAMPBELL, 1961), daß Modelle, die mit Prestige, Macht, Intelligenz und Fähigkeiten ausgestattet sind, in beträchtlich höherem Maße nachgeahmt werden, als Modelle von niedrigerer Position. Der Einfluß des Modellstatus auf das Nachbildungsverhalten wird im allgemeinen durch differenzierende Verstärkung und Generalisierungsprozesse erklärt (MILLER und DOLLARD, 1941). Nach dieser Auffassung haben Modelle mit hohem Status mehr Aussicht, erwünschte Ergebnisse zu erzielen, und sind deshalb von größerem Nutzen für Beobachter als das Verhalten von Modellen, die verhältnismäßig geringe berufliche, intellektuelle und soziale Fähigkeiten besitzen. Weil sie die Erfahrung gemacht haben, daß die Nachahmung von Modellen, die unterschiedliche Eigenschaften besitzen, zu unterschiedlichen Ergebnissen führt, nehmen in ihren Augen die Erkennungsmerkmale und Statussymbole der Modelle einen Informationswert ein. Dieser bezeichnet ihnen die wahrscheinlichen Konsequenzen, die an das von den verschiedenen Modellen vorgeführte Verhalten geknüpft sind. Beobachter neigen dazu, die Prestigewirkung eines Modells von einem Verhaltensbereich auf andere zu übertragen, ja sogar auf ungewohnte Modelle, die bestimmte Merkmale mit bekannten Belohnungsproduzenten teilen.

Modellcharakteristika üben den stärksten Einfluß auf die Nachahmung aus, wenn die Individuen das Verhalten des Modells, aber nicht seine Konsequenzen beobachten können. Wenn der Wert des modellierten Verhaltens nicht offenbar ist, müssen sich die Beobachter auf solche Hinweisreize verlassen, wie Kleidung, Sprechstil, allgemeine Erscheinung, Alter, Geschlecht, Freundlichkeit und verschiedene andere Symbole, die auf Fähigkeiten und Status schließen lassen, um über die wahrscheinliche Effizienz der modellierten Reaktionsweisen zu schließen. Da der Informationswert dieser Hinweisreize hauptsächlich aus ihrer Korrelation mit

Verstärkungen in früheren Erfahrungen des Beobachters stammt, müssen sie nicht immer zu zuverlässigen Vorhersagen darüber führen, wie nützlich das Verhalten neuer Modelle sein könnte, die zufällig in gewisser Weise früheren Modellen ähneln.

Gewöhnlich führen modellierte Reaktionen sowohl für das Modell, wie für den Nachahmenden zu evidenten Ergebnissen. Im allgemeinen sind Reaktionskonsequenzen wirkungsvoller als Modellmerkmale, wenn es gilt, ein Nachahmungsverhalten hervorzubringen. Man darf wohl nicht erwarten, daß ein Nachbildungsverhalten, das sich ursprünglich auf antizipierte Konsequenzen stützt, die aus Modelleigenschaften gefolgert wurden, sehr beständig sein wird, wenn sich widrige Ergebnisse zeigen sollten. Ein Modell mit Prestige oder Anziehungskraft mag ein Individuum dazu veranlassen, eine bestimmte Handlungsweise zu versuchen. Aber wenn sich das Verhalten als unbefriedigend erweisen sollte, wird es aufgegeben werden, und der künftige Einfluß des Modells wird sich verringern. Aus diesen Gründen wird die Rolle, die die Modellmerkmale für die Langzeitkontrolle des Nachahmungsverhaltens spielen, in Untersuchungen, in denen die Reaktionskonsequenzen nicht gezeigt werden, möglicherweise dominieren.

Literatur

ADLER, L. L., & ADLER, H. E. 1968. Age as a factor in observational learning in puppies. *American Dachshund*, 13–14.

ALLPORT, F. H. 1924. *Social psychology*. Cambrigdes, Mass.: Riverside Press.

ARONFREED, J. 1969. The problem of imitation. In L. P. Lipsitt & H. W. Reese (Hrsg.), *Advances in child development and behavior*. Vol. IV. New York: Academic Press. S. 210–319.

BAER, D. M., Peterson, R. F., & Sherman, J. A. 1967. The development of imitation by reinforcing behavioral similarity to a model. *Journal of the Experimental Analysis of Behavior*, 10, 405–416.

BAER, D. M., & Sherman, J. A. 1964. Reinforcement control of generalized imitation in young children. *Journal of Experim. Child Psych.*, 1, 37–49.

BANDURA, A. 1960. Relationship of family patterns to child behavior disorders. Progress Report, Stanford University, Project No. M–1734, United States Public Health Service.

BANDURA, A. 1965a. Vicarious processes: A case of no-trial learning. In L. Berkowitz (Hrsg.), *Advances in experimental social psychology*. Vol. II. New York: Academic Press. S. 1–55.

BANDURA, A. 1965b. Behavioral modifications through modeling procedures. In L. Krasner & L. P. Ullmann (Hrsg.), *Research in behavior modification*. New York: Holt, Rinehart & Winston. S. 310–340.

BANDURA, A. 1969a. *Principles of behavior modification*. New York: Holt, Rinehart & Winston.

Bandura, A. 1969b. Social-learning theory of identificatory processes. In D. A. Goslin (Hrsg.), *Handbook of socialization theory and research*. Chicago: Rand McNally. S. 213–262.

Bandura, A. 1971a. Vicarious and self-reinforcement processes. In R. Glaser (Hrsg.), *The nature of reinforcement*. Columbus, Ohio: Merrill.

Bandura, A. 1971b. Psychotherapy based upon modeling principles. In A. E. Bergin & S. L. Garfield (Hrsg.), *Handbook of psychotherapy and behavior change*. New York: Wiley. S. 653–708.

Bandura, A. 1971c. *Social learning theory*. New York: General Learning Press.

Bandura, A., & Barab, P. G. 1971. Conditions governing nonreinforced imitation. *Developmental Psychology*, 4 (im Druck).

Bandura, A., Blanchard, E. B., & Ritter, B. 1969. The relative efficacy of desensitization and modeling approaches for inducing behavioral, affective, and attitudinal changes. *Journal of Person. and Social Psych.*, 13, 173–199.

Bandura, A., Grusec, J. E., & Menlove, F. L. 1966. Observational learning as a function of symbolization and incentive set. *Child Development*, 37, 499–506

Bandura, A,. Grusec, J. E., Menlove, F. L. 1967a. Some social determinants of self-monitoring reinforcement systems. *Journal of Personality and Social Psychology*, 5, 449–455.

Bandura, A., Grusec, J. E., & Menlove, F. L. 1967b. Vicarious extinction of avoidance behavior. *Journal of Personality and Social Psychology*, 5, 16–23.

Bandura, A., & Harris, M. B. 1966. Modification of syntactic style. *Journal of Experimental Child Psychology*, 4, 341–352.

Bandura, A., & Huston, A. C. 1961. Identification as a process of incidental learning. *Journal of Abnormal and Social Psychology*, 63, 311–318.

Bandura, A., & Jeffery, R. 1971. The role of symbolic coding, cognitive organization, and rehearsal in observational learning. Unpublished manuscript, Stanford University.

Bandura, A., & McDonald, F. J. 1963. The influence of social reinforcement and the behavior of models in shaping children's moral judgments. *Journal of Abnormal and Social Psychology*, 67, 274–281.

Bandura, A., & Menlove, F. L. 1968. Factors determining vicarious extinction of avoidance behavior through symbolic modeling. *Journal of Personality and Social Psychology*, 8, 99–108.

Bandura, A., & Mischel, W. 1965. Modification of self-imposed delay of reward through exposure to live and symbolic models. *Journal of Personality and Social Psychology*, 2, 698–705.

Bandura, A., & Rosenthal, T. L. 1966. Vicarious classical conditioning as a function of arousal level. *Journal of Personality and Social Psychology*, 3, 54–62.

Bandura, A., Ross, D., & Ross, S. A. 1963a. Imitation of film-mediated aggressive models. *Journal of Abnormal and Social Psychology*, 66, 3–11.

Bandura, A., Ross, D., & Ross, S. A. 1963b. A comparative test of the status envy, social power, and secondary reinforcement theories of identificatory learning. *Journal of Abnormal and Social Psychology*, 67, 527–534.

Bandura, A., & Walters, R. H. 1959. *Adolescent aggression*. New York: Ronald.

Bandura, A., & Walters, R. H. 1963. *Social learning and personality development*. New York: Holt, Rinehart & Winston.

BENTON, A. A. 1967. Effect of the timing of negative response consequences on the observational learning of resistance to temptation in children. *Dissertation Abstracts*, 27, 2153–2154.

BERGER, S. M. 1962. Conditioning through vicarious instigation. *Pychological Review*, 69, 540–466.

BERGER, S. M. & JOHANSSON, S. L. 1968. Effect of a model's expressed emotions on an observer's resistance to extinction. *Journal of Personality and Psychology*, 10, 53–58.

BLACK, A. H. 1958. The extinction of avoidance responses under curate. *Journal of Comparative and Physiological Psychology*, 51, 519–524.

BLACK, A. H., CARLSON, N. J., & SOLOMON, R. L. 1962. Exploratory studies of the conditioning of autonomic responses in curarized dogs. *Psychological Monographs*, 76, No. 29 (ganze Nr. 48).

BLAKE, R. R. 1958. The other person in the situation. In R. Tagiuri & L. Petrullo (Hrsg.), *Person perception and interpersonal behavior*. Stanford, Calif.: Stanford University Press. S. 229–242.

BLANCHARD, E. B. 1970. The relative contributions of modeling, informational influences, and physical contact in the extinction of phobic behavior. *Journal of Abnormal Psychology*, 76, 55–61.

BROWN, R., & BELLUGI, U. 1964. Three processes in the child's acquisition of syntax. *Harvard Educational Review*, 34, 133–151.

BRUNING, J. L. 1965. Direct and vicarious effects of a shift in magnitude of reward on performance. *Journal of Personality and Social Psychology*, 2, 278–282.

CAMPBELL, D. T. 1961. Conformity in psycholoy's theories of acquired behavioral dispositions In I. A. Berg & B. M. Bass (Hrsg.), *Conformity and deviation*. New York: Harper. S. 101–142.

CARROLL, W. R., ROSENTHAL. T. L., & BRYSH, C. G. 1969. The social transmission of grammatical parameters. Unveröffentl. Manuskript, University of Arizona.

COATES, B., & HARTRUP, W. W. 1969. Age and verbalization in observational learning. *Developmental Psychology*, 1, 556–562.

COWAN, P. A., LANGER, J., HEAVENRICH, J., & NATHANSON, M. 1969. Social learning and Piaget's cognitive theory of moral development. *Journal of Personality and Social Psychology*, 11, 261–274.

CRAIG, K. D., & WEINSTEIN, M. S. 1965. Conditioning vicarious affective arousal. *Psychological Reports*, 17, 955–963.

CROOKS, J. L. 1967. Observational learning of fear in monkeys. Unpublished manuscript, University of Pennsylvania.

DUBANOSKI, R., & PARTON, D. 1968. Imitation without a model. Paper presented at the Eastern Psychological Association meeting, Washington, 1968.

EMMERICH, W. 1959. Parental identification in young children. *Genetic Psychology Monographs*, 60, 257–308.

ERVIN, S. M. 1964. Imitation and structural change in children's language. In E. H. Lenneberg (Hrsg.), *New directions in the study of language*. Cambridge, Mass.: M. I. T. Press. S. 163–189.

FLANDERS, J. P. 1968. A review of research on imitative behavior. *Psychological Bulletin*, 69, 316–337.

FOSS, B. M. 1964. Mimicry in mynas *(Gracula religiosa)*: A test of Mowrer's theory. *British Journal of Psychology*, 55, 85–88

Fouts, G. T., & Parton, D. A. 1969. Imitation: Effects of movement and static events. *Journal of Experimental Child Psycholoy*, 8, 118–126.
Gerst, M. S. 1971. Symbolic coding processes in observational learning. *Journal of Personality and Social Psychology*, 19, 9–17.
Gewirtz J. L. & Stingle, K. G. 1968. Learning of generalized imitation as the basis for identification. *Psychological Review*, 75, 374–397.
Grusec, J. E. 1966. Some antecedents of self-criticism. *Journal of Personality and Social Psychology*, 4, 244–252.
Guthrie, E. R. 1952. *The psychology of learning.* New York: Harper.
Hastorf, A. H. 1965. The „reinforcement" of individual actions in a group situation. In L. Krasner & L. P. Ullmann (Hrsg.), *Research in behavior modification.* New York: Holt, Rinehart & Winston. S. 268–284.
Henker, B. A. 1964. The effect of adult model relationships on children's play and task imitation. *Dissertation Abstracts*, 24, 4797.
Holt, E. B. 1931. Animal drive and the learning process, Bd. 1. New York: Holt, Rinehart & Winston.
Humphrey, G. 1921. Imitation and the conditioned reflex. *Pedag. Sem.* 28, 1–21.
John, E. R., Chesler, P., Bartlett, F., & Victor, I. 1968. Observation learning in cats. *Science*, 159, 1489–1491.
Kaufman, A., Baron, A., & Kopp, R. E. 1966. Some effects of instructions on human operant behavior. *Psychonomic Monograph Supplements*, 1, 243–250.
Keeney, T. J., Cannizzo, S. R., & Flavell, J. H. 1967. Spontaneous and induced verbal rehearsal in a recall task. *Child Development*, 38, 953–966.
Keller, H. 1927. *The story of my life.* New York: Doubleday Page.
Kohlberg, L. 1963. Moral development and identification. In H. W. Stevenson (Hrsg), *Child psychology: The sixty-second yearbook of the National Society for the Study of Education.* Teil I. Chicago: National Society for the Study of Education. S. 277–332.
Lazowick, L. 1955. On the nature of identification. *Journal of Abnormal and Social Psychology*, 51, 175–183.
Le Furgy, W. G., & Woloshin, G. W. 1969. Immediate and long-term effects of experimentally induced social influences in the modification of adolescents' moral judgments. *Journal of Personality and Social Psychology*, 12, 104–110.
Lenneberg, E. H. 1962. Understanding language without ability to speak. *Journal of Abnormal and Social Psychology*, 65, 419–425.
Lewis, D. J., & Duncan, C. P. 1958. Vicarious experience and partial reinforcement. *Journal of Abnormal and Social Psychology*, 57, 321–326.
Liebert, R. M., Odom, R. D., Hill, J. H., & Huff, R. L. 1969. Effects of age and rule familiarity on the production of modeled language constructions. *Developmental Psychology*, 1, 108–112.
Lovaas, O. I. 1967. A behavior therapy approach to the treatment of childhood schizophrenia. In J. P. Hill (Hrsg.), *Minnesota symposia on child psychology.* Bd. 1. Minneapolis: University of Minnesota Press. S. 108–159.
Lovaas, O. J., Rehm, R., & Schreibman, L. 1969. Attentional deficits in autistic children to multiple stimulus inputs. Unveröffentl. Manuskript, University of California, Los Angeles.
Luchins, A. S., & Luchins, E. H. 1966. Learning a complex ritualized social role. *Psychological Record*, 16, 177–187.
McDavid, J. W. 1962. Effects of ambiguity of environmental cues upon learning to imitate. *Journal of Abnormal and Social Psychology*, 65, 381–386.

McDavid, J. W. 1964. Effects of ambiguity of imitative cues upon learning by observation. *Journal of Social Psychology*, 62, 165–174.

McDougall, W. 1908. *An introduction to social psychology.* London: Methuen.

Masters, J. C., & Branch, M. N. 1969. Comparison of the relative effectiveness of instructions, modeling, and reinforcement procedures for inducing behavior change. *Journal of Experimental Psychology*, 80, 364–368.

Menyuk, P. 1964. Alteration of rules in children's grammar. *Journal of Verbal Learning and Verbal Behavior*, 3, 480–488.

Michael, D. N., & Maccoby, N. 1961. Factors influencing the effects of student participation on verbal learning from films: Motivation versus practice effects, „feedback," and overt versus covert responding. In A. A. Lumsdaine (Hrsg.), *Student response in programmed instruction.* Washington, D.C.: National Academy of Sciences–National Research Council, 1961. S. 271–293.

Miller, N. E. 1964. Some implications of modern behavior theory for personality change and psychotherapy. In P. Worchel & D. Byrne (Hrsg.), *Personality change.* New York: Wiley. S. 149–175.

Miller, N. E., & Dollard, J. 1941. *Social learning and imitation.* New Haven: Yale University Press.

Mischel, W., & Grusec, J. 1966. Determinants of the rehearsal and transmission of neutral and aversive behaviors. *Journal of Personality and Social Psychology*, 3, 197–205.

Morgan, C. L. 1896. *Habit and instinct.* London: Arnold.

Mowrer, O. H. 1950. Identification: A link between learning theory and psychotherapy. In *Learning theory and personality dynamics.* New York: Ronald. S. 573–615.

Mowrer, O. H. 1960. *Learning theory and behavior.* New York: Wiley.

Mussen, P. H., & Parker, A. L. 1965. Mother nurturance and girls' incidental imitative learning. *Journal of Personality and Social Psychology*, 2, 94–97.

Odom, R. D., Liebert, R. M., & Hill, J. H. 1968. The effects of modeling cues, reward, and attentional set on the production of grammatical and ungrammatical syntactic constructions. *Journal of Experimental Child Psychology*, 6, 131–140.

Parker, E. B. 1970. Information utilities and mass communication. In Harold Sackman & Norman Nie (Hrsg.), *Information Utility and Social Choice*, A.F.I.P.S. Press, Montvale, N. J. S. 51–70.

Parsons, T. 1951. *The social system.* New York: The Free Press of Glencoe.

Parsons, T. 1955. Family structure and the socialization of the child. In T. Parsons & R. F. Bales, *Family, socialization and interaction process.* Glencoe, Ill.: Free Press. S. 35–131.

Patterson, G. R., Littman, R. A., & Bricker, W. 1967. Assertive behavior in children: A step toward a theory of aggression. *Monographs of the Society for Research in Child Development*, 32, No. 5 (Serien No. 113).

Perloff, B. 1970. Influence of muscular relaxation and positive imagery on extinction of avoidance behavior through systematic desensitization. Unveröffentlichte Dissertation, Stanford University.

Peterson, R. F., & Whitehurst, G. J. A. variable influencing the performance of non-reinforced imitative behavior. *Journal of Applied Behavior Analysis*, 1970 (im Druck).

Piaget, J. 1945. *La Formation du symbole chez l'enfant.* Neuchâtel: Delachaux & Niestle. (Deutsch: *Nachahmung, Spiel und Traum.* Stuttgart: Klett 1969).

Reichard, G. A. 1938. Social life. In F. Boas (Hrsg), *General anthropology.* Boston: Health. S. 409–486.

Rosenbaum, M. E., & Bruning, J. L. 1966. Direct and vicarious effects of variations in percentage of reinforcement on performance. *Child Development,* 37, 959–966.

Rosenthal, T. L., & Whitebook, J. S. 1970. Incentives versus instructions in transmitting grammatical parameters with experimenter as model. *Behaviour Research and Therapy,* 8, 189–196

Rosenthal, T. L., & Zimmerman, B. J. 1970. Modeling by exemplification and instruction in training conservation. Unveröffentl. Ms., University of Arizona.

Rosenthal, T. L., Zimmerman, B. J., & Durning, K. 1970. Observationally induced changes in children's interrogative classes. *Journal of Personality and Social Psychology,* 16, 681–688.

Sheffield, F. D. 1961. Theoretical considerations in the learning of complex sequential tasks from demonstration and practice. In A. A. Lumsdaine (Hrsg.), *Student response in programmed instruction.* Washington, D.C.: National Academy of Sciences–National Research Council, 1961. S. 13–32.

Sheffield, F. D., & Maccoby, N. 1961. Summary and interpretation of search on organizational principles in constructing filmed demonstrations. In A. A. Lumsdaine (Hrsg.), *Student response in programmed instruction.* Washington, D.C.: National Academy of Sciences–National Research Council, 1961. S. 117–131.

Skinner, B. F. 1953. *Science and human behavior.* New York: Macmillan. (Deutsch: *Wissenschaft und menschliches Verhalten.* München: Kindler 1973).

Slobin, D. I. 1968. Imitation and grammatical development in children. In N. S. Endler, L. R. Boulter, & H. Osser (Hrsg.), *Contemporary issues in developmental psychology.* New York: Holt, Rinehart & Winston. S. 437–4443.

Solomon, R. L., & Turner, L. H. 1962. Discriminative classical conditioning in dogs paralyzed by curare can later control discriminative avoidance responses in the normal state. *Psychological Review,* 69, 202–219.

Steinman, W. M. 1970a. Generalized imitation and the discrimination hypothesis. *Journal of Experimental Child Psychology,* 10, 79–99.

Steinman, W. M. 1970b. The social control of generalized imitation. *Journal of Applied Behavior Analysis,* 3, 159–167.

Stoke, S. M. 1950. An inquiry into the concept of identification. *Journal of Genetic Psychology,* 76, 163–189.

Stumphauzer, J. S. 1969. Increased delay of gratification in young prison inmates through imitation of high-delay peer-models. Unveröffentlichte Dissertation, Florida State University.

Sullivan, E. V. 1967. The acquisition of conservation of substance through film-mediated models. In D. W. Brison & E. V. Sullivan, *Recent research on the acquisition of conservation of substance. Education Monograph.* Toronto: Ontario Institute for Studies in Education.

Tarde, G. 1903. *The laws of imitation.* New York: Holt, Rinehart, & Winston.

Taub, E., Bacon, R. C., & Berman, A. J. 1965. Acquisition of a trace-conditioned avoidance response after deafferentation of the responding limb. *Journal of Comparative and Physiological Psychology,* 59, 275–279.

Taub, E., Teodoru, D., Ellman, S. J., Bloom, R. F., & Berman, A. J. 1966. Deafferentation in monkeys: Extinction of avoidance responses, discrimination and discrimination reversal. *Psychonomic Science,* 4, 323–324.

THORNDIKE, E. L. 1898. Animal intelligence: An experimental study of the associative processes in animals. *Psychological Review Monograph Supplements*, 2, No. 4 (ganze No. 8).

VAN HEKKEN, S. M. J. 1969. The influence of verbalization on observational learning in a group of mediating and a group of non-mediating children. *Human Development*, 12, 204–213.

WALTERS, R. H., & PARKE, R. D. 1964. Influence of response consequences to a social model on resistance to deviation. *Journal of Experimental Child Psychology*, 1, 269–280.

WALTERS, R. H., PARKE, R. D., & CANE, V. A. 1965. Timing of punishment and the observation of consequences to others as determinants of response inhibition. *Journal of Experimental Child Psychology*, 2, 10–30.

WASSERMAN, L. Discrimination learning and development of learning sets in autistic children. Unveröffentlichte Dissertation, University of California, Los Angeles, 1968.

WATSON, J. B. 1908. Imitation in monkeys. *Psychological Bulletin*, 5, 169–178.

WHEELER, L. 1966. Toward a theory of behavioral contagion. *Psychological Review*, 73, 179–192.

WILSON, W. C. 1958. Imitation and learning of incidental cues by preschool children. *Child Development*, 29, 393–397.

YOUNG, E. H., & HAWK, S. S. 1955. *Moto-kinesthetic speech training*. Stanford, Calif.: Stanford University Press.

ZAHN, C. J., & YARROW, M. R. 1970. Factors influencing imitative learning in preschool children. *Journal of Experimental Child Psychology*, 9, 115–130.

1. Brian M. Foss

Mimikry bei Beos. Zur Überprüfung der Theorie Mowrers*

MOWRER (1950, Kapitel 24) versichert, daß Geräusche mit Verstärkung assoziiert werden müssen, damit sprechende Vögel sie nachahmen. In seiner neuesten Veröffentlichung (MOWRER, 1960) begründet er dies wie folgt: Wenn irgendein Reiz, zum Beispiel der Anblick eines menschlichen Wesens, wiederholt mit einem primären Verstärker (d. h. Futter) assoziiert wird, wird die Erscheinung des Menschen „Hoffnung" erwecken, die ihrerseits als Verstärkung wirkt. Wenn der Mensch wiederholt ein bestimmtes Geräusch erzeugt, wird dieses Geräusch ebenfalls Hoffnung hervorrufen. Wenn nun der Vogel während seines Geplappers Laute ausstößt, die jenen ähneln, die der Mensch erzeugt hat, wird dieses Hoffnung erwecken, und die Erzeugung der Laute wird verstärkt werden — auf diese Weise werden sich die Laute immer mehr denen des Menschen angleichen.

SKINNER (1957, S. 64) scheint diese Ansicht zu teilen, obwohl er sich im wesentlichen nicht mit Faktoren beschäftigt, die sich auf das erste Auftreten irgendeiner Reaktion auswirken. Er will untersuchen, wie die Reaktion kontrolliert wird, wenn sie erst einmal vorhanden ist. Es konnte gezeigt werden, daß dies bei den Lautäußerungen von Beos möglich ist (GROSSLIGHT, HARRISON und WEISER, 1962).

MOWRER glaubt, daß das Nachahmungslernen sprechender Vögel als Modell für andere Nachahmungsweisen angesehen werden kann. Ein Kind wird dazu neigen, die Laute von Erwachsenen nachzuahmen, besonders wenn es sich mit ihnen identifiziert, weil es ihren Verstärkungen dann größere Bedeutung beimißt. Offensichtlich wird sich der Lernmechanismus in solchen Fällen komplizieren, wo etwas anderes als die Lauterzeugung gelernt wird. Bei Lauten kann das Kind seine eigenen Äußerungen mit denen vergleichen, die die imitierte Person hervorbringt, es ist aber nicht

---

* Im Original erstmals publiziert in *British Journal of Psychology*, 1964, Bd. 55, S. 85–88.

klar, wie diese Nachbildung vonstatten gehen soll, wenn zum Beispiel eine Bewegung imitiert wird.

Aus zwei Gründen wird MOWRERS Theorie nicht kritiklos übernommen: a) Sprechende Vögel ahmen oft auch Laute nach, die nicht konsistent mit Verstärkung assoziiert werden (etwa das Geräusch eines tropfenden Wasserhahns); b) Vogelzüchter empfehlen häufig, bei der Sprechdressur von Vögeln den Käfig zuzudecken und Schallplatten zu verwenden (vgl. zum Beispiel *Pet Myna,* 1957) — Bedingungen also, die die Erfolgsaussichten im Sinne von MOWRER äußerst gering erscheinen lassen.

Im vorliegenden Experiment soll versucht werden, die Theorie einer globalen Prüfung zu unterziehen, nach der eine Lautäußerung nur gelernt wird, wenn der Laut mit Verstärkung assoziiert wird.

Methode

Probanden

Die Probanden waren zwei Gruppen von Beos (Gracula Religiosa Intermedia), die sehr jung waren, als sie gekauft wurden; zu Beginn des Experimentes waren sie etwa acht Monate alt. Gruppe A bestand aus zwei Vögeln und Gruppe B aus vier. Diese Zahlendifferenz war ohne Bedeutung für das Experiment. Da diese Vögel voneinander lernen, wurde das Experiment gewissermaßen mit zwei Probanden durchgeführt. Die beiden Gruppen wurden unterschiedlich behandelt. Gruppe A wurde in einem Käfig im Zimmer des Versuchsleiters gehalten. Alle Vögel der Gruppe B befanden sich in einem Käfig in einem Raum, der an einen anderen grenzte, in den der Versuchsleiter gelangen konnte, ohne daß ihn die Vögel sahen oder hörten.

Verfahren

Als Reize wurden ein ansteigender Pfiff (X) verwendet, der in zwei Sekunden von 500 Hz auf 2000 Hz anstieg, und derselbe Pfiff in umgekehrtem Sinne, d. h. im Ton tiefer werdend (Y). Jeder Pfiff befand sich auf einer Bandmanschette, die den Pfiff alle 6½ Sekunden wiederholte. Solch ein Pfiff befindet sich nicht im Lautrepertoire eines undressierten Vogels, und auch seine Klangfarbe ist ungewöhnlich. Zu dieser Wahl hatte man sich entschlossen, um die Identifizierung der Pfiffe zu erleichtern, wenn die Vögel sie schließlich produzierten, und auch um den

Transfer möglichst gering zu halten. Es bestand ein Pfeifverbot in der Nähe der Käfige. Die Vögel wurden trainiert wie in Tabelle 1.1 dargestellt.

Tab. 1.1: Trainingsplan

Vögel	Pfiffe	
	X	Y
Gruppe A	Ohne Verstärkung	Mit Verstärkung
Gruppe B	Mit Verstärkung	Ohne Verstärkung

Nach diesem Plan gab es keine Möglichkeit, zu kontrollieren, welcher Pfiff von jeder Gruppe zuerst gehört wurde. Um MOWRERS Theorie zu entsprechen, hörte jede Gruppe den Pfiff zuerst mit Verstärkung assoziiert, wobei die Anzahl der Wiederholungen jedes Pfiffs allmählich von zehn auf dreißig pro Sitzung erhöht wurde. Die Pfiffe, die mit Verstärkung assoziiert wurden, wurden immter mittags gezählt, die anderen in der Dämmerung (Tabelle 1.2).
In den Mittagssitzungen wurde das Futter vor den Augen der Vögel zubereitet und in die Käfige geschüttet (immer von demselben Versuchsleiter), während der entsprechende Pfiff abgespielt wurde.

Tab. 1.2: Anzahl der Reizwiederholungen pro Sitzung

	mittags (Verstärkung)	Dämmerung (keine Verstärkung)
Tag 1	10	10
Tag 2	20	20
Tag 3 und folgende	30	30

In den Dämmerungssitzungen wurden die Gruppen anders behandelt. Die Vögel der Gruppe A lebten in einem Raum, wo sie viele Menschen sahen und die Unterhaltungen mit anhörten. Ihr Käfig wurde mindestens 15 Minuten vor der Bandwiedergabe zugedeckt und blieb es noch mindestens 30 Minuten hinterher. Während dieses Zeitraums hörten sie keinen menschlichen Laut. Bei Gruppe B, die in einem isolierten Raum lebte, wurde das Band in einem angrenzenden Raum angestellt, so daß die Vögel während der Sitzung keinen Menschen sahen noch hörten.

Ergebnisse der Tonbandaufnahmen

Dieses Programm wurde fünf Wochen lang (mit Ausnahme zweier Wochenenden) täglich befolgt. Es wurden von jeder Gruppe einmal in Anwesenheit und einmal in Abwesenheit des Versuchsleiters Aufnahmen gemacht. Von Gruppe A wurden insgesamt zwölf Stunden aufgenommen, von Gruppe B neun Stunden. Beide Stichproben verteilen sich über drei Tage. Die Aufnahmen wurden zu verschiedenen Zeiten zwischen 9.30 Uhr und der Dämmerung gemacht.

Ergebnisse

Die Vögel neigten dazu, die Testpfiffe in anderes Pfeifen und Geplapper einzugliedern; später (nach Beendigung des Experiments) zeigten sie die Tendenz, die Originalthemen zu variieren. Dennoch war es möglich, jene Pfiffe zu zählen, die sie isoliert von anderen Äußerungen erzeugten und die deutlich die korrekte Klangfarbe und die korrekte Zunahme oder Abnahme in der Tonhöhe aufwiesen. (Die Vögel konnten die Pfiffe nur über den halben Frequenzbereich der Testreize reproduzieren.) Die Resultate werden in Tabelle 1.3 dargestellt.

Tab. 1.3: Anzahl der Pfiffe, die während der Aufnahmezeit reproduziert wurden

	mit Verstärkung assoziierte Pfiffe	nicht mit Verstärkung assoziierte Pfiffe
Gruppe A	26	21
Gruppe B	11	13

Es ist deutlich, daß beide Gruppen beide Pfiffe gelernt haben. Es gibt keinen Hinweis dafür, daß ein Pfiff eher als der andere zu irgendeiner bestimmten Tageszeit erzeugt worden wäre. Gruppe A erzeugte die Pfiffe genauso häufig, wenn der Versuchsleiter innerhalb, wie wenn er außerhalb des Raumes war. Gruppe B erzeugte die Pfiffe während des betrachteten Zeitraums nie, wenn der Versuchsleiter in der Nähe war. Dies taten die Vögel dieser Gruppe erstmalig einige Tage nach dem Ende des Experimentes.

Andere Ergebnisse

Erst als wir in Abwesenheit von Menschen Aufnahmen im Raum der Gruppe B durchführten, entdeckten wir, daß diese Vögel sich neben den beabsichtigten Pfiffen auch ein Repertoire von Wörtern angeeignet hatten. Schon an einer früheren Vogelgruppe war die Tendenz zu beobachten gewesen, daß sie Laute imitieren und sie erstmalig erzeugen, wenn keine Menschen anwesend sind. Dies hat auch THORPE (1961, S. 119) berichtet. Mit den Aufnahmen der Gruppe A wurde zu spät begonnen, als daß sich hätte feststellen lassen, ob sie sich ähnlich verhielt. Beide Gruppen erzeugten eine Menge von Plapperlauten (Gruppe B fast immer, wenn keine Menschen anwesend waren), die die Phoneme der menschlichen Sprache, aber keine Wörter enthielten. Aus einiger Entfernung konnte man sie von einer menschlichen Unterhaltung nicht unterscheiden. Dieses Verhalten erinnert an das Geplapper von Säuglingen, die noch nicht sprechen können; dieses Geplapper wird ja dann zunehmend auf die Phoneme der Erwachsenensprache eingegrenzt (BROWN, 1958, S. 199 f.).
Das Geplapper (und auch angeborene Laute wie Schreien und Krächzen) wurde durch verschiedene Reize ausgelöst — menschliche Unterhaltung, Telefonklingeln, Türknallen. Nach Beendigung des Experiments (dies trifft vor allem auf Gruppe B zu) stimmten die Vögel häufig ein, wenn die Pfiffe der Untersuchungen abgespielt wurden. Manchmal stimmten sie auch erst ein, wenn der Pfiff schon halb abgespielt war, um ihn dann bis zum Ende zu begleiten. Dies geschah, soweit es zu beurteilen war, in der richtigen Tonhöhe.

Erörterung

Das Experiment zeigte, daß der Verstärkung keine Bedeutung für die Entscheidung zukam, welche Laute die Hirtenstare nachahmen würden. Man könnte vorbringen, daß die Vögel während der „verstärkten" Sitzungen durch den Anblick und die Antizipation des Futters abgelenkt wurden, während in den „nicht-verstärkten" Sitzungen die Ablenkungen minimal waren. Wenn dem so ist, bleibt zu erklären, unter welchen Bedingungen ein verstärkender Reiz sich eher ablenkend als verstärkend auswirkt. Auch läßt sich kaum vorstellen, daß mit den Sitzungen in der Dämmerung irgendeine Verstärkung assoziiert werden konnte.
Die Vögel der einen Gruppe stießen ihre Pfiffe (und fast alle ihre Plapperlaute) aus, wenn keine Menschen anwesend waren. Das kann bedeuten, daß die Reaktionen, sobald sie erworben sind, selbstverstärkende Eigen-

schaften annehmen. Wenn das stimmt, sind diese Eigenschaften aber (soweit es sich um einen der beiden Pfiffe handelt) nicht durch Assoziation mit primärer Verstärkung erworben worden. Die Tatsache, daß die Vögel in die Testpfiffe einstimmten, läßt eher eine Art Verhaltensansteckung vermuten, als ein Verhalten, das auf Verstärkung zurückzuführen ist.
Das Resultat des Experiments ist enttäuschend. MOWRERS Theorie war insofern zu begrüßen, als in ihr dargelegt wurde, daß diese besondere Weise des Nachahmungslernens in anerkannten Lernbegriffen erklärt werden konnte. Jetzt bleibt einem nur die unbefriedigende Alternative zu sagen, daß Beos eine Tendenz zur Mimikry zeigen.

Literatur

BROWN, R. 1958. *Words and Things.* Glencoe, Ill.: Free Press.
GROSSLIGHT, J. H., HARRISON, P. C., & WEISER, C. M. 1962. Reinforcement control of vocal responses in the myna bird *(Gracula Religiosa). Psychological Record*, 12, 193–201.
MOWRER, O. H. 1950. *Learning Theory and Personality Dynamics.* New York: Ronald Press.
MOWRER, O. H. 1960. *Learning Theory and the Symbolic Process.* New York: Wiley.
Pet Myna 1957. Fond du Lac, Wisc.: All-Pets Books Inc.
SKINNER, B. F. 1957. *Verbal Behaviour.* London: Methuen.
THORPE, W. H. 1961. *Bird-Song. Cambridge Monographs in Experimental Biology*, no. 12. Cambridge University Press.

2. Albert Bandura, Dorothea Ross, Sheila A. Ross

Statusneid, soziale Macht und sekundäre Verstärkung. Eine vergleichende Untersuchung von Theorien des Identifikationslernens*

Obwohl allgemein angenommen wird, daß soziales Verhalten durch unmittelbare Belohnung und Bestrafung instrumenteller Reaktionen gelernt werde, zeigen die informelle Beobachtung und die Laborstudien sozialer Lernprozesse, daß Individuen neue Reaktionen schnell erwerben und bestehende Verhaltensrepertoires beträchtlich verändern können, wenn sie das Verhalten und die Einstellungen von Modellen beobachten (BANDURA, 1962).

Der zweite Lerntypus wird in der Verhaltenstheorie gewöhnlich „Nachahmung" genannt, in den meisten Persönlichkeitstheorien „Identifikation". Diese Begriffe werden hier als Synonyma behandelt, weil sie beide das gleiche Verhaltensphänomen umreißen, die Tendenz einer Person nämlich, sich dem Verhalten, den Haltungen oder den emotionalen Reaktionen anzupassen, die ein reales oder symbolisiertes Modell zeigt. Während die Kennzeichen der Identifikation sich im wesentlichen in den verschiedenen Persönlichkeitstheorien gleichen, wurden eine Unzahl divergenter Lernbedingungen als notwendige Voraussetzung von Nachbildungs- oder Identifikationsverhalten vorgeschlagen (BRONFENBRENNER, 1960; A. FREUD, 1946; S. FREUD, 1924, 1948; KAGAN, 1958; KLEIN, 1949; MACCOBY, 1959; MOWRER, 1950; PARSONS, 1955; SEARS, 1957; WHITING, 1960).

Im hier dargestellten Experiment wurden aus drei der bekannteren sich auf die Identifikation gründenden Lerntheorien Vorhersagen entwickelt

---

* Im Original erstmals publiziert in *Journal of Abnormal and Social Psychology*, 1963, Bd. 67, S. 527-534.
 Diese Forschungsarbeit wurde mit Hilfe von *Research Grant M-5162* des *National Institute of Mental Health, United States Public Health Service* durchgeführt.
 Die Autoren schulden Beverly BUSCHING, Malka YAARI, Nancy WIGGINS und John STEINBRUNNER Dank, die sie bei der Datensammlung unterstützten.
 Während dieser Arbeit war die jüngere Autorin Nutznießerin einer *American Association of University Women International Fellowship for postdoctoral research*.

und in drei Personengruppen überprüft, die den Prototyp der Kleinfamilie darstellten. In einem der Experimente übernahm ein Erwachsener die Kontrolle der Mittel und der positiven Verstärker. Ein anderer Erwachsener war der Konsument oder Rezipient dieser Mittel, während das Kind als der teilnehmende Beobachter in der Dreiergruppe im wesentlichen unbeachtet blieb. In einer zweiten Experimentalanordnung kontrollierte wieder ein Erwachsener die Mittel, diesmal jedoch war das Kind der Rezipient der positiven Verstärker und dem anderen Erwachsenen wurde die untergeordnete und machtlose Rolle zugewiesen. In jeder der Dreiergruppen dienten ein männlicher und ein weiblicher Erwachsener als Modell. In jeder der beiden Experimentalsituationen kontrollierte und erteilte für die Hälfte der Jungen und Mädchen das männliche Modell die Belohnungsmittel, wodurch die Familie mit Dominanz des Vaters simuliert werden sollte. An die restlichen Kinder verteilte das weibliche Modell die positiven Mittel, wie es in Familien mit Mutterdominanz der Fall ist. Die sozialen Interaktionen des Experiments bestanden darin, daß die beiden erwachsenen Modelle in Gegenwart des Kindes unterschiedliche Verhaltensmuster zeigten, so daß zu messen war, in welchem Maße das Kind sein Verhalten anschließend nach dem der Modelle ausrichtete.

Nach der *Statusneidtheorie* der Identifikation, die WHITING (1959, 1960) vorgeschlagen hat, wird ein Kind, das erfolglos mit einem Erwachsenen um Zuneigung, Aufmerksamkeit, Nahrung und Fürsorge konkurriert, den erfolgreichen Erwachsenen beneiden und sich deshalb mit ihm identifizieren. WHITINGS Theorie stellt eine Erweiterung der Freudschen Hypothese der defensiven Identifikation dar, nach der das Identifikationsverhalten aus der rivalisierenden Interaktion zwischen dem Kind und dem Elternteil folgt, das den beneideten Konsumentenstatus besitzt. Während das Kind nach FREUD vor allem mit dem Vater um die sexuelle und affektive Zuneigung der Mutter konkurriert, zieht WHITING jede Belohnung, sei sie nun materieller oder sozialer Art, als mögliches Mittel in Betracht, um dessentwillen sich Rivalität entwickeln kann. Die Theorie des Statusneids führt also zu der Voraussage, daß das Kind die weitestgehende Nachahmung in einer Experimentalsituation zeigen werde, in der der rivalisierende Erwachsene die Mittel erhält, die das Kind begehrt, und in der dieser Erwachsene auch als primärer Nachahmungsgegenstand dient.

Im Gegensatz zur Neidtheorie nehmen andere Autoren (MACCOBY, 1959; MUSSEN und DISTLER, 1959; PARSONS, 1955) an, daß eher derjenige, der die Mittel kontrolliert, als derjenige, der sie konsumiert, das wichtigste Vorbild des Nachahmungsverhaltens sei. In der experimentellen Sozialpsychologie wurde der *Machttheorie* des sozialen Einflusses viel Aufmerksamkeit geschenkt, obwohl sie im Bereich der Identifikationstheorien nicht generell anerkannt wurde.

Soziale Macht wird sogar als die Fähigkeit einer Person definiert, das Verhalten anderer dadurch zu beeinflussen, daß sie deren positive und negative Verstärkung kontrolliert oder vermittelt. FRENCH und RAVEN (1959) haben fünf Machttypen unterschieden, die auf fachlicher Qualifikation, auf Anziehungskraft, auf Legitimität, auf Zwang und auf Belohnungsmacht beruhen, wobei die Autoren annehmen, daß sich jeder von ihnen unterschiedlich auf die Prozesse der sozialen Einflußnahme auswirke. Die Verwendung von Drohungen oder Zwang zum Beispiel, über die der Kontrollierende aufgrund seiner Fähigkeit, Strafen zu verhängen, verfügt, führt nicht nur zu einem Vermeidungsverhalten gegenüber dem Kontrollierenden, sondern steigert auch dessen Anziehungskraft, wodurch er die Möglichkeit erhält, das Verhalten anderer über das Maß unmittelbarer sozialer Einflußnahme hinaus zu verändern (FRENCH, MORRISON und LEVINGER, 1960; ZIPF, 1960). Die Anwendung der Belohnungsmacht dagegen fördert die Annäherungsreaktionen gegenüber der Machtfigur genauso, wie sie deren Anziehungskraft oder sekundären Belohnungswert dadurch erhöht, daß ihre Merkmale wiederholt mit positiver Verstärkung assoziiert werden. Man nimmt an, daß Anziehungskraft die Macht des Kontrollierenden über das Verhalten anderer wesentlich erweitere (FRENCH und RAVEN, 1959).

In der vorliegenden Untersuchung wurde die Macht, die auf der Fähigkeit, Belohnungen zu erteilen, beruhte, experimentell behandelt. In Übereinstimmung mit der sozialen Machttheorie der Identifikation und im Widerspruch zur Hypothese des Statusneids mußte man zu der Vorhersage gelangen, daß die Kinder eher das Verhalten des Erwachsenen reproduzieren würden, der die positiven Verstärker kontrollierte, als das des machtlosen Erwachsenenmodells und daß der Machtwechsel von männlichen auf weibliche Modelle zur Nachahmung der andersgeschlechtlichen Erwachsenen führen würde.

Die *Theorie der sekundären Verstärkung* der Identifikation, die wir bereits bei der Erörterung der sozialen Macht im Zusammenhang mit dem Begriff der Anziehungskraft kurz erwähnt haben, ist in allen Einzelheiten von MOWRER ausgearbeitet worden (1950, 1958). Nach dieser Auffassung werden die Verhaltensmerkmale des Modells, wenn es dem Kind die biologischen und sozialen Belohnungen vermittelt, wiederholt mit den positiven Verstärkungen verknüpft; sie erwerben auf diese Weise einen sekundären Verstärkungswert. Durch Reizgeneralisierung nehmen die Reaktionen, die das Kind denen des Modells angleicht, für jenes in dem Maße einen verstärkenden Wert an, in dem sie denen ähneln, die das Modell ausführt. Folglich kann sich das Kind positiv konditionierte Verstärker selbst erteilen, indem es einfach das positiv bewertete Verhalten des Modells so genau wie möglich reproduziert. Nach dieser Theorie kommt man zu der Vorhersage, daß das Kind in der Experimentalsituation, in der es der Empfänger positiver Verstärkungen war, in höherem Maße das Modell nachahmen werde, das die Belohnungen erteilte, die als primäre Quelle von Nachahmungsverhalten dienten.

Methode

Versuchspersonen

Die Versuchspersonen waren 36 Jungen und 36 Mädchen der Stanford University Kinderkrippe. Sie waren zwischen 33 und 65 Monate alt, wobei die Variationsbreite verhältnismäßig schmal blieb, weil die meisten sich im Alter um das Mittel von 51 Monaten gruppierten.
Zwei Erwachsene, ein Mann und eine Frau, dienten in den Dreiergruppen als Modelle, in denen die Machtstrukturen reproduziert wurden, die in den verschiedenen Typen der Familienkonstellationen möglich sind. Eine Frau leitete die Untersuchungen für alle 72 Kinder.

Planung und Verfahren

Die Versuchspersonen wurden nach dem Zufall zwei Experimentalgruppen und einer Kontrollgruppe zugewiesen, deren jede 24 Personen umfaßte. Die Hälfte der Versuchspersonen jeder Gruppe waren männlichen Geschlechts, die andere Hälfte waren Mädchen.
Hohe Belohnungsmacht wurde experimentell dadurch verliehen, daß materielle und soziale Verstärkungen erteilt und sprachliche Strukturierungstechniken verwendet wurden. Während der Versuchsleiter beispielsweise das Kind in das Untersuchungszimmer brachte, teilte er ihm mit, daß dem Erwachsenen, der die Rolle des Kontrollierenden übernommen hatte, der „Überraschungsraum" der Kinderkrippe und eine herrliche Sammlung von Spielzeugen gehöre. Der Versuchsleiter machte das Kind mit dem Kontrollierenden bekannt, und fragte es, ob es im Überraschungsraum spielen wolle. Der Kontrollierende erklärte, daß er gerade einige seiner schönsten Spielzeuge aus seinem Wagen holen wolle, daß aber der Versuchsleiter und das Kind gerne in den Raum hineingehen

dürften, wo er sich bald zu ihnen gesellen würde. Nach dem Weggehen des Kontrollierenden betonte der Versuchsleiter, wie glücklich sie sich schätzen könnten, daß sie Zugang zum Spielzeug des Kontrollierenden hätten.
Auf dem Weg in den Untersuchungsraum trafen sie den anderen Erwachsenen, der darauf bestand, sich ihnen anzuschließen, aber der Versuchsleiter informierte ihn, daß er dazu die Erlaubnis des Kontrollierenden brauche, weil diesem der Raum gehöre und es zweifelhaft sei, ob genügend Spielzeug für den Erwachsenen und das Kind vorhanden sei. Diese kurze Begegnung hatte vor allem die Aufgabe, die Vorstellung hervorzurufen, daß Belohnungen nur für eine Person vorhanden seien, und dadurch Rivalitätsempfindungen hinsichtlich der Mittel des Kontrollierenden zu erzeugen.
Sobald der Versuchsleiter und das Kind im Untersuchungsraum ankamen, setzten sie sich an einen kleinen Tisch und spielten mit den wenigen Lincolnklötzen und zwei kleinen Autos, die sich dort befanden. Kurze Zeit später erschien der andere Erwachsene und erklärte, daß der Kontrollierende ihm die Erlaubnis gegeben habe, in dem Raum zu spielen. Dann kam der Kontrollierende mit zwei großen Spielzeugkisten herein, die eine Vielzahl sehr attraktiver Mädchen- und Jungenspielzeuge enthielten, einem Flüssigkeitsbehälter mit buntem Fruchtsaft und einer großen Zahl von Plätzchen. Als der Kontrollierende die Szene betrat, verschwand der Versuchsleiter.
In der Experimentalsituation mit einem Erwachsenen als Konsumenten bat jetzt der Erwachsene, der die Rolle des Konsumenten spielte, um die Erlaubnis, mit den neuen Dingen spielen zu dürfen. Der Kontrollierende erwiderte, daß der Konsument das Spielzeug benutzen dürfe, da das Kind an seinem Tisch beschäftigt zu sein scheine. Dadurch, daß der Konsument diese Monopolstellung erhielt, mußte sich das Kind an seinem Tisch mit den beiden verhältnismäßig uninteressanten Spielzeugen recht verloren vorkommen.
Während der zwanzigminütigen Spielsitzung bot der Kontrollierende dem Konsumenten unter anderem Miniaturspielautomaten, glitzernde mechanische Spielzeuge, Kaleidoskope und Puppen an. Außerdem spielten die beiden gemeinsam mit einem Pfeilwurfspiel und anderen Dingen. Um die Situation glaubwürdiger erscheinen zu lassen, wandten der Kontrollierende und der Konsument ihre Aufmerksamkeit hauptsächlich solchen Dingen zu — wie zum Beispiel dem Spielautomaten und dem Pfeilwurfspiel — mit denen sich Erwachsene auch tatsächlich beschäftigen. Während der Interaktion zeigte sich der Kontrollierende äußerst hilfsbereit und bemüht und ging sehr großzügig mit sozialen Verstärkern, in

der Form von Lob, Billigung und positiver Zuneigung um. Der Konsument seinerseits betonte häufig, wie interessant die Mittel des Kontrollierenden seien, um den Belohnungsstatus des Kontrollierenden noch zu erhöhen. Der Konsument brachte außerdem jene positiven affektiven Merkmale zum Ausdruck, wie sie eine Person äußert, wenn sie positive Verstärkungen erfährt.

Etwa in der Mitte der Sitzung bemerkte der Kontrollierende: „Du siehst so hungrig aus. Ich habe hier was für dich." Er holte dann den Flüssigkeitsbehälter hervor, ließ die bunten Fruchtsäfte in Pappbecher laufen und stellte sie dem Konsumenten jeweils mit einem Haufen Plätzchen hin. Während der Konsument sich an seinem Imbiß gütlich tat, drehte der Kontrollierende einen „Fernsehapparat" an, der die Melodie eines Kinderliedes spielte, während eine sich drehende Bildplatte eine Reihe von Abenteuerszenen zeigte.

Gegen Ende der Sitzung teilte der Kontrollierende dem Konsumenten mit, daß er am Nachmittag zum Einkaufen nach San Franzisko fahren würde, und fragte ihn, ob er irgendeinen besonderen Wunsch habe, den er ihm erfüllen könne. Der Konsument bat um ein Fahrrad mit Zweigangschaltung, ein hohes Statussymbol unter den Kindern der Krippe. Der Kontrollierende versprach, das Fahrrad und außerdem alles zu kaufen, was dem Konsumenten sonst noch einfallen sollte, bevor er in die Stadt fahre.

Das Verfahren in der Situation, in der das Kind Konsument war, war mit der oben beschriebenen identisch, nur daß jetzt das Kind als Rezipient der materiellen Belohnungen und der sozialen Verstärkung fungierte. Während der Sitzung saß der andere Erwachsene am anderen Ende des Raumes in ein Buch vertieft und wurde von dem Kontrollierenden überhaupt nicht beachtet. Wenn die Rede auf den beabsichtigten Einkauf in San Franzisko kam, erwähnte der Kontrollierende, daß er vorhabe, am Nachmittag einige Spielzeugläden in der Stadt zu besuchen, und bat das Kind, ihm doch vorzuschlagen, was er noch für interessante Spielzeuge für künftige Spielsitzungen mit Kindern kaufen solle.

Bei der Hälfte der Jungen und Mädchen in jeder Experimentalsituation kontrollierte und erteilte das männliche Modell die Mittel, wodurch die vaterdominante Familie simuliert wurde. Bei den anderen Kindern vermittelte das weibliche Modell die positiven Belohnungen, wie es in der Familie mit Mutterdominanz der Fall ist.

Nach Beendigung der sozialen Interaktionen erklärte der Kontrollierende, daß er ein Überraschungsspiel in seinem Auto habe, das sie alle drei gemeinsam spielen könnten. Der Kontrollierende bat dann den anderen Erwachsenen, den Versuchsleiter zu holen, damit er ihnen beim

Spiel helfe. Sobald der Erwachsene fort war, räumte der Kontrollierende die Spielzeuge fort und holte die Geräte für die Nachahmungsaufgabe.

Nachahmungsaufgabe

Die Nachahmungsaufgabe war im wesentlichen das gleiche Diskriminationsproblem mit zwei Wahlmöglichkeiten, das in einem früheren Experiment (BANDURA und HUSTON, 1961) verwendet worden war, mit der Ausnahme, daß das Reaktionsrepertoire der Modelle beträchtlich erweitert wurde, und daß das Verfahren für die Erwerbungsversuche etwas modifiziert wurde.

Das Versuchsmaterial bestand aus zwei kleinen Schachteln mit Klappdeckeln, von gleicher Farbe und Größe. Sie standen auf Hockern, die ungefähr 1,20 m voneinander und 2,50 m vom Ausgangspunkt entfernt standen. Auf dem Deckel jeder Schachtel befand sich eine Gummipuppe. Sobald der andere Erwachsene mit dem Versuchsleiter zurückkam, bat der Kontrollierende das Kind und den Versuchsleiter, sich auf die Stühle zu setzen, die an der einen Wand des Raumes standen, und den anderen Erwachsenen, sich an den Ausgangspunkt zu stellen. Währenddessen beschrieb der Kontrollierende das Spiel, mit dem sie sich beschäftigen sollten. Er erklärte, daß der Versuchsleiter ein Klebebild in einer der beiden Schachteln verstecken würde und daß das Spiel darin bestehe, die Schachtel zu erraten, die das Klebebild enthielte. Die Erwachsenen waren zuerst an der Reihe, dann sollte das Kind raten.

Das Diskriminationsproblem wurde nur als Scheinaufgabe verwendet, die die Aufmerksamkeit des Kindes gefangen nehmen sollte, denn gleichzeitig konnten die Kinder während der Diskriminationsversuche die Modelle unterschiedliche Verhaltensmuster ausführen sehen, ohne daß sie angewiesen waren, auf die von den Modellen gezeigten Reaktionen zu achten oder sie zu lernen.

Bevor der Kontrollierende mit den Versuchen begann, forderte er die anderen Teilnehmer auf, mit ihm zusammen von einem Mützenständer eine „Denkmütze" auszusuchen. Es waren zwei gleiche Sätze Matrosenmützen vorhanden, deren jede mit einer Feder von unterschiedlicher Farbe versehen war. Der Kontrollierende wählte die Mütze mit der grünen Feder, verkündete: „Feder in die Stirn", und setzte die Mütze mit der Feder nach vorn auf. Das andere Modell wählte die Mütze mit der gelben Feder, bemerkte: „Feder nach hinten", und drehte die Feder beim Aufsetzen der Mütze nach hinten. Dann wählte das Kind eine der vier Mützen aus, die an dem niedrigeren Ständer hingen. Es wurde festgehalten,

ob es sich dabei an die Farbpräferenz, die Mützenstellung oder die verbalen Reaktionen des einen oder des anderen Modells anpaßte.
Die Modelle gingen dann zum Ausgangspunkt, das Kind kehrte auf seinen Platz zurück und der Versuchsleiter stattete beide Schachteln mit Klebebildern für die Versuche der Modelle aus.
Während jedes Versuchs zeigten beide Modelle unterschiedliche Sätze verhältnismäßig neuer verbaler und motorischer Reaktionen, die in keinerlei Zusammenhang mit dem Diskriminationsproblem standen, auf das die Aufmerksamkeit des Kindes gelenkt wurde. Der Kontrollierende stand mit verschränkten Armen am Ausgangspunkt. Wenn der Versuchsleiter die Spieler aufforderte, nicht zu gucken, verdeckte der Kontrollierende seine Augen mit den Händen, wandte sich zur Seite und fragte: „Fertig?" Das andere Modell hatte die Hände in die Hüften gestemmt, hockte sich dann mit dem Rücken zu den Schachteln hin und fragte: „Jetzt?"
Sobald der Versuchsleiter das Zeichen zum ersten Versuch gab, sagte der Kontrollierende: „Vorwärts, marsch", und begann langsam auf die bezeichnete Schachtel zuzugehen, wobei er wiederholte: „Marsch, marsch, marsch." Wenn er die Schachtel erreicht hatte, sagte er: „Knall ihm eine", schlug die Puppe aggressiv von der Schachtel herunter, öffnete den Deckel und schrie: „Bingo", wobei er nach dem Klebebild griff. Dann bemerkte er: „Lickit sticket", und drückte das Klebebild mit dem Daumen in den oberen rechten Quadranten eines 60 cm mal 60 cm großen Bogens aus glattem weißem Papier, der an der Wand unmittelbar hinter den Schachteln hing. Der Kontrollierende beendete den Versuch, indem er die Puppe so auf den Behälter zurücksetzte, daß sie zur Seite sah. Dazu lieferte er den Kommentar: „Sieh in den Spiegel", und äußerte die abschließende verbale Reaktion: „Da."
Dann war das andere Modell an der Reihe und führte eine Reihe unterschiedlicher Akte aus, die jedoch den Reaktionen des Kontrollierenden hinsichtlich der Zahl, der Arten der Reaktionsklassen, der strukturellen Eigenschaften und des Interessantheitsgrades entsprachen. Am Ausgangspunkt sagt es beispielsweise: „Los geht's", und ging etwas steif auf die Schachteln zu, wobei es wiederholte: „Links, rechts, links, rechts." Wenn es den Behälter erreichte, sagte es: „Runter und hoch", wobei es die Puppe auf den Deckel niederlegte und die Schachtel öffnete. Dann rief es aus: „Ein Lickeroo", wiederholte „Weto-smacko" und klatschte das Klebebild mit der offenen Hand in den unteren linken Quadranten des Papierbogens. Bei Beendigung des Versuchs legte das Modell die Puppe auf den Deckel des Behälters und bemerkte: „Leg dich hin." Dann kehrte es mit den Händen auf dem Rücken zurück, dazu ließ es die abschließende Äußerung: „Das wär's", hören.

Um das Gleichgewicht beider Reaktionsfolgen zu gewährleisten, zeigte jedes Modell jedes Muster der Hälfte der Versuchspersonen jeder der drei Gruppen.
Die Modelle führten abwechselnd vier Versuche aus. Nach Beendigung des vierten Versuchs erklärte der Kontrollierende, daß er ein paar Dinge aus seinem Wagen holen müsse. Während er und das andere Modell abwesend seien, könne das Kind seine Versuche absolvieren. Bevor sie jedoch fortgingen, führte der Versuchsleiter einen Bildpräferenztest durch, bei dem die Modelle aufgefordert wurden, das Bild ihrer Wahl aus sechs verschiedenen Klebebildern auszusuchen, die auf einer Karte von 12 cm mal 20 cm angebracht waren. Danach wurde dem Kind eine gleiche Karte vorgelegt, die einen identischen Bildersatz enthielt, und wurde aufgefordert, seine Präferenz anzugeben.
Neben diesen vier Versuchen der Modelle am Anfang folgten noch drei Blöcke mit je zwei Versuchen der Modelle, die in die insgesamt 15 Versuche des Kindes eingeschoben wurden. Während der Testserien der Kinder hielten sich die Modelle stets außerhalb des Raumes auf. Durch dieses Verfahren wollte man verhindern, daß sich die Kinder durch die Situation in irgendeiner Weise daran gehindert oder dazu gezwungen fühlten, die Reaktionen der Modelle zu reproduzieren. Außerdem mußte das Vorkommen verzögerter Nachahmung als viel entschiedenerer Beweis für die Tatsache gewertet werden, daß das Lernen auf der Nachahmung basierte.
Die Modelle wählten immer verschiedene Schachteln, wobei sie die Links-Rechts-Positionen von Versuch zu Versuch in einer festgelegten irregulären Reihenfolge änderten. Der Kontrollierende war immer zuerst an der Reihe. Während die Modelle bei jedem Versuch Klebebilder erhielten, wurde das Kind bei einem Drittel seiner Versuche nicht belohnt, um sein Interesse an der Scheinaufgabe wachzuhalten.
Jeweils zu Beginn eines Versuchsblocks der Probanden führte der Versuchsleiter den Bilderpräferenztest durch. Wenn sich das Kind bei der Auswahl der Klebebilder an die Präferenzen der Modelle hielt, wurde das notiert. Außerdem nahmen die Modelle nach dem achten Versuch ihre Mützen ab und hängten sie an verschiedenen Orten des Raumes auf. Wenn das Kind während der Sitzung seine Mütze abnahm und sie neben die des einen oder anderen Modells hängte, wurde dieser Nachahmungsakt ebenfalls aufgezeichnet.
Nach der Nachahmungsphase des Experiments interviewte der Versuchsleiter die Kinder, um festzustellen, wen sie für denjenigen hielten, der die Mittel kontrolliert, und um ihre Modellpräferenzen zu ermitteln. Diese Daten wurden als Index für die Anziehungskraft der Modelle ver-

wendet. Schließlich erhielten die Kinder, bei denen der Erwachsene der Konsument war, nach der Sitzung die gleiche großzügige Behandlung wie ihr erwachsener Rivale.

Zwischen den Kindern in der Kontrollgruppe und den Modellen gab es keine weitergehende soziale Interaktion, aber sie arbeiteten während der imitativen Lernphase der Studie mit den Modellen zusammen. Der Versuchsleiter übernahm die volle Verantwortung für die Verfahrensschritte und behandelte die Modelle, als wären sie ebenfalls Versuchspersonen. Diese Kontrollgruppe war hauptsächlich eingeführt worden, um die relative Wirksamkeit der Modelle als Modellierungsreize bestimmen zu können. Außerdem änderten die Modelle von Versuchsperson zu Versuchsperson die Reihenfolge, in der sie die Versuche ausführten. Dadurch sollte die Möglichkeit überprüft werden, ob sich eine erstmalige oder neuartige Darbietung auf das Nachahmungsverhalten auswirke.

Nachahmungspunkte

Die Nachahmungspunkte ermittelten wir so, daß wir zusammenzählten, wie häufig die Haltungs-, sprachlichen und motorischen Reaktionen gezeigt wurden, die wir im vorangegangenen Abschnitt beschrieben haben, und wie oft sich die zum Ausdruck gebrachten Mützen-, Farb- und Bildpräferenzen der Wahl eines Modells anpaßten.
Das Verhalten der Kinder wurde von drei Ratern aufgezeichnet, die die Experimentalsitzungen durch einen Spionspiegel aus einem angrenzenden Beobachtungsraum verfolgten. Die Rater besaßen eine separate Kontrolliste für die Reaktionen von jedem der beiden Modelle. Die Punktmessung bestand einfach darin, daß die Nachahmungsreaktionen, die von den Kindern während eines Versuchs gezeigt wurden, festgehalten wurden. Um die Reliabilität der Rater untereinander bestimmen zu können, wurde das Verhalten von 30 % der Kinder simultan aber unabhängig von zwei Beobachtern aufgezeichnet. Die Rater stimmten hinsichtlich 95 % der spezifischen Nachahmungsreaktionen, die sie aufzeichneten, völlig überein.

Ergebnisse

Die Daten der Kontrollgruppe zeigten, daß die beiden Modelle sich hinsichtlich ihrer Fähigkeiten glichen, Nachahmungsreaktionen hervorzurufen. Die Mittelwerte lagen bei 17,83 und 20,46 für das männliche bzw.

das weibliche Modell. Auch zeigten die Kinder keine unterschiedliche Nachahmung des gleichgeschlechtlichen (M = 20,30) und des andersgeschlechtlichen (M = 17,92) Modells. Obgleich die Kinder in der Kontrollgruppe dazu neigten, das zweite Modell (M = 22,21) in etwas größerem Umfange als das erste Modell (M = 16,08) nachzuahmen — wodurch die Vermutung nahegelegt wird, daß es sich um ein Primat der Darbietungswirkung handle — war der Unterschied statistisch nicht signifikant (t = 1,60).

Tab. 2.1: Mittelwert der Nachahmungsreaktionen, die von Untergruppen der Kinder in den experimentellen Dreiergruppen ausgeführt wurden

Versuchspersonen	Nachahmungsvorbilder			
	männlich	weiblich	weiblich	männlich
	Kontrollierender	Konsument	Kontrollierender	Konsument
Mädchen	29,00	9,67	26,00	10,00
Jungen	30,17	18,67	22,33	16,17
insgesamt	29,59	14,17	24,17	13,09
	Kontrollierender	unbeachtet	Kontrollierender	unbeachtet
Mädchen	22,00	16,17	31,84	22,17
Jungen	29,17	16,67	26,83	34,50
insgesamt	25,59	16,42	29,34	28,34

Wir schulden Eleanor Willemsen Dank für ihre Hilfe bei der statistischen Auswertung.

Tabelle 2.1 gibt die mittleren Nachahmungswerte für die Kinder aus jeder der beiden experimentellen Dreiergruppen wieder. Mit diesen Daten wurde eine Varianzanalyse durchgeführt. Dabei wurden zuerst je zwei Faktoren, dann die Ergebnisse dieser Analysen miteinander verglichen (2x2x2x2). Die vier Faktorenpaare waren: Geschlecht des Kindes, Geschlecht des Modells, das die Mittel kontrollierte, Erwachsener vs Kind als Konsument und der Kontrollierende vs anderes Modell als Vorbild des Nachahmungsverhaltens. Wie in Tabelle 2.2. dargestellt, bestätigen die Ergebnisse dieser Studie eindeutig die Theorie, die Nachahmung auf soziale Macht zurückführt. In beiden experimentellen Anordnungen, unabhängig davon, ob der rivalisierende Erwachsene oder das Kind selbst als Empfänger der Belohnungsmittel fungierten, wurde das Modell, das über die Belohnungsmacht verfügte, in höherem Maße nachgeahmt als das rivalisierende oder nicht beachtete Modell (F = 40,61; p < 0,001). Auch führte die Experimentalsituation, in der der Besitz der Mittel mit unmittelbarer Verstärkung des Kindes kombiniert wurde, nicht zu einer weitergehenden Nachahmung des Modells, das die positiven Belohnungen kontrollierte und austeilte. Dieses Ergebnis überrascht besonders, weil ein früheres Experiment, das sich auf Zwei-Personen-Gruppen stützte (BANDURA & HUSTON, 1961), erbracht hatte, daß die Verknüpfung eines Modells mit positiver Verstärkung das Nachahmungsverhalten erheblich förderte. Wenn man die übrigen signifikanten Wechselwirkungen zusammen mit den postexperimentellen Interviewdaten untersucht, läßt sich eine mögliche Erklärung der widersprüchlichen Ergebnisse finden.

Die Unterschiede in der Nachahmung des Kontrollierenden und des anderen Modells traten am deutlichsten auf, wenn das männliche Modell die Mittel kontrollierte ($F = 4,76$, $p < 0,05$), besonders bei Jungen. Tatsächlich zeigten Jungen, die die Belohnungsmittel vom weiblichen Modell empfingen, die Tendenz, das nicht beachtete männliche Modell als Nachahmungsvorbild zu favorisieren. Im postexperimentellen Interview brachte eine Reihe der Jungen aus dieser Experimentalsituation spontan ihre Sympathie für das nicht beachtete männliche Modell und gemäßigte Kritik an der Kontrollierenden zum Ausdruck, weil sie nicht großzügiger mit ihren reichlichen Mitteln umgegangen sei. (Zum Beispiel: „Sie hat nicht viel geteilt. John hat ordentlich gespielt, trotzdem hat sie noch nicht einmal geteilt ... Sie ist ein bißchen geizig.")

Um zu kontrollieren, ob dieser Faktor die Unterschiede in der Nachahmung der beiden Modelle vermindere, wurde die Experimentalsituation mit dem Kind als Empfänger modifiziert. Nach der Hälfte der Interaktionssitzung wurde dem unbeachteten Erwachsenen mitgeteilt, daß er die Spielzeuge auch benutzen dürfe, worauf dieser antwortete, er sei ganz zufrieden damit, sein Buch zu lesen. Diese Bedingung wurde an sechs Kindern — drei Jungen und drei Mädchen — überprüft. Es ergab sich, daß der Kontrollierende, wenn das Kind das andere Modell weder als Rivalen noch als ausgeschlossen empfand, viermal so häufig wie dieses nachgeahmt wurde.

Die signifikante dreifache Wechselwirkung zeigt, daß der Unterschied in der Nachahmung des Kontrollierenden und des anderen Modells am größten war, wenn das gleichgeschlechtliche Modell die positiven Verstärker vermittelte. Diese Beziehung prägte sich bei Jungen stärker aus als bei Mädchen.

So weit zeigen die Daten, daß in der Verfügung über die Belohnungsmacht der Grund dafür lag, daß das Verhalten der beiden Modelle in unterschiedlicher Weise nachgeahmt wurde. Um festzustellen, ob die Tatsache, daß während der vorangegangenen sozialen Interaktion positiv verstärkende Reize erteilt wurden, das allgemeine Niveau der Anpassungsreaktionen beeinflußte, wurden in jeder Gruppe die Nachahmungs-

punkte unabhängig von den Modellen zusammengefaßt und hinsichtlich der Faktoren Geschlecht und Experimentalsituation untersucht.
Der Mittelwert aller Nachahmungsreaktionen in der Gruppe mit dem Kind als Konsumenten betrug 50,21, in der Gruppe mit einem erwach-

Tab. 2.2: Zusammenfassung der Varianzanalyse der Nachahmungswerte

Ursprung		df	M_s	
Zwischen Versuchspersonen		47	310,17	
Geschlecht der Vpp	(A)	1	283,59	< 1
Geschlecht des kontrollierenden Modells	(B)	1	128,34	< 1
Erwachsener vs Kind als Konsument	(C)	1	518,01	1,61
A X B		1	23,01	< 1
A X C		1	1,76	< 1
B X C		1	742,59	2,31
A X B X C		1	21,10	< 1
Fehler (zwischen)		40	321,49	
Im Verhalten der Vpp		48	113,24	
kontrollierendes vs anderes Modell	(D)	1	2 025,84	40,61***
A X D		1	297,51	5,96*
B X D		1	237,51	4,76*
C X D		1	396,09	7,94**
A X B X D		1	256,76	5,15*
A X C X D		1	19,52	< 1
B X C X D		1	23,02	< 1
A X B X C X D		1	184,00	3,69
Fehler (innerhalb)		40	49,88	

* $p < 0,05$
** $p < 0,01$
*** $p < 0,001$

senen Konsumenten 40,58 und in der Kontrollgruppe 37,88. Die Varianzanalyse dieser Daten offenbart eine signifikante Auswirkung der Experimentalsituation ($F = 3,37$, $0,025 < p < 0,05$). Vergleicht man die Mittelwertpaare dann mittels des t-Tests, zeigt sich, daß die Kinder in der Experimentalsituation, in der das Kind belohnt wurde, signifikant mehr Nachahmungsverhalten zeigten, als die Kinder aus der Gruppe mit den Erwachsenen als Konsumenten ($t = 2,19$, $p < 0,05$) und aus der Kontrollgruppe ($t = 2,48$, $p < 0,02$). Diese beiden Gruppen wiesen jedoch keinen Unterschied in dieser Hinsicht auf ($t = 0,54$).
Die Modellpräferenzen waren bei den Kindern beider Experimentalgruppen gleich und wurden deshalb in der statistischen Analyse zusammengefaßt. Von den 48 Kindern bezeichneten 32 das Modell als das anziehendere, welches über die Belohnungsmacht verfügte, während 16 dem

nicht kontrollierenden Erwachsenen den Vorzug gaben. Die größere Attraktivität des belohnenden Modells war signifikant auf dem 5 %-Niveau ($\chi^2 = 5{,}34$). In der experimentellen Dreiergruppe, in der die Jungen die positiven Verstärker empfingen, während das männliche Modell nicht beachtet wurde, sowie in derjenigen, in der ein weibliches Modell als Empfänger fungierte, während ein Mädchen nicht beachtet wurde, zeigte sich die größte Präferenz für den nicht kontrollierenden Erwachsenen.

Tab. 2.3: Nachahmung als Funktion der den Modellen zugeschriebenen Belohnungsmacht

Versuchsbedingung	Nachahmungsvorbilder			
	weibl. Kontroll.	männl. Nichtkontroll.	männl. Kontroll.	weibl. Nichtkontroll.
Erwachsener als Konsument	24,0	12,3	29,8	14,6
Kind als Konsument	18,2	6,7	35,5	16,2

Neben den oben erörterten Ergebnissen lagen auch Daten einiger anderer Kinder vor, aus deren postexperimentellen Interviews hervorging, daß sie die Belohnungsmacht, trotz der sorgfältigen experimentellen Vorkehrungen zur Kennzeichnung unterschiedlicher Machtpositionen, dem nicht beachteten oder dem Erwachsenen in der Konsumentenrolle zugeschrieben haben. Es handelte sich um neun Kinder in der Situation mit einem erwachsenen Konsumenten und um elf, die selbst Konsumenten waren. Eine Reihe von ihnen war fest davon überzeugt, daß nur ein Mann über die Mittel verfügen könne und daß deshalb die Frau, die die Belohnungen verteilte, nur im Auftrag des männlichen Modells handle. (Zum Beispiel: „Er ist der Mann und ihm gehört alles, weil er der Papa ist. Mama gehört nichts wirklich ... Er ist der Papa, deshalb gehört es ihm, aber er teilt es lieb mit Mama ... Er ist der Mann und der Mann hat das Geld in Wirklichkeit immer und läßt die Damen mitspielen. John ist nett und höflich und gut erzogen.") In dieser Ansicht wurden die Kinder offensichtlich sogar von den Müttern bestärkt. (Zum Beispiel: „Meine Mama hat mir und Joan erzählt, daß Papa die Dinge in Wirklichkeit alle kauft, aber daß Mama auf sie aufpaßt.") Kinder, die annahmen, das weibliche Modell, das nicht beachtet worden oder das in der Konsumentenposition gewesen war, habe über die Mittel verfügt, hatten erhebliche Schwierigkeiten, ihre Wahl zu begründen. (Zum Beispiel: „Ich wußte eben, daß sie

es tat ... Ich kann nicht sagen wieso.") Die Machtstruktur, die sie beschrieben, entspricht nicht der weithin akzeptierten gesellschaftlichen Norm. Damit hingen wohl die Schwierigkeiten zusammen.
Wie in Tabelle 2.3 gezeigt, riefen Modelle, denen Belohnungsmacht zugeschrieben wurde, ungefähr doppelt soviel Anpassungsreaktionen hervor wie Modelle, von denen die Kinder annahmen, daß sie die Belohnungsmittel nicht kontrollierten. Wegen der kleinen und ungleichen Fallzahl in den einzelnen Feldern wurden diese Daten keiner statistischen Auswertung unterzogen. Die Unterschiede sind jedoch markant und stimmen mit den experimentellen Variationen des Machtstatus überein.

Erörterung

Wenn man das Nachahmungsverhalten, das im vorliegenden Experiment ausgelöst wurde, als elementaren Prototyp der Identifikation in einer Kernfamilie anerkennen will, bestätigen die Daten nicht jene Auffassung des identifikatorischen Lernens, nach der es sich aus der rivalisierenden Interaktion zwischen dem Kind und dem Erwachsenen entwickelt, der einen beneideten Status besitzt, weil er sehr begehrte Mittel empfängt. Die Kinder identifizierten sich deutlich eher mit dem Träger der Belohnungsmacht als mit dem Mitbewerber um diese Belohnungen. Auch wenn die Macht bei einem andersgeschlechtlichen Modell lag, wurde es nachgeahmt, besonders von Mädchen. Die unterschiedliche Bereitschaft von Jungen und Mädchen, das Verhalten nachzuahmen, das ein andersgeschlechtliches Modell zeigt, wird von den Ergebnissen bestätigt, die BROWN vorlegte (1956, 1958), denen zufolge Jungen eine entschiedene Präferenz für die männliche Rolle an den Tag legen, während unter Mädchen Ambivalenz und eine Präferenz für die männliche Rolle weit verbreitet ist. In diesen Ergebnissen spiegelt sich wahrscheinlich sowohl die unterschiedliche Toleranz unserer Gesellschaft gegenüber andersgeschlechtlichem Verhalten, wenn es einerseits Männer und andererseits Frauen zeigen, wie auch der privilegierte Status und die relativ größere positive Verstärkung, die das maskuline Rollenverhalten bei uns genießen.
Dem Versagen, ein dem eigenen Geschlecht angemessenes Verhalten zu entwickeln, wurde in der klinischen Literatur viel Aufmerksamkeit gewidmet. Gewöhnlich vermutete man, daß es durch psychosexuelle Drohung und angstreduzierende Mechanismen aufgebaut und erhalten werde. Unsere Ergebnisse lassen jedoch stark vermuten, daß externe soziale Lernvariablen, wie zum Beispiel die Verteilung der Belohnungsmacht in-

nerhalb der Familienkonstellation, die Ausbildung eines invertierten Geschlechtsverhaltens stark beeinflussen könnten.

In Theorien des Identifikationslernens ging man gewöhnlich davon aus, daß das Kind innerhalb der Familie die Identifikation ursprünglich auf seine Mutter beschränke und daß dann Jungen während der frühen Kindheit sich von der Mutter als dem primären Modell ab- und dem Vater als dem Hauptvorbild für das Nachahmungsverhalten zuwenden müßten. Während ihrer gesamten Entwicklung haben Kinder jedoch reichlich Gelegenheit, das Verhalten beider Eltern zu beobachten. Die Ergebnisse des vorliegenden Experiments zeigen, daß Kinder, wenn sich ihnen mehrere Modelle anbieten, eines oder mehrere von ihnen als primäres Verhaltensvorbild auswählen können, daß sie aber kaum alle Elemente des Repertoires eines einzelnen Modells reproduzieren oder ihre Nachahmung auf dieses Modell beschränken. Obgleich die Kinder viele Eigenschaften des Modells übernahmen, das über die Belohnungsmacht verfügte, reproduzierten sie auch einige der Verhaltenselemente, die das Modell in der untergeordneten Rolle zeigte. Folglich waren die Kinder nicht einfach verkleinerte Wiederholungen des einen oder anderen Modells, sondern sie offenbarten ein verhältnismäßig neues Verhaltensmuster, das eine Mischung aus den Elementen beider Modelle darstellte. Darüber hinaus variierte die spezifische Zusammenstellung der Verhaltenselemente von Kind zu Kind. Diese Befunde sind ein ernst zu nehmender Beleg für den anscheinend paradoxen Schluß, daß die Nachahmung tatsächlich soziales Verhalten innovieren kann und daß innerhalb derselben Familie selbst gleichgeschlechtliche Geschwister ganz verschiedene Reaktionsmuster an den Tag legen können, weil sie verschiedene Elemente aus dem Reaktionsrepertoire ihrer Eltern zur Nachahmung gewählt haben.

Die Assoziation eines Modells mit nichtkontingenter positiver Verstärkung hat die Tendenz, das Nachahmungsverhalten in Zwei-Personen-Gruppen zu verstärken (BANDURA und HUSTON, 1961), während die Hinzunahme einer gleichgeschlechtlichen dritten Person, der der Zugang zu den begehrten Belohnungen verwehrt wird, in den Kindern eine negative Bewertung des belohnenden Modells provozieren und dadurch seine Wirkung als Modellierungsreiz abschwächen kann. Diese zwei Datensätze beweisen, wie sehr Lernprinzipien, die sich auf ein individuelles Verhaltensmodell gründen, sehr strikten Grenzen unterworfen sein können, weil die Einführung zusätzlicher sozialer Variablen in den Reizkomplex signifikante Veränderungen in den funktionalen Beziehungen der relevanten Variablen hervorrufen kann.

Literatur

BANDURA, A. 1962. Social learning through imitation. In M. R. Jones (Hrsg.), *Nebraska symposium on motivation: 1962.* Lincoln: University of Nebraska Press. S. 211–269.

BANDURA, A., & HUSTON, ALETHA C. 1961. Identification as a process of incidental learning. *Journal of Abnormal and Social Psychology,* 63, 311–318.

BRONFENBRENNER, U. 1960. Freudian theories of identification and their derivatives. *Child Development,* 31, 15–40.

BROWN, D. G. 1956. Sex-role preference in young children. *Psychological Monographs,* 70 (14, ganze Nr. 421).

FRENCH, J. R. P., JR. MORRISON, H. W., & LEVINGER, G. 1960. Coercive power and forces affecting conformity. *Journal of Abnormal and Social Psychology,* 61, 93–101.

FREUD, A. 1946. *Das Ich und die Abwehrmechanismen.*

FREUD, S. 1924. *Der Untergang des Ödipuskomplexes.* In: Gesammelte Werke Bd. 13. Frankfurt/M.: S. Fischer.

FREUD, S. 1948. *Group psychology and the analysis of the ego.* London: Hogarth Press.

KAGAN, J. 1958. The concept of identification. *Psychological Review,* 65, 296 bis 305.

KLEIN, MELANIE. 1949. *The psycho-analysis of children.* London: Hogarth Press.

MACCOBY, ELEANOR E. 1959. Role-taking in childhood and its consequences for social learning. *Child Development,* 30, 239–252.

MOWRER, O. H. 1950. Identification: A link between learning theory and psychotherapy. In *Learning theory and personality dynamics.* New York: Ronald Press. S. 69–94.

MOWRER, O. H. 1958. Hearing and speaking: An analysis of language learning. *Journal of Speech and Hearing Disorders,* 23, 143–152.

MUSSEN, P., & DISTLER, L. 1959. Masculinity, identification, and father-son relationships. *Journal of Abnormal and Social Psychology,* 59, 350–356.

PARSONS, T. 1955. Family structure and the socialization of the child. In T. PARSONS & R. F. BALES (Hrsg.), *Family, socialization, and interaction process.* New York: The Free Press of Glencoe.

SEARS. R. R. 1957. Identification as a form of behavioral development. In D. B. Harris (Hrsg.), *The concept of development.* Minneapolis: University of Minnesota Press. S. 149–161.

WHITING, J. W. M. 1959. Sorcery, sin, and the superego: A cross-cultural study of some mechanisms of social control. In M. R. Jones (Hrsg.), *Nebraska symposium on motivation: 1959.* Lincoln: University of Nebraska Press. S. 174–195.

WHITING, J. W. M. 1960. Resource mediation and learning by identification. In I. Iscoe & H. W. Stevenson (Hrsg.), *Personality development in children.* Austin: University of Texas Press. S. 112–126.

ZIPF, SHEILA G. 1960. Resistance and conformity under the reward and punishment. *Journal of Abnormal and Social Psychology,* 61, 102–109.

3. Marvin D. Gerst

Prozesse der symbolischen
Kodierung beim Beobachtungslernen*

In den Forschungsarbeiten zum Beobachtungslernen stellt sich immer deutlicher heraus, daß Modellierung eines der prinzipiellen Mittel ist, durch die neue Verhaltensmuster erworben werden. Obgleich das Phänomen empirisch gut belegt werden konnte, sind die Mechanismen, durch die das Beobachtungslernen gesteuert wird, noch nicht genau genug erforscht. In der von BANDURA vorgeschlagenen Theorie (1969) wird das Beobachtungslernen als ein multiprozessuales Phänomen begriffen, dem folgende Subprozesse zugrunde liegen: (1) Aufmerksamkeitsprozesse, die die sensorische Registrierung der Modellierungsreize regulieren; (2) Gedächtnisprozesse, die von Wiederholungsoperationen und der symbolischen Kodierung von Modellierungsereignissen in leicht erinnerlichen Schemata beeinflußt werden; (3) motorische Reproduktionsprozesse, die die Verfügbarkeit von Teilreaktionen und die Verwendung symbolischer Kodes für die Steuerung der Verhaltensreproduktion betreffen; (4) anspornende oder Motivationsprozesse, die darüber entscheiden, ob erworbene Reaktionen in offene Ausführungen verwandelt werden oder nicht. Das vorliegende Experiment sollte die Rolle erhellen, die die Aktivitäten der symbolischen Kodierung beim Lernen durch Beobachtung modellierten Verhaltens übernehmen.

Wenn die Beobachter keine offenen Nachbildungsreaktionen während der Aneignungsphase ausführen, können modellierte Reaktionen nur als

---

* Im Original erstmals publiziert in *Journal of Personality and Social Psychology*, 1971, Bd. 19, S. 7–17.
Dieser Artikel basiert auf einer Dissertation beim Department of Psychology, Stanford University. Die Arbeit wurde unterstützt durch ein Public Health Service Stipendium MH 05162 des National Institute of Mental Health für Albert Bandura. Ich schulde meinem Doktorvater Albert BANDURA großen Dank für seine Geduld und kundige Anleitung sowie Nathan MACCOBY und Walter MISCHEL. Mein Dank gebührt auch Frederick J. MCDONALD und der audio-visuellen Abteilung des Stanford Department of Education dafür, daß sie mir die Ausrüstung so großzügig zur Verfügung stellte, Frau Lester DUTCHER, einem hervorragendem Modell, und Jane PORTER für ihre allgemeine Hilfe.

Repräsentationen erworben werden. In der oben erwähnten Theorie bezieht das Beobachtungslernen zwei Repräsentationssysteme ein, das der Vorstellung und das der Sprache. Es wird angenommen, daß während und nach der Darbietung der Modellierungsreize die Beobachter diese Ereignisse in symbolische Form überführen und die wesentlichen Elemente zu vertrauten und leichter erinnerlichen Schemata organisieren. Nachdem die modellierten Ereignisse zur Gedächtnisrepräsentation in Vorstellungsbildern oder ihren verbalen Entsprechungen kodiert worden sind, vermitteln sie die spätere Wiederbelebung der Reaktion und ihre Reproduktion.

Der Einfluß der symbolischen Repräsentation auf das Beobachtungslernen wurde in einer Untersuchung von BANDURA, GRUSEC und MENLOVE (1966) nachgewiesen, in der sich herausstellte, daß Kinder mehr Nachbildungsreaktionen reproduzieren, wenn sie während der Darbietung sprachliche Äquivalente der modellierten Reaktionen erzeugen, als wenn sie das modellierte Verhalten nur aufmerksam betrachten, ohne es zu verbalisieren. Diese Kinder erreichen aber immer noch ein höheres Niveau des Beobachtungslernens als diejenigen, die sich während der Vorführung mit symbolischen Aktivitäten beschäftigen, die sie an der impliziten sprachlichen Kodierung des modellierten Verhaltens hindern sollten.

Die obige Studie liefert einige Anhaltspunkte dafür, daß die symbolische Kodierung das Beobachtungslernen fördern kann. Es müßte noch ermittelt werden, ob verschiedene Kodierungssysteme sich hinsichtlich ihrer Effizienz unterscheiden. Die Brauchbarkeit der verschiedenen Kodierungsoperationen könnte teilweise auch von den Merkmalen der modellierten Reaktionen abhängen. Die sprachliche Kodierung könnte am günstigsten sein, leicht beschreibbare Modellierungsreize zu erwerben und zu behalten, während schwer zu verbalisierende Reaktionen ein nichtsprachliches Kodierungsverfahren verlangen könnten, wie zum Beispiel Vorstellungsbilder. Außerdem müßten symbolische Kodes, die verhältnismäßig leicht zu erinnern und wiederzubeleben sind, besser für die verzögerte Reproduktion eines modellierten Verhaltens zu verwenden sein, als Kodes, die nur schwer zu behalten sind.

Immer mehr Forschungsarbeiten sind der Rolle gewidmet worden, die die symbolischen Aktivitäten für das Lernen und für das Gedächtnis spielen. MILLER (1956), der vor einigen Jahren die Aufmerksamkeit auf die Kodierungsprozesse lenkte, schlug die vermittelnde Hypothese vor, nach der individuelle Teile in größere zusammenhängende Einheiten oder „Klumpen" *(chunks)* kategorisiert oder organisiert werden. Er nahm an, daß der Prozeß der „Klumpung" oder wiederholten Kodierung, der zu wenigeren aber informativeren Kategorien führe, primär sprachlich verlaufe. Eine symbolische Sprache gestattet, jedes Reizmuster in ein Kodierungssystem überzuführen, das bereits gut gelernt und als Netz zahlreicher Assoziationen organisiert ist. Dieses System ermöglicht, ein Maximum an Information so zu kodieren, daß sie leicht gespeichert und leicht abgerufen werden kann. Je nach der Beschaffenheit der Reize und der Notwendigkeit zu wahrheitsgemäßer Kommunikation kann die Kodierungsoperation ein Prozeß sein, an dem andere teilhaben (z. B. wenn man binäre Zahlen in solche des dekadischen Systems umformt) oder der sich nur auf eine Person beschränkt, wenn zum Beispiel subjektiv bedeutungsvolle Namen ohne interpersonalen Informationswert an eine Reihe von Formen geknüpft werden. MILLER vermutete auch, daß der Kodierungsprozeß nicht ausschließlich sprachlich verlaufen müsse. Es ist möglich, daß auch die bildhafte Vorstellung als ein Repräsentationsmittel dient.

Zahlreiche Untersuchungen haben gezeigt, daß Menschen tatsächlich Stimuli in umfassendere Kategorien einordnen und sie zu symbolischen Systemen umformen, in denen sich die Stimuli leicht speichern und aus denen sie sich leicht abrufen lassen. Durch organisierende Faktoren werden Ereignisse leichter behalten (COFER, 1965; LANTZ & STEFFLRE, 1964; MANDLER, 1968; TULVING, 1966); wenn die Gegenstände sprachlich beschrieben werden, hilft das, sie zu behalten (KURTZ & HOVLAND, 1953; RANKEN, 1963a, b; GLANZER & CLARK, 1963a, b); die bildhafte Vorstellung kann das Assoziationslernen wesentlich unterstützen (BOWER, 1969; PAIVIO, 1969).

Im vorliegenden Experiment wurde erwachsenen Versuchspersonen ein Film gezeigt, in dem ein Modell schwierige motorische Reaktionen ausführte, die sich unterschiedlich verbalisieren ließen. Nach jeder der Vorführungen beschäftigten sie sich mit einer der folgenden symbolischen Aktivitäten: Sie beschrieben die spezifischen Bewegungs- und Haltungselemente mit konkreten Ausdrücken (verbale Beschreibung); sie vergegenwärtigten sich die modellierten Reaktionen in lebhaften Vorstellungsbildern (Vorstellungskodierung); sie suchten summarische Bezeichnungen, die die konstituierenden Teile als bedeutungsvolle Ereignisse beschrieben (summarische Bezeichnung); sie lösten arithmetische Aufgaben, wodurch sie daran gehindert werden sollten, die Modellierungsreize symbolisch zu kodieren (Kontrollgruppe). Die Genauigkeit, mit der die Versuchspersonen die modellierten Reaktionen reproduzierten, wurde unmittelbar nach der symbolischen Kodierung gemessen und noch einmal nach einer gewissen Zeit.

Ausgehend von der Vermutung, daß Reaktionen, die leicht zu verbalisieren sind, sich auch leicht vor Augen führen lassen, wurde die Hypothese aufgestellt, daß die konkrete Beschreibung und die Visualisation, ohne daß sie sich voneinander signifikant unterscheiden würden, zu besseren Ergebnissen als die Bedingungen der Kontrollgruppe führen würden. Bei modellierten Reaktionen jedoch, die schwer zu verbalisieren waren, wurde vorhergesagt, daß die Versuchspersonen, die sich die Reaktion vor Augen führen sollten, zu besseren Nachbildungsleistungen kommen würden, als diejenigen, die die Modellierungsreize in konkreten Beschreibungen der konstituierenden Elemente kodiert hatten.

Durch die höher entwickelte Form sprachlicher Kodierung, in der komplexen Modellierungsreizen subjektiv bedeutungsvolle und abgekürzte sprachliche Bezeichnungen verliehen werden, kommen Beobachter in die Lage, verschiedene Reaktionselemente so zu organisieren, daß sie leicht gespeichert, über lange Zeiten einwandfrei behalten und schnell abgerufen werden können. Weil jedes modellierte Verhalten irgendeinem bedeutungsvollen Objekt oder Ereignis, wenn auch auf sehr persönliche Weise, ähneln kann, dürfte die Wirksamkeit dieses Kodierungstyps relativ unabhängig von der Beschaffenheit der Modellierungsreize sein. Es wurde deshalb vorhergesagt, daß Versuchspersonen, die die summarische Bezeichnung verwendeten, ein höheres Niveau des Beobachtungslernens aller modellierten Reaktionstypen erreichen würden, und daß sie signifikant mehr Nachbildungsakte behalten würden als Versuchspersonen in den anderen Experimentalsituationen.

Methode

Versuchspersonen

Die Versuchspersonen waren männliche und weibliche Collegestudenten aus einem psychologischen Einführungskurs. Insgesamt 72 Versuchspersonen wurden drei Experimentalgruppen und einer Kontrollgruppe zufällig zugewiesen, so daß jede Gruppe 18 Versuchspersonen umfaßte. 35 Männer und 37 Frauen verteilten sich so auf die verschiedenen Gruppen, daß diese hinsichtlich des Geschlechts vergleichbar waren.

Modellierungsreize

Die Modellierungsreize, die die Versuchspersonen beobachteten und später reproduzierten, waren motorische Reaktionen aus der Taubstummensprache (RIEKEHOF, 1963). Jede modellierte Reaktion, die aus schwierigen Bewegungen der Arme, Hände und Finger bestand, war aus der Kombination zweier Handwörter gebildet und wurde als eine kontinuierliche Bewegung ausgeführt. Diese Reaktionstypen waren ausgesucht worden, (1) weil neue Verhaltensmuster dadurch geschaffen werden können, daß verschiedene Bewegungen kombiniert werden, (2) weil die Reaktionen unterschiedlich verbalisierbar sind und (3) Mitglieder einer hörenden Population kaum je den besonderen Handlungssequenzen begegnet sind, die modelliert wurden.

Auswahl der Modellierungsreize

Nahezu 100 motorische Reaktionen, die sich hinsichtlich ihrer Kodierbarkeit unterschieden, wurden jeweils zweimal von einer Lehrerin der Handsprache ausgeführt. Die sprachliche Kodierbarkeit der Modellierungsreize wurde danach bemessen, wie genau sie beschrieben werden konnte. Eine Gruppe von 15 Versuchspersonen beobachtete jede modellierte Reaktion und beschrieb jede unmittelbar nach der Vorführung mündlich so konkret und genau wie möglich. Diese Beschreibungen wurden auf Band aufgenommen und später unabhängig von zwei Beurteilern nach ihrer Genauigkeit klassifiziert. Jede Reaktion wurde in einen vorher festgelegten Satz von Bewegungs- und Haltungselemente eingeordnet, um die sprachliche Kodierbarkeit nach Punkten bemessen zu können. Die Beurteilenden legten nach einer Skala (von null bis drei Grad) fest, inwieweit die beschriebenen Elemente mit denen übereinstimmten, die in den modellierten Reaktionen vorhanden waren. Die Reliabilität unter den Beurteilenden war hoch, der Korrelationskoeffizient der Reaktionen, die im formalen Experiment vorkamen, betrug r = 0,88. Zehn motorische Reaktionen wurden auf der Grundlage der Punkte ausgesucht, die sie für ihre sprachliche Kodierbarkeit erzielten. Fünf dieser Reaktionen, die künftig als schlecht verbalisierbar (SV) bezeichnet werden, waren nur verhältnismäßig ungenau zu beschreiben. Das Mittel der Punkte für Genauigkeit bei diesen Reaktionen war 40 % mit einer Punktspannweite von 31—54 %. Die verbleibenden fünf Reaktionen, in der Folge als gut verbalisierbar (GV) bezeichnet, wurden ausgesucht, weil sie durch sprachliche Ausdrücke leicht beschrieben werden konnten, der Mittelwert der Genauigkeit betrug 69 %, die Spannweite umfaßte 61 — 80 %. Anschauliche Beispiele der Reaktionen beider Untergruppen sind in Abbildung 3.1 zu sehen.
Die beiden Gruppen der motorischen Einheiten wurden zusätzlich zehn

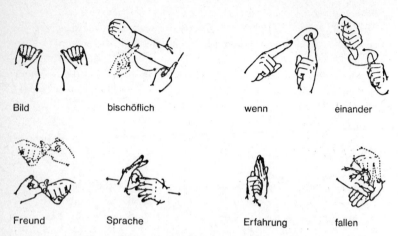

Abb. 3.1: Beispiele für gut und schlecht verbalisierbare Testreize, die verwendet wurden

Versuchspersonen vorgeführt, die dann aufgefordert wurden, jede Reaktion eine Minute nach deren Vorführung verhaltensmäßig zu reproduzieren. Während der Verzögerungspause von einer Minute wurden die Versuchspersonen gebeten, in Dreierschritten von einer bezeichneten Zahl rückwärts zu zählen. Diese Daten sollten beweisen, daß die Reaktionseinheiten einerseits nicht so leicht zu reproduzieren waren, daß für die Kodierungsoperationen nicht die Möglichkeit bestanden hätte, einen Einfluß auszuüben, und daß sie andererseits nicht so schwer waren, daß sie jede Verbesserung durch die Kodierung ausgeschlossen hätten. Schlecht verbalisierbare Reaktionen wurden mit einem Mittelwert der Genauigkeit von achtunddreißig Prozent reproduziert, die Spannweite erstreckte sich von 23 bis 35 Prozent. Die Genauigkeit der GV-Gruppe umfaßte eine Spannweite von 42 bis 81 Prozent, der Mittelwert betrug 66 Prozent. Die modellierten Reaktionen hatten sich also als schwierig genug erwiesen, um annehmen zu können, daß im experimentellen Verfahren Einflüsse wirksam werden würden.

Die zehn motorischen Reaktionen wurden auf Sechzehn-Millimeter-Schwarzweißstummfilm aufgenommen. Das Modell, das sitzend aufgenommen wurde, wobei nur sein Torso sichtbar war, führte jede Reaktion zweimal aus. Dabei wurde die Unterbrechung dadurch signalisiert, daß es seine Hände ganz kurz in seinen Schoß fallen ließ.

Jede Sequenz dauerte vollständig sechs bis zehn Sekunden. Der Film begann mit vier praktischen Einheiten, denen die GV- und SV-Reaktionen folgten, die abwechselnd gezeigt wurden. Jeder Einheit ging ein vier Sekunden dauerndes schwarzes Bild voraus, dem für anderthalb Sekunden ein graues folgte, das schließlich wieder für eine Sekunde von einem schwarzen abgelöst wurde.

Das graue Bild zeigte der Versuchsperson an, daß die Sequenz gleich folgen würde, und das unmittelbar folgende schwarze Bild sollte als Kontrast für die helleren Vorführungen des Modells dienen.

Versuchsanordnung

Der Film mit den Modellreaktionen wurde in etwa 3,20 m Entfernung von den Versuchspersonen auf eine Wand projiziert. Die Verhaltensreproduktionen der Versuchspersonen wurden auf einen fernbedienten Video-Recorder aufgenommen, der sich außerhalb des Untersuchungsraumes befand. Die Video-Kamera, die mit einem Teleobjektiv für Nahaufnahmen ausgestattet war, war so angebracht, daß sie die Versuchspersonen von vorne erfaßte. Sie befand sich in derselben Entfernung wie der Filmprojektor, damit sie nicht störte. Die sprachlichen Äußerungen der Versuchspersonen wurden gleichzeitig auf dem Video-Band und unabhängig davon auf einem Tonband festgehalten.

Versuchsablauf

Den Versuchspersonen wurde mitgeteilt, daß durch das Experiment herausgefunden werden solle, wieweit Menschen sich an visuell dargebotene Ereignisse erinnern könnten. Man informierte sie, daß ihnen eine Reihe modellierter Reaktionen gezeigt würden, jeweils eine aufs Mal. Unmittelbar danach würde man sie bitten, sich eine Minute lang mit einer symbolischen Aktivität zu beschäftigen, die man ihnen nennen würde. Nach dieser Zeitspanne würde man sie auffordern, die modellierte Reaktion so genau wie möglich zu reproduzieren.

Die vier praktischen Einheiten wurden dann in derselben Weise wie die folgenden Testeinheiten dargeboten, nur daß den Versuchspersonen jede modellierte Reaktion noch einmal gezeigt wurde, nachdem sie sie reproduziert hatten. Durch dieses Verfahren sollten die Versuchspersonen mit dem verwendeten Bewegungstyp vertraut werden und eine gewisse Fertigkeit im Kodierungssystem erwerben, bevor sie es bei den Experimentaleinheiten verwendeten.

Kodierungsverfahren

Summarische Bezeichnungen

Die Versuchspersonen in dieser Gruppe wurden angewiesen, summarische Bezeichnungen zu finden, die die konstituierenden Elemente der modellierten Bewegungen in einer Form enthalten sollten, die leicht zu erinnern war. Man sagte den Versuchspersonen, daß jede Bewegung oder Teilbewegung ihnen irgendeine gebräuchliche Handlung oder einen gebräuchlichen Gegenstand ins Gedächtnis rufen würde. Außerdem wurde ihnen mitgeteilt, daß sie sich, wenn ihnen eine summarische Bezeichnung oder ein summarischer Satz nicht einfalle, einen solchen konstruieren und während der zur Verfügung stehenden Zeit wiederholen sollten, und daß sie die Bezeichnungen während der Kodierungsminute abändern könnten, wenn ihnen zufälligerweise eine passendere einfallen sollte.

Bildhafte Kodierung

Die Versuchspersonen dieser Gruppe erhielten die Anweisung, nach der Reizdarbietung ihre Augen zu schließen und sich die modellierten Reaktionen möglichst lebendig und detailliert vor Augen zu führen. Außerdem erhielten sie den Auftrag, dies während der ganzen Kodierungsminute ständig zu wiederholen. Damit ihre Visualisierungsaktivität zu kontrollieren war, wurden die Versuchspersonen angehalten, jedesmal durch das Heben eines Fingers zu signalisieren, daß sie sich die modellierte Reaktion vor Augen führten. Zusätzlich stuften sie nach dem Aneignungstest die Deutlichkeit ihrer Visualisationen für jede Einheit auf einer Sieben-Punkt-Skala ein.

Sprachliche Beschreibung

In dieser Gruppe wurden die Versuchspersonen gebeten, die spezifischen Bewegungen und Haltungen der modellierten Reaktionen laut und so konkret und genau wie möglich zu beschreiben und diese Beschreibungen während der Kodierungsminute nach der Darbietung laut zu wiederholen. Es war ihnen nicht gestattet, Analogien oder Vergleiche wie: „Es sieht aus, als machte sie ein Quadrat", oder „Sie scheint einen Topf zu bedecken" zu verwenden; sie sollten nur die genauen Bewegungen und Haltungen der Arme, Hände und Finger beschreiben.

Kontrollgruppe

Während des Intervalls von einer Minute, das auf die Darbietung folgte, mußten die Versuchspersonen in der Kontrollgruppe nach dem Rhythmus eines Metronoms in Siebener- oder Dreizehner-Schritten rückwärts oder vorwärts zählen, wobei ihnen der Versuchsleiter die Ausgangszahlen nannte. Diese kognitive Beschäftigung nahm die Versuchspersonen genügend in Anspruch, um sie an irgendeiner symbolischen Kodierung zu hindern, andererseits ähnelte sie den modellierten Inhalten auch nicht so sehr, daß sie die Versuchspersonen dabei gestört hätte, sie zu behalten.

Unmittelbare Reproduktion

Die zehn Testeinheiten wurden eine nach der anderen dargeboten. Nachdem die modellierte Reaktion zweimal vorgeführt worden war, wurde der Projektor gestoppt und die Versuchspersonen angewiesen, sich der ihnen bezeichneten Kodierungsaktivität eine Minute lang zu unterziehen. Sie reproduzierten dann die modellierten Bewegungen, wobei ihre Reaktionen auf einem Video-Band aufgenommen wurden. Dieses Verfahren wurde bei jeder Einheit wiederholt.

Verzögerte Reproduktion

Am Ende der zehn Einheiten wurde den Versuchspersonen mitgeteilt, daß man ihnen jetzt eine andere Aufgabe stellen würde, die angeblich dazu diente, ihre Fähigkeit zu ermitteln, sprachlich dargestelltes Material zu behalten. Das verwendete Material war ein Aufsatz, der das Leben und Werk des Mathematikers Gauß behandelte.
Sie mußten diesen Aufsatz laut und so schnell wie möglich vorlesen, wobei sie ihn möglichst vollständig verstehen sollten. Man sagte ihnen, daß sie anschließend über den Gegenstand befragt werden würden.
Die Wahl eines verhältnismäßig komplexen sprachlichen Materials und die Ankündigung eines anschließenden Verständnistests sollten die Aufmerksamkeit der Versuchspersonen an die Ablenkungsaufgabe binden und sie daran hindern, die modellierten Reaktionen während der Zeitspanne zwischen der unmittelbaren und der verzögerten Reproduktion in irgendeiner Weise symbolisch zu wiederholen. Auf diese Weise ließ sich das Langzeit-Gedächtnis für die modellierten Ereignisse messen, ohne daß das Ergebnis durch verdeckte Wiederholungen unbekannten Ausmaßes verzerrt werden konnte.

Die Versuchspersonen waren fünfzehn Minuten lang mit dieser Aufgabe beschäftigt. Nach dieser Phase wurden sie aufgefordert, innerhalb von dreieinhalb Minuten so viele der zuvor beobachteten modellierten Reaktionen zu reproduzieren, wie ihnen möglich war. Für diese Zeitspanne hatte man sich entschieden, weil sich in Vortests herausgestellt hatte, daß sie ausreiche, um Versuchspersonen alle Reaktionen ausführen zu lassen, die sie noch beherrschten. Man teilte den Versuchspersonen mit, daß sie die Reaktion in jeder gewünschten Reihenfolge reproduzieren dürften, solange sie die Kodierungsstrategie verwendeten, die ihnen zuvor als Erinnerungshilfe gedient hatten. Außerdem sollten sie die Zeitspanne von dreieinhalb Minuten ganz ausnützen, damit sie sich an möglichst viele Bewegungen erinnerten. Diese Ausführungen hielten wir auf einem Video-Band fest, um sie später auswerten zu können.

Punktvergabe

Jede modellierte Reaktion wurde in ihre Teilelemente zerlegt, zu denen die Ausgangspositionen der Finger, Hände und Arme gehörten, aber auch ihre folgenden Bewegungen und Endstellungen. Die nach Punkten zu bewertenden Elemente einer jeden Reaktion wurden notiert und an dem entsprechenden Platz einer allgemeinen Punktetabelle eingetragen. Jede Reaktion wurde nach ihren separaten Elementen beurteilt. Jedes „Positions"-Element wurde nach seiner Punktzahl quantitativ eingestuft, je nachdem, ob es fortgelassen (0), fragmentarisch wiedergegeben (1), im wesentlichen wiedergegeben (2), oder vollständig wiedergegeben wurde (3). Elemente in der „Bewegungs"-Spalte erhielten, je nach der Genauigkeit der Reproduktion, entweder 0, 2, 4 oder 6 Punkte. Die Bewegungspunkte haben den doppelten Wert der Positionspunkte, weil es für wünschenswert erachtet wurde, die „Bewegungs"- und „Positions"-Punkte gleich zu gewichten. Die gesamte Punktzahl, die die Versuchspersonen für jede Reaktion erhielt, wurde separat für die GV- und SV-Einheiten summiert und durch die Zahl der insgesamt zu erreichenden Punkte geteilt, um die Prozentpunkte der Verhaltensreproduktion zu erhalten.
Jeder der zwei Beurteiler stufte die Reproduktionen einer Hälfte der gesamten Stichprobe ein, die durch Zufallsauswahl aus jeder der vier Experimentalgruppen ermittelt wurde. Außerdem stuften sie unabhängig voneinander 20 gleiche Protokolle ein, um ihre Reliabilität untereinander bewerten zu können. Die Beurteiler erreichten bei den unmittelbaren Reproduktionen eine Reliabilität von $r = +0,90$ (GV Einheiten) und $r = +0,91$ (SV Einheiten).

Tab. 3.1: Mittlerer Prozentwert der reproduzierten Reaktionen, als Funktion der Kodierungsaktivität, der Verbalisierbarkeit der modellierten Reaktionen und des Zeitpunktes des Reproduktionstests

	unmittelbar		verzögert		
	GV*	SV**	GV*	SV**	allg. Mittelw.
summarische Bezeichnung	78,86	72,18	43,22	48,82	59,27
Vorstellungs- kodierung	81,43	72,05	41,76	28,31	55,27
sprachliche Beschreibung	74,54	60,19	38,40	29,61	50,68
Kontrollgruppe	61,74	53,89	35,51	22,98	43,53
allgemeine Mittelwerte	74,14	64,58	39,72	30,93	
	69,36		35,33		

* GV = gut verbalisierbare Einheiten
** SV = schlecht verbalisierbare Einheiten

Die entsprechenden Reliabilitätskoeffizienten für die verzögerte Reproduktion waren r = + 0,92 (GV-Einheiten) und r = + 0,96 (SV-Einheiten).

Ergebnisse

Die Daten für Männer und Frauen wurden nicht getrennt, weil die Tests keine signifikanten Unterschiede bei irgendeiner der abhängigen Variablen ergaben. Tabelle 3.2 zeigt das Prozentmittel der modellierten Reaktionen, die von den Versuchspersonen in den verschiedenen Experimentalgruppen reproduziert wurden.
Eine Varianzanalyse dieser Daten ergab, daß die Hauptauswirkungen der Versuchsbedingungen (F = 11,47; p < 0,001), der Zeitpunkt des Reproduktionstests (F 726,35; p < 0,001) und Verbalisierbarkeit (F 41,38; p < 0,001) hochsignifikante Ursachen der Varianz darstellten. Außerdem stellte sich heraus, daß die Versuchsbedingungen sich je nach dem Zeitpunkt unterschiedlich auswirkten, zu dem der Test der Verhaltensreproduktionen durchgeführt wurde (F 4,49; p < 0,01). Die in der Hypothese angenommene Beziehung zwischen dem Typ der Kodierungsaktivität und der Verbalisierbarkeit der modellierten Reaktionen trat jedoch nicht als Varianzursache in Erscheinung (F = 1,57). Dieses Ergebnis wird unten gesondert erörtert.

Symbolische Kodierungseffekte

Die Auswirkungen der Versuchsbedingungen werden graphisch in der Abbildung 3.2 wiedergegeben. Die Versuchsbedingungen wurden paarweise mittels des t-Tests verglichen, und es zeigte sich, daß sich die Versuchspersonen, die die summarische Bezeichnung verwendet hatten, nicht von der Gruppe unterscheiden, die in Vorstellungsbildern kodiert hatte, daß aber die Bezeichnungsgruppe im Vergleich zu den Versuchspersonen, die sich verbaler Beschreibungen bedient hatten, zu einer weitergehenden Reproduktion in der Lage war (t = 4,22; p < 0,001). Sie war in dieser

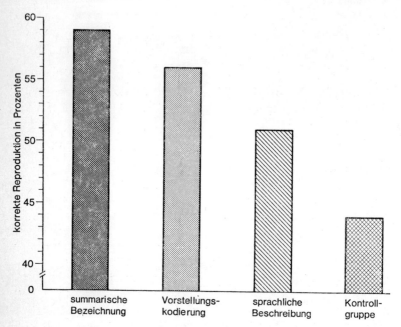

Abb. 3.2: Insgesamt erreichter Reproduktionswert in Prozenten für alle Gruppen

Hinsicht auch der Kontrollgruppe überlegen (t = 7,74; p < 0,001). Auch die Vorstellungskodierung war der verbalen Beschreibung (t = 2,56; p < 0,02) und dem Verhalten der Kontrollgruppe (t = 6,08; p < 0,001) überlegen. Versuchspersonen, die sich der verbalen Beschreibung bedienten, erreichten ein höheres Niveau des Beobachtungslernens als die Mitglieder der Kontrollgruppe (t = 3,32; p < 0,01).

Zeitpunkt der Reproduktionen

Alle Gruppen zeigten signifikant mehr Nachbildungsverhalten eine Minute nach der Darbietung als im Anschluß an das Fünfzehn-Minuten-Intervall, in dem sie die zuvor erlernten modellierten Reaktionen wiederholen konnten. Das Durchschnittsergebnis der unmittelbaren Reproduktionen für alle Gruppen gemeinsam betrug 69,36 %, während die Versuchspersonen nur 35,33 % des modellierten Verhaltens im verzögerten Test ausführen konnten.
Diese Zeitvariable wirkte in einer signifikanten Doppelbeziehung und wird später vollständiger erörtert werden.

Verbalisierbarkeit

Wie zu erwarten war, erwarben und behielten alle Gruppen eine signifikant größere Zahl derjenigen modellierten Reaktionen, die sprachlich zu beschreiben waren, als derjenigen, die der sprachlichen Kodierung mehr Widerstand leisteten. Das Ausmaß der Reproduktion für die gut und schlecht verbalisierbaren Reaktionen betrug 56,93 %, bzw. 47,76 %. Im verzögerten Test zeigte sich, daß alle Gruppen mit Ausnahme der mit summarischer Bezeichnung signifikant weniger schlecht verbalisierbare als gut verbalisierbare Reproduktionen behalten hatten. Folgende t-Werte ergaben sich aus diesem Vergleich:
Summarische Bezeichnung: $t < 1$; sprachliche Beschreibung: $t = 6,67$; Vorstellungskodierung: $t = 10,21$; Kontrollgruppe: $t = 9,51$.
Da jedoch die Größenordnung dieser dreifachen Beziehung statistisch nicht signifikant ist, dürfen diese Unterschiede nur als mutmaßliche Anhaltspunkte dafür angesehen werden, daß das Kodieren in Form der summarischen Bezeichnung Beobachter befähigt, schwer wie leicht verbalisierbare Ereignisse gleichermaßen zu behalten. Es wäre zu wünschen, daß dieses Phänomen noch genauer untersucht würde.

Wechselwirkung der Kodierungs- und Zeitfaktoren

Abbildung 3.3 gibt die signifikante Doppelbeziehung zwischen den Versuchsbedingungen und dem Zeitpunkt der Verhaltensreproduktion graphisch wieder. Hier zeigt sich, daß die in dieser Untersuchung verwendeten Kodierungsoperationen von unterschiedlichem Einfluß sind, je nachdem, ob die Reproduktion kurz nach der Darbietung oder mit einer gewissen Verzögerung versucht wird.

Um zu entscheiden, welche Unterschiede zu der signifikanten Wechselwirkung führten, wurden die Versuchsbedingungen paarweise hinsichtlich der Ergebnisse verglichen, die sich in ihnen bei der unmittelbaren und der verzögerten Reproduktion ergaben. Der Nachbildungsvergleich zwischen den Gruppen lieferte im unmittelbaren Reproduktionstest folgende Unterschiede: Die Gruppen, die sich der summarischen Bezeichnung und des Vorstellungskodes bedienten, unterschieden sich nicht voneinander ($t < 1$). Versuchspersonen, die die summarische Bezeichnung verwendeten, erreichten ein höheres Reproduktionsergebnis als jene, die auf sprachliche Beschreibung angewiesen waren ($t = 2,41; p < 0,005$), und als die Kontrollgruppe ($t = 5,23; p < 0,001$). Gleichermaßen waren die Versuchspersonen, die sich der Vorstellungskodierung bedienten, der Gruppe der ver-

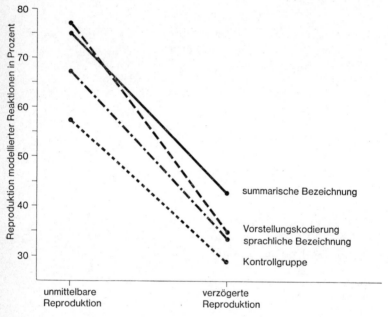

Abb. 3.3: Erwerb und verzögerte Reproduktion modellierter Reaktionen als Funktion der symbolischen Kodierung

balen Beschreibung ($t = 2,77; p < 0,01$) und der Kontrollgruppe ($t = 5,51; p < 0,001$) überlegen. Und schließlich übertraf die Gruppe, in der die sprachliche Beschreibung verwendet wurde, in der Genauigkeit des Nachbildungsverhaltens die Kontrollgruppe ($t = 2,82; p < 0,01$).
Im verzögerten Reproduktionstest bewies jedoch die Gruppe mit der

summarischen Bezeichnung, daß sie mehr beobachtete Verhaltenselemente behalten hatte als die Versuchspersonen in der Gruppe mit Vorstellungskodierung (t = 2,36; p < 0,05), in der Gruppe mit sprachlicher Beschreibung (t = 2,66; p < 0,02) und in der Kontrollgruppe (t = 4,07; p < 0,001). Diese letzten drei Gruppen wiesen untereinander keine signifikanten Unterschiede auf. Ein Vergleich der unmittelbaren und den verzögerten Reproduktionen in den einzelnen Gruppen ergab, daß die Gruppe mit Vorstellungskodierung am anfälligsten für zeitbedingte Verluste war. (t = 4,41; p < 0,001).

Integrierte Reproduktion modellierter Reaktionen

Man war davon ausgegangen, daß die Kodierung der modellierten Reaktionen in bedeutungsvollen summarischen Bezeichnungen das Beobachtungslernen erleichtern würde, weil solche Erinnerungskodes die verschiedenen Elemente modellierten Verhaltens in leicht zu speichernder Form organisieren. Folglich können die angemessenen Reaktionen mit Hilfe dieses Typus' des Gedächtniskodes leichter abgerufen werden als mittels der Repräsentationssysteme, die auf der Kodierung einzelner Elemente beruhen. Diese Annahme wurde dadurch überprüft, daß die Zahl der modellierten Reaktionen verzeichnet wurde, die die Versuchspersonen in den verschiedenen Experimentalbedingungen beim verzögerten Test in der genauen, vollständigen und integrierten Form zu reproduzieren vermochten, d. h., die alle vorgeführten Elemente in der richtigen Reihenfolge enthielten.
Die Mittelwerte der in vollständiger Form reproduzierten Reaktionen lauteten für die verschiedenen Versuchsbedingungen: Summarische Bezeichnung = 4,17; Vorstellungskodierung = 1,83; sprachliche Beschreibung = 1,44; Kontrollgruppe = 1,94.
Die Varianzanalyse dieser Daten offenbarte einen signifikanten Effekt der Versuchsbedingungen (F = 9,76; p < 0,01). Im Vergleich zwischen den Gruppen unterschied sich die Versuchsbedingung der summarischen Bezeichnung signifikant von allen anderen Gruppen (auf dem 1 % — Niveau). Die anderen Gruppen unterschieden sich nicht voneinander.
Es ist denkbar, daß die oben gezeigten Unterschiede vom Gesamtumfang des behaltenen modellierten Verhaltens beeinflußt worden sein könnten. Um diese Möglichkeit zu prüfen, wurde deshalb der Prozentsatz aller im verzögerten Test reproduzierten Einheiten ermittelt, die richtig integriert wurden. Die mittleren Prozentwerte stellten sich für die verschiedenen Untersuchungsbedingungen wie folgt dar: Summarische Bezeichnung =

63 %; Vorstellungskodierung = 37 %; Sprachliche Beschreibung = 27 %; Kontrollgruppe = 42 %. Eine Varianzanalyse dieser Zahlen lieferte einen hochsignifikanten Unterschied (F = 67,63; p < 0,01). Wie in der vorangegangenen Analyse unterschied sich die Versuchsbedingung der summarischen Bezeichnung signifikant von den anderen Gruppen, die keine signifikanten Unterschiede untereinander aufwiesen.

Die summarische Bezeichnung bei der verzögerten Reproduktion

Während des verzögerten Reproduktionstests konnte sich keine der Versuchspersonen, die sich der sprachlichen Beschreibung bedient hatten, an ihre konkrete Beschreibung der modellierten Reaktionen erinnern, während alle Versuchspersonen aus der Gruppe mit summarischer Bezeichnung in der Lage waren, sich die summarischen Kodes für zumindest einige der modellierten Einheiten ins Gedächtnis zu rufen. Um zu überprüfen, ob die Tatsache, daß die summarischen Kodes behalten wurden, die verzögerte Verhaltensreproduktion förderte, verglich man die Nachbildungswerte zwischen Einheiten einerseits, deren summarische Kodes behalten worden waren, und Einheiten andererseits, wo dieses nicht der Fall war. Modellierte Reaktionen, deren summarische Kodes die Versuchspersonen noch erzeugen konnten, wurden mit einem viel höheren Genauigkeitsgrad (52 %) reproduziert als diejenigen, deren Kode verlorengegangen war (7 %) — ein Unterschied, der hochsignifikant ist (t = 11,52; p < 0,001).

Vorstellungsdeutlichkeit und Verhaltensreproduktion

Man konnte erwarten, daß Vorstellungsdeutlichkeit und Verhaltensreproduktion positiv korrelieren würden, weil die lebhafte bildliche Repräsentation einen guten Anhaltspunkt für die folgende Verhaltensreproduktion darstellt. Zur Überprüfung dieser Vermutung wurde die Produkt-Moment-Korrelation zwischen der Einstufung der Deutlichkeit, mit der die Vorstellung vergegenwärtigt wurde, und den unmittelbaren und verzögerten Verhaltensreproduktionen berechnet. Aus den Korrelationen, die in Tabelle 3.2 dargestellt werden, läßt sich ersehen, daß die hypothetisch angenommene Beziehung eine gewisse Bestätigung erfährt. Vorstellungsdeutlichkeit und Genauigkeit der Reproduktionen korrelieren positiv, obwohl nur zwei der Koeffizienten eine statistisch signifikante Größenordnung erreichen. Der Nutzen lebhafter Vorstellungsbilder tritt am deutlichsten an modellierten Reaktionen zutage, die sprachlich nur schwer zu kodieren sind (Deutlichkeit vs unmittelbare schlechte Reproduktion), und beim Behalten zuvor erworbener modellierter Reaktionen (Deutlichkeit vs verzögerte Reproduktion).

Tab. 3.2: Korrelationen zwischen dem Maß der Vorstellungsdeutlichkeit und den Punktwerten der Verhaltensreproduktion

Vorstellungskodierung (N = 18)	r
mittlere Deutlichkeit und unmittelbare Reproduktion	0,31
mittlere Deutlichkeit und verzögerte Reproduktion	0,42*
mittlere Deutlichkeit (SV) und Mittelwert der unmittelbaren Reproduktion von SV-Einheiten	0,43*
mittlere Deutlichkeit (GV) und Mittelwert der unmittelbaren Reproduktion von GV-Einheiten	0,08
mittlere Deutlichkeit (SV) und Mittelwert der verzögerten Reproduktion von SV-Einheiten	0,23
mittlere Deutlichkeit (GV) und Mittelwert der verzögerten Reproduktion von GV-Einheiten	0,28

* $p < 0,05$

Erörterung

Die Ergebnisse des vorliegenden Experimentes liefern Anhaltspunkte für die Hypothese, daß die symbolischen Kodierungsoperationen sehr wichtig für das Beobachtungslernen sind. Alle drei Kodierungssysteme, die untersucht wurden, fördern anfangs die Verhaltensreproduktion, wenn man sie mit den Leistungen von Versuchspersonen vergleicht, die keine Gelegenheit hatten, die Modellierungsreize zu kodieren.

Auch die Hypothese, daß die summarische Bezeichnung sich den anderen Kodierungssystemen als überlegen erweisen sollte, wurde nachdrücklich bestätigt. Obwohl sich die Gruppen der summarischen Bezeichnung und der Vorstellungskodierung bei der unmittelbaren Reaktionsreproduktion nicht unterschieden, erwarben die Versuchspersonen der ersten Gruppe mehr Reaktionen als die der Gruppe der sprachlichen Beschreibung und der Kontrollgruppe. Darüber hinaus behielten Versuchspersonen, die die Modellierungsreize in bedeutungsvollen, prägnanten Bezeichnungen kodierten, signifikant mehr modellierte Reaktionen insgesamt als die Versuchspersonen in allen anderen Bedingungen.

Die relative Überlegenheit des summarischen Bezeichnungsschemas zeigt sich noch deutlicher, wenn die Nachbildungsleistungen an einem strengeren Maßstab gemessen werden, nämlich der Forderung, daß alle Reaktionselemente in der Reihenfolge reproduziert werden müßten, in der sie ursprünglich modelliert wurden. Versuchspersonen, die die Modellierungsreize in präzisen Bezeichnungen kodiert hatten, waren in der Lage, im Vergleich zu den Nachbildungsleistungen der anderen Gruppen etwa doppelt so viele richtig integrierte Reaktionen beim Gedächtnistest zu reproduzieren. Wie oben bemerkt, ist die Effizienz der summarischen Kodes wahrscheinlich der Tatsache zuzuschreiben, daß sie den Beobachtern gestatten, verhältnismäßig komplexe Reize in bedeutungsvollen, prägnanten und leicht erinnerlichen sprachlichen Kodes zu organisieren. Folglich können die modellierten Reaktionen gut und bequem gespeichert und später dazu verwendet werden, die entsprechenden Reaktionen zu reproduzieren.

Wenn Menschen sich verhältnismäßig bedeutungslose Reizmuster in Form von bedeutungsvollen Beschäftigungen oder vertrauten Gegenständen vergegenwärtigen, ist es auch wahrscheinlich, daß die prägnante Bezeichnung entsprechende Vorstellungen hervorruft. Also steuern Versuchspersonen möglicherweise ihre spätere motorische Reproduktion sowohl sprachlich wie visuell. Daß Vorstellungsbilder als Reize wirken können, mag auch teilweise erklären, warum die Versuchspersonen der Kontrollgruppe fähig waren, einige der modellierten Inhalte zu erwerben und zu behalten. Wo die Versuchspersonen dieser Gruppe daran gehindert wurden, die Modellierungsreize in sprachlicher Form zu kodieren, konnten sie möglicherweise doch auf bildhafte Erinnerungsreste der ursprünglichen externen Reize zurückgreifen. Es würde äußerst interessant sein, das Beobachtungslernen unter Bedingungen zu untersuchen, die die Entwicklung verbaler und bildhafter Repräsentationen der Modellierungsreize wirksam verhindern.

Es ist bemerkenswert, daß bildhafte Vorstellungen besser als die konkrete Verbalisation in der Lage sind, das Beobachtungslernen zu erleichtern. Dieses Ergebnis kann unterschiedlich gedeutet werden. Vielleicht können modellierte Reaktionen leichter und häufiger bildhaft vergegenwärtigt werden, als sie sprachlich zu beschreiben sind. Um diese Möglichkeit zu prüfen, wurde gemessen, wie oft die „imaginativen" Versuchspersonen sich die modellierten Reaktionen vor Augen führten und wie oft die „verbalisierenden" Versuchspersonen Reaktionen beschrieben. Für die Gruppe mit Vorstellungskodierung war der Mittelwert der Visualisationen 11,1. Für die Gruppe mit verbaler Beschreibung war der Mittelwert der Beschreibungswiederholungen 2,8. Der Unterschied zwischen diesen Mitteln war hochsignifikant ($t = 8{,}10$; $p = 0{,}001$). Nach einer anderen

Interpretation wäre es möglich, daß die Vorstellungsbilder die modellierten Reaktionen in organisierterer und integrierterer Form wachrufen, während die konkrete Verbalisation die Reaktion nur fragmentarisch nachzuschaffen vermag. Häufigere und besser organisierte Repräsentationen der modellierten Ereignisse würden ihre Erwerbung fördern. Wie immer die richtige Erklärung lauten mag — die Ergebnisse dieser Untersuchung liefern weitere Anhaltspunkte dafür, daß die Vorstellung als vermittelnder Faktor den Lernprozeß beeinflußt.

Die Resultate dieser Studie bestätigen die Nebenhypothese nicht, daß nämlich die Effizienz verschiedener Kodierungssysteme teilweise von dem Schwierigkeitsgrad abhänge, mit dem die modellierten Reaktionen sprachlich beschrieben werden können. Während die deskriptiven Eigenschaften der modellierten Reaktionen das Beobachtungslernen beeinflußten, erwies sich die bildhafte Vorstellung bei nicht verbalisierbaren Reaktionen nicht als überlegen, und umgekehrt zeigte sich die verbale Kodierung nicht als das effektivste Verfahren bei sehr gut beschreibbaren Reaktionen. Zwei Faktoren können sich hier auswirken. Erstens müssen die Kategorien der Reaktionen vielleicht nach anderen Kriterien gebildet werden und die Spannweite der Werte vergrößert werden, um entscheiden zu können, ob diese Ergebnisse auf Probleme der Einheitenauswahl zurückzuführen sind. Zweitens könnte die Verbalisierbarkeit und Visualisierbarkeit der Reaktionen positiv korrelieren, d. h. modellierte Reaktionen, die besonders leicht zu beschreiben sind, können vielleicht auch besonders leicht vor Augen geführt werden.

Um diese Hypothese zu überprüfen, wurde der Mittelwert der Anzahl der Visualisierungen und der Mittelwert ihrer Deutlichkeit, wie sie von den Versuchspersonen aus der „imaginativen" Gruppe wiedergegeben worden waren, mit gut und schlecht verbalisierbaren Einheiten verglichen. Das Resultat dieser Analyse zeigte, daß GV-Einheiten häufiger visualisiert wurden ($X = 11{,}87$) als SV-Einheiten ($X = 10{,}41$) — ein Unterschied, der hochsignifikant ist ($t = 3{,}48$; $P < 0{,}01$). Eine Vergleichsanalyse der Deutlichkeit, mit der die beiden Gruppen modellierter Verhaltensweisen vor Augen geführt worden waren, zeigte, daß sich die Versuchspersonen die GV-Einheiten ($X = 2{,}80$) lebhafter vorstellten als die SV-Einheiten ($X = 2{,}01$). Auch dieser Unterschied ist hochsignifikant ($t = 6{,}13$; $P < 0{,}001$).

Diese Ergebnisse legen die Vermutung nahe, daß die Vorstellungs- und die Sprachkodierung in ähnlicher Weise von den Eigenschaften der Einheiten beeinflußt werden könnten, allerdings wohl durch jeweils unterschiedliche Prozesse. Um die vorhergesagte Wechselwirkung zwischen Verbalisierbarkeit der Einheiten und dem Typus des Kodierungssystems genauer zu ermitteln, müßte man deshalb gut verbalisierbare Einheiten verwenden, die schwache Vorstellungsbilder hervorrufen, und schlecht verbalisierbare Einheiten, die genaue und gute Vorstellungsbilder erzeugen.

Die Hypothese, daß der summarische Bezeichnungskode sich bei der Gedächtnisreproduktion als überlegen erweisen würde, wurde teilweise bestätigt. Die Versuchspersonen aller Gruppen hatten jedoch einen erheblichen Verlust an modellierten Reaktionen zu verzeichnen, nachdem ihre Aufmerksamkeit eine Zeitlang auf völlig andersartige Beschäftigungen gelenkt worden war. In dieser Reaktionsabnahme wirken sich wahrscheinlich zumindest drei Faktoren aus. Erstens waren die modellierten Reaktionen verhältnismäßig bedeutungslos, was sich wahrscheinlich sowohl auf den Erwerb wie auf das Behalten negativ ausgewirkt hat. Zweitens bestanden die verschiedenen Reaktionen aus den unterschiedlichen Kombinationen eines verhältnismäßig kleinen Satzes gemeinsamer Elemente. Eine so große Gemeinsamkeit der Teilelemente kann den Gedächtnisprozeß durch assoziative Interferenz beeinflussen. Während der Aneignungsphase war die assoziative Interferenz natürlich minimal, weil die Reaktionen jeweils allein in aufeinanderfolgenden Modellierungsversuchen reproduziert wurden, während beim verzögerten Test die verschiedenen Reaktionen leicht durcheinandergebracht werden konnten. Schließlich wurden die Versuchspersonen daran gehindert, zu wiederholen, was sie gelernt hatten. Man unterband also den Prozeß, durch den Individuen gewöhnlich erworbene Reaktionen stabilisieren und festigen.

Es ist interessant, daß die Deutlichkeit der Vorstellungsbilder unmittelbar nach der Darbietung positiv mit der Reproduktion der schlecht verbalisierbaren Reaktionen korrelierte und mit der Reproduktion beider Reaktionsklassen im verzögerten Test. Auf Grund dieser Beziehungen darf man annehmen, daß die Versuchspersonen in der Gruppe der Vorstellungskodierung mit Vorstellungsaktivitäten beschäftigt waren, und daß diese Aktivitäten funktionale Bedeutung für das Beobachtungslernen haben.

Die Ergebnisse des vorliegenden Experiments sind auch von Bedeutung für jene Theorien des Nachahmungslernens, die keine Vermittlung annehmen. SKINNER und seine Nachfolger (BAER & SHERMAN, 1964; BAER, PETERSON & SHERMAN, 1967; SKINNER, 1957) gehen bei ihrer Analyse der Modellierungsphänomene davon aus, daß das modellierte Verhalten dadurch erworben werde, daß die Anpassungsreaktionen differenziert verstärkt werden. Diese Analyse der Modellierungsphänomene unterscheidet nicht zwischen Erwerb und Ausführung, weil man annimmt, daß der Aneignungsprozeß nicht unmittelbar zu beobachten sei und daß es deshalb auch vergeblich sei, ihn erforschen zu wollen. In einer jüngeren Veröffentlichung wenden GEWIRTZ und STINGLE (1968) ein, daß die Vermittlungsprozesse nur aus eben jenem Verhalten geschlossen werden könnten, das sie doch angeblich erklären sollen, so daß aus einer solchen Analyse keine neuen Informationen zu gewinnen seien. Diese Kritik mag auf Theorien zutreffen, die hypothetische innere Konstrukte als die eigentlichen Bestimmungsfaktoren des offenen Verhaltens postulieren. In der vorliegenden Untersuchung wurden die symbolischen Aktivitäten jedoch nicht aus den motorischen Nachbildungsreaktionen geschlossen, die die abhängigen Ereignisse darstellten, sondern unabhängig vorgenommen. Die Ergebnisse dieses Experiments und verwandter in der Einleitung erörterter Untersuchungen zeigen, daß über symbolische Aktivitäten nicht nur frei verfügt werden kann, sondern daß sie auch einen starken Einfluß auf das Verhalten ausüben können.

Die Ergebnisse dieser Untersuchung unterstreichen außerdem die Notwendigkeit, jene das Beobachtungslernen steuernden Variablen zu untersuchen, die sich auswirken, bevor irgendeine Nachbildungsreaktion erfolgte. Nachdem die Reaktionen durch Beobachten erworben wurden, mögen die Verstärkungsvariablen eine entscheidende Rolle dabei übernehmen, die Ausführung der Nachbildungsreaktionen zu steuern. Eine adäquate Modellierungstheorie muß nicht nur das Auftreten der Nachbildung erklären, sondern auch, warum sie manchmal nach Darbietung der Modellierungsreize ausbleibt, welche Besonderheiten Nachbildungsleistungen aufweisen und warum modelliertes Verhalten in unterschiedlicher Weise behalten wird. Eine multiprozessuale Theorie, die die Aufmerksamkeits-, Kodierungs-, Organisations- und Motivationsprozesse einbezieht, würde vielleicht am besten geeignet sein, die Modellierungsphänomene zu erklären.

Literatur

BAER, D. M., & SHERMAN, J. A. 1964. Reinforcement control of generalized imitation in young children. *Journal of Experimental Child Psychology*, 1, 37–49.

BAER, D. M., PETERSON, R. F., & SHERMAN, J. A. 1967. The development of imitation by reinforcing behavioral similarity to a model. *Journal of the Experimental Analysis of Behavior*, 10, 405–416.

BANDURA, A. 1969. *Principles of behavior modification*. New York: Holt, Rinehart & Winston.

BANDURA, A., GRUSEC, J. E., & MENLOVE, F. L. 1966. Observational learning as a function of symbolization and incentive set. *Child Development*, 37, 499 bis 506.

Bower, G. 1969. Mental imagery and associative learning. In L. Gregg (Hrsg.), *Cognition in learning and memory.* New York: Wiley.

Cofer, C. N. 1965. On some factors in the organizational characteristics of free recall. *American Psychologist,* 20, 261–272.

Edwards, A. L. 1960. *Statistical methods for the behavioral sciences.* New York: Holt, Rinehart & Winston.

Gewirtz, J. L., & Stingle, K. 1968. Learning of generalized imitation as the basis for identification. *Psychological Review,* 75, 374–397.

Glanzer, M., & Clark, W. H. 1963a. Accuracy of perceptual recall: An analysis of organization. *Journal of Verbal Learning and Verbal Behavior,* 1, 289–299.

Glanzer, M., & Clark, W. H. 1963b. The verbal loop hypothesis: Binary numbers. *Journal of Verbal Learning and Verbal Behavior,* 2, 301–309.

Kurtz, K., & Hovland, C. I. 1953. The effect of verbalization during observation of stimulus objects upon accuracy of recognition and recall. *Journal of Experimental Psychology,* 45, 157–164.

Lantz, D., & Stefflre, V. 1964. Language and cognition revisited. *Journal of Abnormal and Social Psychology,* 69, 472–481.

Mandler, G. 1968. Association and organization: Facts, fancies, and theories. In T. R. Dixon & D. L. Horton (Hrsg.), *Verbal behavior and general behavior theory.* Englewood Cliffs, N. J.: Prentice-Hall. S. 109–119.

Miller, G. A. 1956. The magical number seven, plus or minus two: Some limits on our capacity for processing information. *Psychological Review,* 63, 81–97.

Newman, J. (Hrsg.), 1956. *The world of mathematics.* New York: Simon and Schuster. Bd. I–IV.

Paivio, A. 1969. Mental imagery in associative learning and memory. *Psychological Review,* 76, 241–263.

Ranken, H. B. 1963a. Language and thinking: Positive and negative effects of naming. *Science,* 141, 48–50.

Ranken, H. B. 1963b. Effects of name learning on serial learning, position learning, and recognition learning with random shapes. *Psychological Reports,* 13, 663–678.

Riekehof, L. 1963. *Talk to the deaf.* Springfield, Ill.: Gospel Publishing House.

Skinner, B. F. 1957. *Verbal behavior.* New York: Appleton-Century-Crofts.

Tulving, E. 1966. Subjective organization and effects of repetition in multitrial free recall learning. *Journal of Verbal Learning and Verbal Behavior,* 5, 193–197.

4. *Albert Bandura*

Einfluß der Verstärkungskontingenzen des Modells auf den Erwerb der Nachahmungsreaktionen*

Es wird im allgemeinen angenommen, daß Nachahmungs- oder Beobachtungslernen kontingent mit Verstärkungsreizen sind, die entweder das Modell oder der Beobachter erhält. Nach der Theorie etwa, die MILLER und DOLLARD (1941) vorlegten, setzt das Lernen durch Nachahmung notwendig ein motiviertes Individuum voraus. Dieses wird positiv verstärkt, wenn es während einer Reihe ursprünglich zufälliger Versuch-Irrtums-Reaktionen das belohnte Verhalten eines Modells nachbildet. Da mit diesem Begriff des Beobachtungslernens vorausgesetzt wird, daß das Individuum die Nachahmungsreaktionen ausführt, bevor es sie lernen kann, erklärt er offensichtlich eher, warum bereits erlernte Reaktionen gezeigt werden, und weniger die Art, in der sie erworben wurden. MOWRERS (1960) propriozeptive Feed-back-Theorie betont ganz ähnlich die Rolle der Verstärkung, stellt aber, anders als MILLER und DOLLARD, die die Nachahmung auf den Sonderfall des instrumentellen Lernens beschränken, die klassische Konditionierung in den Mittelpunkt, nach der positive und negative Emotionen mit Reizen verknüpft werden, die mit Nachbildungsreaktionen korrelieren. MAURER unterscheidet zwei Formen des Nachahmungslernens danach, ob der Beobachter unmittelbar oder stellvertretend verstärkt wird. Im ersten Fall zeigt das Modell eine Reaktion und verstärkt gleichzeitig den Beobachter. Wenn die modellierten Reaktionen auf diese Weise wiederholt gemeinsam mit positiver Verstärkung auftreten, erwerben sie allmählich einen sekundären Belohnungswert. Der Beobachter kann sich dann selbst positiv konditionierte verstärkende Reize erteilen, indem er einfach das positiv bewertete Ver-

---

* Im Original erstmals publiziert in *Journal of Personality and Social Psychology*, 1965, Bd. 1, S. 589–595.
  Diese Studie wurde ermöglicht durch Research Grant M-5162 von den *National Institutes of Health, United States Public Health Service*. Der Autor dankt Carole REVELLE, die ihm bei der Zusammenstellung der Daten half.

halten des Modells so genau wie möglich reproduziert. In der zweiten oder einfühlenden Form des Nachahmungslernens zeigt das Modell nicht nur die Reaktionen, sondern erfährt auch die verstärkenden Konsequenzen. Es wird vermutet, daß der Beobachter seinerseits sowohl die mit den Reaktionen korrelierenden Reize als auch die Reaktionskonsequenzen des Modellverhaltens einfühlend miterlebt. Infolge dieser stellvertretenden Konditionierung höherer Ordnung wird der Beobachter dazu neigen, Modellverhalten zu reproduzieren.

Neuerlich gibt es einige Anhaltspunkte dafür, daß Nachahmungsverhalten durch nicht-kontingente soziale Verstärkung eines Modells gefördert werden kann (BANDURA & HUSTON, 1961), durch reaktionskontingente verstärkende Reize, die dem Modell erteilt werden, (BANDURA, ROSS & ROSS, 1963 b; WALTERS, LEAT & MEZEI, 1963) und dadurch, daß der den Nachbildungsreaktionen innewohnende Verstärkungswert durch unmittelbare Verstärkung des teilnehmenden Beobachters vergrößert wird (BEAR & SHERMAN, 1964). Trotzdem gelingt es nicht, mit den Verstärkungstheorien der Nachahmung zu erklären, wie Nachbildungsreaktionen gelernt werden, wenn der Beobachter die Modellreaktionen nicht während des Aneignungsprozesses ausführt und wenn weder das Modell noch der Beobachter für diese Modellreaktionen belohnt werden (BANDURA u. a. 1961, 1963a).

Wie unter solchen Bedingungen Nachahmungsreaktionen erworben werden, scheint besser durch eine Kontiguitätstheorie des Beobachtungslernens erklärt werden zu können. Nach einer solchen Theorie (BANDURA 1965, SHEFFIELD, 1961) erwirbt der Beobachter, wenn er sieht, wie ein Modell eine Reihe von Reaktionen zeigt, durch kontingente Assoziationen der sensorischen Ereignisse Wahrnehmungs- und Symbolreaktionen, die als Hinweisreize fungieren und in der Lage sind, einige Zeit nach einer Darbietung offene Reaktionen hervorzurufen, die den modellierten Reaktionen entsprechen.

Es liegen Gründe für die Vermutung vor, daß Nachbildungsreaktionen auf Grund von Kontiguität *erworben* werden, während Verstärkungen, die einem Modell erteilt werden, ihren Einfluß im wesentlichen auf die *Ausführung* der imitativ erlernten Reaktionen ausüben. Dies zeigte sich in einer Untersuchung, in der Modelle dafür belohnt oder bestraft wurden, daß sie aggressives Verhalten zeigten (BANDURA u. a. 1963b). Die Kinder, die beobachtet hatten, daß aggressive Reaktionen belohnt wurden, reproduzierten anschließend das Modellverhalten, während Kinder in der Versuchsbedingung, in der das Modell bestraft wurde, dies nicht taten. Dennoch beschrieben eine Reihe von Versuchspersonen aus der zweiten Gruppe das Repertoire des Modells an aggressiven Reaktionen in postexperimentellen Interviews mit bemerkenswerter Genauigkeit. Offensichtlich hatten sie die kognitiven Äquivalente der Reaktionen des Modells gelernt und sie nur nicht in ihre motorische Form übersetzt. Diese Ergebnisse unterstreichen einerseits, wie wichtig es ist, zwischen Lernen und Ausführung zu unterscheiden, und andererseits, wie notwendig es wäre, zu untersuchen, ob die Verstärkung eine Variable ist, die sich primär auf das Lernen oder auf die Ausführung auswirkt.

Im vorliegenden Experiment sahen die Kinder in einem Film, wie ein Modell körperlich und sprachlich neue aggressive Reaktionen zeigte. In einer Versuchsbedingung wurde das Modell streng bestraft, in einer zweiten wurde es großzügig belohnt, während in der dritten Versuchsbedingung dem Modell keine Konsequenzen aus seinen Reaktionen erwuchsen. Im Anschluß an die Darbietung wurde das Nachahmungsverhalten getestet. Kontingent mit den Reproduktionen der Modellreaktionen erhielten die Kinder in allen drei Gruppen einen lohnenden Ansporn, wodurch man einen genaueren Lernindex zu erhalten hoffte. Man erwartete, daß die verstärkenden Folgen, die das Modell erhalten hatte, zu signifikanten Unterschieden bei der Ausführung des Nachahmungsverhaltens führen würden, wobei die Gruppe, die gesehen hatte, daß das Modell belohnt worden war, die größte Zahl verschiedener Nachbildungsreaktionen zeigen sollte, dann sollte die Gruppe folgen, bei denen sich für das Modell keine Konsequenzen ergeben hatten, und die Gruppe, bei der das Modell bestraft worden war. Außerdem wurde in Übereinstimmung mit früheren Ergebnissen (BANDURA u. a. 1961, 1963a) angenommen, daß Jungen signifikant mehr imitative Aggressionen ausdrücken würden als Mädchen. Schließlich wurde vorhergesagt, daß durch die Einführung der positiven Ansporne die verstärkungsbedingten wie auch die geschlechtsspezifischen Leistungsunterschiede verwischt würden, so daß also die Lernerfolge bei den Kindern in allen drei Versuchsbedingungen vergleichbar sein würden.

Methode

Versuchspersonen

Die Versuchspersonen waren 33 Jungen und 33 Mädchen der Kindertagesstätte der Stanford University. Sie waren zwischen 42 und 71 Monate alt, wobei der Mittelwert 51 Monate betrug. Die Kinder waren zufällig auf die drei Versuchsgruppen verteilt worden, so daß in jeder elf Jungen und elf Mädchen waren.

Zwei erwachsene Männer dienten als Modelle. Eine weibliche Person fungierte bei allen sechsundsechzig Kindern als Versuchsleiter.

Darbietungsverfahren

Die Kinder wurden einzeln in einen halbdunklen Raum geführt. Die Versuchsleiterin teilte dem Kind mit, daß sie noch etwas zu erledigen habe, bevor sie sich in das „Überraschungs-Spielzimmer" begeben könnten, daß sich das Kind aber in der Zwischenzeit eine Fernsehsendung ansehen könne. Nachdem das Kind sich hingesetzt hatte, ging die Versuchsleiterin zum Fernsehschirm, schaltete deutlich sichtbar ein Programm ein und ging dann fort. Ein Film von etwa fünfminütiger Dauer, der die modellierten Reaktionen zeigte, wurde auf einer Glasleinwand innerhalb des Fernsehschirms gezeigt. Die Bilder stammten von einem Projektor hinter dem Gerät, der den Blicken des Kindes durch eine Wandverkleidung entzogen war. Das Fernsehen war als Darbietungsform vor allem deshalb gewählt worden, weil Aufmerksamkeitsreaktionen bei Kindern sehr stark mit Fernsehreizen konditioniert sind, und dieses Verfahren deshalb die Beobachtung fördern mußte. Dies ist eine notwendige Voraussetzung dafür, daß Nachahmungslernen stattfindet.

Der Film begann damit, daß das Modell auf eine Plastikpuppe von der Größe eines Erwachsenen zuging und sie aufforderte, aus dem Wege zu gehen. Nachdem das Modell den Widersacher, der keinerlei Anstalten machte, der Aufforderung nachzukommen, einen Augenblick lang angestarrt hatte, zeigte es vier neuartige aggressive Reaktionen, deren jede von einer differenzierten Verbalisation begleitet wurde.

Zuerst legte das Modell die Puppe auf die Seite, setzte sich auf sie und schlug ihr auf die Nase, wobei es bemerkte: „Pau, mitten auf die Nase, bumm, bumm!" Darauf stellte das Modell die Puppe wieder hin, und schlug ihr mit einem Holzhammer auf den Kopf. Bei jeder Reaktion sagte das Modell: „Sockeroo ... Bleib unten." Nach der Aggression mit dem Hammer stieß das Modell die Puppe durch den Raum und kommentierte diese Reaktionen wiederholt mit der Äußerung „Flieg weg!" Schließlich warf das Modell mit Gummibällen nach der Puppe und registrierte jeden Treffer mit: „Bäng!" Diese Folge körperlich und sprachlich aggressiver Verhaltensweisen wurde zweimal wiederholt.

Die Teilreaktionen, die bei der Entwicklung komplexerer neuer Verhaltensmuster zusammengeschlossen werden, sind gewöhnlich entweder durch Reifung oder durch früheres soziales Lernen im kindlichen Verhaltensrepertoire vorhanden. Während also die meisten Elemente der modellierten Handlungen ohne Zweifel früher gelernt wurden, war die besondere Anordnung der Teile jeder Reaktion und ihre Abhängigkeit von spezifischen Reizgegenständen ohne Beispiel. Kinder können beispielsweise mit Gegenständen hantieren, auf ihnen sitzen, sie schlagen und vokale Reaktionen zeigen, aber die Wahrscheinlichkeit, daß irgendein Kind spontan eine Puppe auf die Seite legen, sich auf sie setzen, sie auf die Nase schlagen, dabei bemerken würde: „Pau ... bumm, bumm ..." ist außerordentlich gering. Tatsächlich hat eine frühere Untersuchung, die sich der gleichen Reizgegenstände bediente, ergeben, daß die Wahrscheinlichkeit, daß Vorschulkinder die Nachahmungsreaktionen des gegenwärtigen Experiments spontan hervorbringen, gleich Null ist. (BANDURA u. a. 1961). Sie erfüllen also die Bedingung neuartiger Reaktionen.

Die Belohnungs- und Bestrafungskontingenzen, assoziiert mit den aggressiven Reaktionen des Modells, wurden im Anschluß an die Filmszene eingeführt. Bei den Kindern in der Versuchsbedingung mit belohntem Modell erschien ein zweiter Erwachsener mit Mengen von Süßigkeiten und Erfrischungsgetränken. Er teilte dem Modell mit, daß es ein „guter Kämpfer" sei und daß seine prächtigen aggressiven Leistungen wirklich eine großzügige Belohnung verdienten. Er goß ihm dann ein großes Glas Limonade ein und versorgte es reichlich mit energiespendender Nahrung, wie Schokoladenriegeln, Popcorn und allerlei Süßigkeiten. Während das Modell die leckeren Sachen rasch verzehrte, wiederholte sein Bewunderer symbolisch die modellierten aggressiven Reaktionen und ließ ihnen in großem Maße positive Verstärkung zuteil werden.

Bei Kindern in der Versuchsbedingung mit bestraftem Modell drohte der Verstärkungsagent bei seinem Erscheinen mit dem Finger und sagte mißbilligend: „Hallo, du Streitmacher! Du wirst damit aufhören, die Puppe zu ärgern! Ich werde es nicht dulden." Als das Modell zurückwich, stolperte es und fiel hin. Der andere Erwachsene setzte sich auf das Modell und schlug es mit einer zusammengerollten Zeitschrift, wobei er es an sein aggressives Verhalten erinnerte. Als das Modell ängstlich davonlief, warnte es der Agent: „Wenn ich dich dabei erwische, daß du das wieder machst, du Streithammel, werde ich dir eine gehörige Tracht Prügel geben! Du hörst damit auf!"

Die Kinder in der Versuchsbedingung ohne Konsequenzen sahen den gleichen Film wie die anderen Gruppen, nur daß keine Verstärkungen auf ihn folgten.

Das Messen der Ausführung

Unmittelbar im Anschluß an die Darbietung wurden die Kinder in einen Versuchsraum geführt, der eine gleiche Puppe, drei Bälle, einen Holzhammer, eine Sprossenwand, Funkenpistolen, Autos, Tiere eines Bauernhofes aus Plastik und eine Puppenstube mit Möbeln und einer Puppenfamilie enthielt. Dadurch, daß man ihnen eine Vielzahl von Reizobjekten anbot, stand es den Kindern frei, Nachahmungsreaktionen zu zeigen oder nicht-imitative Verhaltensweisen zu wählen.

Nachdem die Versuchsleiterin die Kinder instruiert hatte, daß sie sich mit den Spielzeugen in dem Zimmer befassen dürften, entschuldigte sie sich selbst unter dem Vorwand, weiteres Spielzeug zu holen. Weil viele Vorschulkinder ungern alleine bleiben und dazu neigen, schon nach kurzer Zeit fortzugehen, ging die Versuchsleiterin nach der Hälfte der Sitzungszeit wieder in den Raum hinein und versicherte dem Kind, daß sie bald mit den Sachen zurückkommen werde.

Jedes Kind verbrachte zehn Minuten im Testraum. Während dieser Zeit wurde sein Verhalten alle fünf Sekunden nach vorher festgelegten Kategorien der Nachahmungsreaktionen von Beurteilern festgehalten, die die Sitzung durch einen Spionspiegel aus einem angrenzenden Beobachtungsraum verfolgten.

Zwei Beurteiler teilten sich für alle sechsundsechzig Kinder in die Aufgabe, die Häufigkeit der Nachbildungsreaktionen aufzuzeichnen. Keiner der Beurteiler wußte, zu welchen Versuchsgruppen die Kinder gehörten. Um die Reliabilität der beiden Beurteiler untereinander einzuschätzen, wurden die Reaktionen von zehn Kindern von beiden unabhängig bewertet. Da die Nachahmungsreaktionen außerordentlich differenziert waren und es zu ihrer Unterscheidung keiner subjektiven Interpretation bedurfte, stimmten die Beurteilenden in der Bewertung der Reaktionen völlig überein (99 %). Die Zahl der verschiedenen körperlichen und sprachlichen Nachahmungsreaktionen, die die Kinder spontan hervorbrachten, stellte das Leistungsmaß dar.

Erwerbungsindex

Nach der Ausführung betrat die Versuchsleiterin den Raum mit einem bunten Fruchtsaftbehälter, der verschiedene Säfte enthielt, und mit Klebebilderheftchen. Diese Dinge wurden als positiver Ansporn verwendet, um die Kinder dazu zu veranlassen, das auszuführen, was sie durch Beobachtung gelernt hatten.

Nachdem sie ein wenig Saft erhalten hatten, wurde den Kindern mitgeteilt, daß sie für jede körperliche oder sprachliche Nachahmungsaktion, die sie reproduzierten, ein hübsches Klebebild und einen weiteren Becher Saft erhalten würden. Dieser Leistungsansporn wurde auch geliefert, um die Kinder weiter zu enthemmen und sie stärker dafür zu motivieren, Nachbildungsreaktionen zu zeigen. Die Versuchsleiterin klebte eine ländliche Szene an die Wand und brachte ihr Interesse daran zum Ausdruck, wieviel Klebebilder das Kind wohl erhalten könne, um das Bild zu schmücken.

Die Versuchsleiterin forderte dann das Kind auf: „Zeige mir, was Rocky im Fernsehprogramm getan hat." „Sag mir, was er gesagt hat!" Sie belohnte es im Anschluß an jede Nachbildungsreaktion. Wenn ein Kind eine Nachbildungsreaktion lediglich beschrieb, wurde es aufgefordert, sie auszuführen.

Obwohl das Lernen aus der Ausführung erschlossen werden mußte, wurde angenommen, daß die Zahl der verschiedenen körperlichen und sprachlichen Nachbildungsreaktionen, die das Kind mit Hilfe eines positiven Ansporns reproduzierte, als ein verhältnismäßig genauer Lernindex gewertet werden könne.

Ergebnisse

Abbildung 4.1 zeigt den Mittelwert der verschiedenen Nachbildungsreaktionen, die die Kinder in jeder der drei Versuchsbedingungen während der Phase, in der kein Ansporn geliefert wurde, und in der Phase mit positivem Ansporn reproduziert haben. Diese Daten wurden mittels ihrer Quadratwurzel umgeformt ($y = \sqrt{f + 1/2}$), um sie einer parametrischen statistischen Analyse zugänglich zu machen.

Unterschiede in der Ausführung

In Tabelle 4.1 wird eine Zusammenfassung der Varianzanalyse, die auf den Punktwerten für die Ausführungsqualität basiert, dargestellt. Die Ergebnisse zeigen, daß die verstärkenden Konsequenzen, die dem Modell zuteil werden, sich signifikant auf die Anzahl der Nachbildungsreaktionen ausgewirkt haben, die die Kinder spontan reproduzierten. Der Effekt der Geschlechtszugehörigkeit ist ebenfalls hochsignifikant. Er bestätigte die Voraussage, daß Jungen mehr Nachahmungsreaktionen als Mädchen ausführen würden.

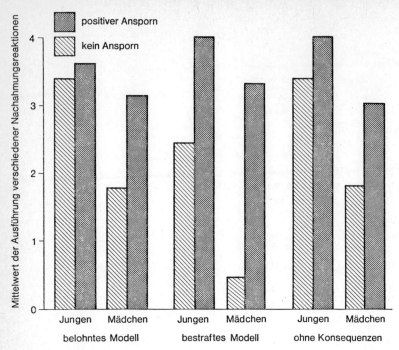

Abb. 4.1: Mittelwert der verschiedenen, von den Kindern ausgeführten Nachahmungsreaktionen als Funktion des positiven Ansporns und der Verstärkungskontingenzen des Modells

Der Vergleich weiterer Mittelwertpaare mittels des t-Tests (Tabelle 4.2) zeigt, daß zwar die Gruppen, in denen das Modell belohnt wurde und in denen es keine Konsequenzen erfuhr, keine Unterschiede aufweisen, daß aber Versuchspersonen in diesen beiden Gruppen signifikant mehr Nachbildungsreaktionen ausführten als Kinder, die beobachtet hatten, daß das Modell Bestrafungskonsequenzen erfuhr, nachdem es Aggressionen gezeigt hatte. Aus den Unterschieden, die für Jungen und Mädchen separat in Tabelle 4.2 dargestellt werden, geht jedoch hervor, daß der signifikante Effekt der Verstärkungskontingenzen des Modells vor allem auf Unterschieden zwischen den Untergruppen der Mädchen beruht. *

---

* Wegen der asymmetrischen Punktverteilung in der Untergruppe der Mädchen mit bestraftem Modell wurden die Unterschiede dieser Gruppe außerdem mit dem U-Test von MANN und WHITNEY bewertet. Die nichtparametrischen Analysen ergaben Wahrscheinlichkeitswerte, die mit den in Tabelle 4.2 berichteten übereinstimmen.

Tab. 4.1: Varianzanalyse der Nachahmungswerte

Quelle	df	M_s	F
Versuchsbedingung (V)	2	1,21	3,27*
Geschlecht (G)	1	4,87	13,16**
V × G	2	0,12	<1
innerhalb	60	0,37	

* $p < 0,05$
** $p < 0,001$

Tab. 4.2: Vergleich der Mittelwertpaare zwischen den Versuchsgruppen

	Versuchsgruppen		
Ausführungsmaß	Belohnung und Strafe	Belohnung und keine Konsequenzen	Bestrafung und keine Konsequenzen
	t	t	t
Stichprobe insgesamt	2,20**	0,55	2,25**
Jungen	1,05	0,19	1,24
Mädchen	2,13**	0,12	2,02*

* $p < 0,05$
** $p < 0,025$

Unterschiede in der Erwerbung

Eine Varianzanalyse der Punktwerte des Nachahmungslernens wird in Tabelle 4.3 wiedergegeben. Die Einführung eines positiven Ansporns hob die zuvor beobachteten Unterschiede in der Ausführung völlig auf und zeigte, daß das Nachahmungslernen bei den Kindern in der Gruppe mit belohntem Modell und der mit bestraftem Modell sowie in derjenigen ohne Konsequenzen für das Modell, äquivalent war. Obwohl die ursprünglich großen geschlechtsspezifischen Unterschiede durch die Bedingungen des positiven Ansporns erheblich reduziert wurden, zeigten die Mädchen nach wie vor weniger Nachbildungsreaktionen als die Jungen.

Unterschied zwischen Erwerbung und Ausführung

Um zu erhellen, welchen Einfluß die unmittelbar und die stellvertretend erfahrene Verstärkung ausübt, wurden die Unterschiede der gezeigten Nachbildungsreaktionen sowohl in der Bedingung ohne Belohnung wie in der Bedingung mit positivem Ansporn für jede der drei Experimentalgruppen mit dem t-Test für korrelierte Mittel bewertet. Tabelle 4.4 zeigt, daß Jungen, die wahrnahmen, daß das Modell entweder belohnt wurde oder keine Konsequenzen erfuhr, alle Nachahmungsreaktionen ausführten, die sie durch Belohnung gelernt hatten, und daß keine neuen auftraten, wenn positive Verstärker erteilt wurden. Auf der anderen Seite zeigten Jungen, die beobachtet hatten, daß das Modell bestraft wurde, und Mädchen in allen drei Versuchsgruppen eine signifikante Zunahme im Nachahmungsverhalten, wenn später reaktionskontingente Verstärkung eingeführt wurde.

Tab. 4.3: Varianzanalyse der Punktwerte für das Nachahmungslernen

Quelle	df	M_s	F
Versuchsgruppe (V)	2	0,02	<1
Geschlecht (G)	1	0,56	6,22*
V × G	2	0,02	<1
innerhalb	60	0,09	

* $p < 0,05$

Tab. 4.4: Signifikanz der Unterschiede zwischen Erwerbung und Ausführung bei Nachahmungsreaktionen

	Versuchsbedingungen		
Gruppe	Belohnung	Bestrafung	keine Konsequenzen
	t	t	t
Stichprobe insgesamt	2,38*	5,00**	2,67**
Jungen	0,74	2,26*	1,54
Mädchen	3,30**	5,65***	2,18*

* $p < 0,025$
** $p < 0,01$
*** $p < 0,001$

Erörterung

Die Ergebnisse des vorliegenden Tests stützen eine Kontiguitätstheorie des Nachahmungslernens. Verstärkungen, die dem Modell erteilt wurden, beeinflußten die Leistungen der Beobachter, aber nicht die Erwerbung von Nachbildungsreaktionen. Jedoch geht aus den Ergebnissen mit gleicher Deutlichkeit hervor, daß die bloße Darbietung von Modellierungsreizen keine hinreichende Bedingung für das Nachahmungs- oder Beobachtungslernen darstellt. Die meisten Kinder im Experiment reproduzierten nicht das gesamte vom Modell gezeigte Verhaltensrepertoire. Dies traf selbst auf die Bedingung mit positivem Anreiz zu, die Hemmungen lösen und Nachbildungsreaktionen als verlockend erscheinen lassen sollte. Diese Tatsache zeigt, daß unzweifelhaft auch andere Faktoren als die bloße Kontiguität sensorischer Reize den Erwerb von Nachahmungsreaktionen beeinflussen.

Wenn einer Person eine komplexe Reizsequenz dargeboten wird, garantiert dies nicht, daß sie die ganze Folge der Hinweisreize aufmerksam verfolgen wird, daß sie mit Sicherheit aus einem vollständigen Reizkomplex nur die relevantesten Reize auswählen wird oder daß sie wenigstens die Reize, auf die sie ihre Aufmerksamkeit lenkt, richtig wahrnehmen wird. Motivationsvariablen, frühere Übung im Differenzieren der Beobachtung und die Antizipation positiver oder negativer Verstärkung, die der Ausführung der Nachbildungsreaktionen kontingent sind, können in hohem Maße die Art und Weise beeinflussen, in der die Beobachtung der Reaktionen kanalisiert, verstärkt oder abgeschwächt wird, welches eine notwendige Vorbedingung des Nachahmungslernens ist (BANDURA, 1962; BANDURA & WALTERS, 1963). Verfahren, die die Differenziertheit der relevanten Modellierungsreize erhöhen, fördern das Beobachtungslernen ebenfalls in erheblichem Maße (SHEFFIELD & MACCOBY, 1961).

Neben Variablen, die die Aufmerksamkeit steuern, können auch Geschwindigkeit, Menge und Komplexität der Reize, die dem Beobachter präsentiert werden, teilweise das Ausmaß des Nachahmungslernens bestimmen. Der Erwerb von Nachbildungsreaktionen durch die Beobachtung einer längeren, ununterbrochenen Verhaltenssequenz wird wahrscheinlich auch durch die Faktoren des Assoziationslernens gesteuert, wie z. B. Frequenz und Primat, die Wirkung der Reihenfolge und andere vielfältige Ursachen der assoziativen Interferenz (McGUIRE, 1961).

Soziale Reaktionen setzen sich im allgemeinen aus einer großen Zahl verschiedener Verhaltenseinheiten zusammen, die in besonderer Weise kombiniert sind. Reaktionen höherer Komplexität werden durch die Kombination früher erlernter Komponenten geschaffen, die schon in sich verhältnismäßig komplizierte Verhaltensmuster darstellen können. Deshalb wird das Ausmaß, in dem schwierige Nachbildungsreaktionen durch Beobachtung erworben werden, weitgehend davon abhängen, inwieweit die notwendigen Komponenten im Repertoire des Beobachters vorhanden sind. Ein Individuum, das nur über ein sehr schmales Verhaltensrepertoire verfügt, wird aller Wahrscheinlichkeit nach das Verhalten eines Modells nur fragmentarisch nachahmen; ein Individuum dagegen, das die relevanten Komponenten zum größten Teil erworben hat, wird wahrscheinlich nach einigen Vorführungen die Nachbildungsreaktionen präzise ausführen können. Bei Vorschulkindern ist das motorische Repertoire höher entwickelt als das Repertoire ihrer verbalen Reaktionen. Daran liegt es vielleicht, daß selbst in der Versuchsbedingung mit positivem Ansporn die Kinder einen erheblich höheren Prozentsatz (67 %) bei motorischen Nachahmungsreaktionen als bei Nachbildungsverbalisationen (20 %) reproduzierten. Ein ähnlicher Unterschied in der Nachahmung hatte sich in einem früheren Experiment ergeben (BANDURA & HUSTON, 1961), in dem Vorschulkinder als Versuchspersonen dienten.

Unsere Erörterung zeigt, daß noch erheblich mehr Forschungsarbeit geleistet werden muß, um die Variablen zu ermitteln, die gemeinsam mit kontingenten Reizen den Prozeß steuern, in dem die Nachahmungsreaktionen erworben werden.

Natürlich wäre es möglich, die vorliegenden Daten über den Erwerb von Nachbildungsreaktionen so zu interpretieren, als spiegelte sich in ihnen nur die Generalisierung der Verstärkung, die das Nachahmungsverhalten der Versuchspersonen in ihrer Vorgeschichte erfuhr. In jeder sozialen Gruppe zeigen die Modelle vor allem die kulturellen Repertoires, die sich in bestimmten Reizsituationen als die erfolgreichsten erwiesen haben. Folglich wird die Nachbildung des Verhaltens anderer Personen, besonders solcher, die in einer Alters- oder Prestigehierarchie höher stehen, die positive Verstärkung maximieren und die Häufigkeit aversiver Reaktionskonsequenzen auf ein Minimum reduzieren. Weil sowohl das Vorkommen wie auch die positive Verstärkung von Nachbildungsreaktionen, sei es durch Zufall oder sei es absichtlich, während der sozialen Entwicklung nicht zu vermeiden ist, läßt sich das Problem der Verstärkung nicht endgültig lösen, es sei denn, durch ein Experiment, in dem Organismen verwendet werden, die seit ihrer Geburt in vollständiger sozialer Isolation gelebt haben. Es liegt jedoch auf der Hand, daß gleichzeitige Verstärkung für die Erwerbung neuer Nachbildungsreaktionen nicht notwendig sind. Das Ergebnis, daß Jungen mehr imitative Aggressionen zeigen als Mädchen, wenn ihnen ein aggressives männliches Modell vorgeführt wird, deckt sich mit den Ergebnissen aus verwandten Experimenten (BANDURA u. a., 1961; 1963a). Das zusätzliche Ergebnis jedoch, daß zuvor sich zeigende Leistungsunterschiede dadurch aufgehoben werden, daß positive Ansporne eingeführt werden, macht die Vermutung sehr wahrscheinlich, daß die häufig beobachteten geschlechtsspezifischen Unterschiede in der Aggression (GOODENOUGH, 1931; JOHNSON, 1951; SEARS, 1951) eher Unterschiede in der Bereitschaft widerspiegeln, aggressive Reaktionen zu zeigen, als daß sie auf Lerndefizite oder die „Identifikation mit der männlichen Rolle" zurückgehen würden.

Die Untergruppen der Kinder, die in Abhängigkeit von positiver Verstärkung eine signifikante Zunahme des Nachahmungsverhaltens aufwiesen, waren Jungen, die beobachtet hatten, daß das aggressive Modell bestraft worden war, und Mädchen, denen physisch aggressives Verhalten gewöhnlich als ihrem Geschlecht nicht angemessen bezeichnet wird und für das sie nicht belohnt oder sogar negativ verstärkt wurden. Die Hemmungseffekte der unterschiedlichen Verstärkungsgeschichten hinsichtlich der Aggressionen zeigen sich deutlich in der Beobachtung, daß sich Jungen leichter als Mädchen in der Belohnungsphase des Experimentes enthemmen ließen. Dieser Faktor erklärt möglicherweise den kleinen Unterschied zwischen den Geschlechtern, der selbst noch in der Versuchsbedingung mit positivem Ansporn zu verzeichnen war.

Die vorliegende Untersuchung liefert weitere Anhaltspunkte dafür, daß Reaktionshemmung und Reaktionsenthemmung stellvertretend durch die Beobachtung von Verstärkungskonsequenzen vermittelt werden kann, die dem Verhalten eines Modells zuteil werden. Es ist jedoch auch interessant, daß Enthemmungseffekte, die der Operation der positiven Verstärkung analog sind, dadurch hervorgerufen werden können, daß ein Modell gesellschaftlich mißbilligte oder verbotene Reaktionen (zum Beispiel mit den Füßen stoßen, mit Gegenständen schlagen) ausführt, ohne daß irgendeine aversive Konsequenz erfolgt. Diese Ergebnisse stimmen mit denen überein, die in Untersuchungen zur unmittelbaren Verstärkung gefunden wurden (CRANDAL, GOOD & CRANDALL, 1964), wo Nicht-Belohnung als positiv verstärkender Reiz wirkte, indem er die Wahrscheinlichkeit erhöhte, daß zuvor bestrafte Reaktionen auftraten.

Wenn das Modell bestraft wurde, verstärkte das offensichtlich die bei den Mädchen ohnehin schon bestehende Hemmung, aggressives Verhalten zu zeigen. Es zeigte sich bemerkenswert wenig Nachahmungsverhalten. Die Jungen ließen in ähnlicher Weise — obschon nicht signifikant — in der Nachahmung nach. Dieser Unterschied mag teilweise auf die unterschiedliche Dominanz aggressiver Reaktionen im Repertoire von Jungen und Mädchen zurückgehen. Es ist auch möglich, daß sich die stellvertretende Verstärkung, die daraus resultierte, daß das Modell das aggressive Verhalten erfolgreich ausführt (das heißt, den Widersacher überwältigte), auf die Jungen auswirkte und die Wirkungen der extern erteilten abschließenden Bestrafung reduziert hat. Diese Faktoren werden zusammen mit den selbstbelohnenden und selbstbestrafenden Reaktionen des Modells, die auf den Ausdruck von Aggression erfolgen, in einem späteren Experiment untersucht werden.

Literatur

BAER, D. M., & SHERMAN, J. A. 1964. Reinforcement control of generalized imitation in young children. *Journal of Experimental Child Psychology*, 1, 37–49.

BANDURA, A. 1962. Social learning through imitation. In M. R. Jones (Hrsg.), *Nebraska symposium on motivation: 1962*. Lincoln: University of Nebraska Press. S. 211–269.

BANDURA, A. 1965. Vicarious processes: A case of no-trial learning. In L. Berkowitz (Hrsg.), *Advances in experimental social psychology*. Vol. 2. New York: Academic Press. S. 1–55.

BANDURA, A., & HUSTON, ALETHA C. 1961. Identification as a process of incidental learning. *Journal of Abnormal and Social Psychology*, 63, 311–318.

BANDURA, A., ROSS, DOROTHEA, & ROSS, SHEILA A. 1961. Transmission of aggression through imitation of aggressive models. *Journal of Abnormal and Social Psychology*, 63, 575–582.

BANDURA, A., ROSS, DOROTHEA, & ROSS, SHEILA A. 1963a. Imitation of film-mediated aggressive models. *Journal of Abnormal and Social Psychology*, 66, 3–11.

BANDURA, A., ROSS, DOROTHEA, & ROSS, SHEILA A. 1963b. Vicarious reinforcement and imitative learning. *Journal of Abnormal and Social Psychology*, 67, 601–607.

BANDURA, A., & WALTERS, R. H. 1963. *Social learning and personality development*. New York: Holt, Rinehart & Winston.

CRANDALL, VIRGINA C., GOOD, SUZANNE, & CRANDALL, V. J. 1964. The reinforcement effects of adult reactions and non-reactions on children's achievement expectations: A replication study. *Child Development*, 35, 385–397.

GOODENOUGH, FLORENCE L. 1931. *Anger in young children*. Minneapolis: University of Minnesota Press.

JOHNSON, ELIZABETH Z. 1951. Attitudes of children toward authority as projected in their doll play at two age levels. Unveröffentlichte Doktorarbeit, Harvard Universität.

McGUIRE, W. J. 1961. Interpolated motivational statements within a programmed series of instructions as a distribution of practice factor. In A. A. Lumsdaine (Hrsg.), *Student response in programmed instruction: A symposium*. Washington, D.C.: National Academy of Sciences, National Research Council. S. 411–415.

MILLER, N. E., & DOLLARD, J. 1941. *Social learning and imitation*. New Haven: Yale University Press.

MOWRER, O. H. 1960. *Learning theory and the symbolic processes*. New York: Wiley.

SEARS, PAULINE S. 1951. Doll play aggression in normal young children: Influence of sex, age, sibling status, father's absence. *Psychological Monographs*, 65 (6, ganze Nr. 323).

SHEFFIELD, F. D. 1961. Theoretical considerations in the learning of complex sequential tasks from demonstration and practice. In A. A. Lumsdaine (Hrsg.), *Student response in programmed instruction: A symposium*. Washington, D.C.: National Academy of Sciences, National Research Council. S. 13–32.

SHEFFIELD, F. D., & MACCOBY, N. 1961. Summary and interpretation on research on organizational principles in constructing filmed demonstrations. In A. A. Lumsdaine (Hrsg.), *Student response in programmed instruction: A symposium.* Washington, D.C.: National Academy of Sciences, National Research Council. S. 117–131.

WALTERS, R. H., LEAT, MARION, & MEZEI, L. 1963. Inhibition and disinhibition of responses through empathetic learning. *Canadian Journal of Psychology,* 17, 235–243.

5. Donald M. Baer, Robert F. Peterson, James A. Sherman

Die Entwicklung der Nachahmung durch Verstärkung der Verhaltensähnlichkeit mit einem Modell*

Der Entwicklung von Verhaltensklassen, die man zu Recht „Nachahmung" nennen kann, ist eine interessante Aufgabe, teils wegen ihrer Bedeutung für den Sozialisationsprozeß im allgemeinen und die sprachliche Entwicklung im besonderen und teils wegen ihres potentiellen Wertes als Unterweisungstechnik für Kinder, die besondere Unterrichtsmethoden verlangen. Nachahmung ist nicht ein spezifischer Satz von Verhaltensweisen, die erschöpfend aufgezählt werden könnten. Jedes Verhalten ist als Nachahmung zu betrachten, wenn es zeitweilig einem Verhalten folgt, das eine andere Person, die Modell genannt wird, vorgeführt hat, und wenn seine Topographie grundsätzlich von der Topographie des Modellverhaltens bestimmt wird. Häufig ist diese Abhängigkeit so stark, daß ein Beobachter eine große Ähnlichkeit zwischen der Topographie des Modellverhaltens und der des Nachahmenden feststellen wird. Außerdem wird diese Ähnlichkeit mit dem Modellverhalten eine große Vielfalt der Reaktionen des Nachahmenden kennzeichnen. Solche Abhängigkeit kann sich etwa daraus ergeben, daß die topographische Ähnlichkeit mit einem Modellverhalten eine verstärkende Reizdimension für den Nachahmenden darstellte.

---

* Im Original erstmals publiziert in *Journal of Experimental Analysis of Behavior*, 1967, Bd. 10, S. 405–416.
Die Ergebnisse dieser Untersuchung wurden teilweise bei dem Zweijahrestreffen der *Society for Research in Child Development* in Minneapolis (Minnesota) vorgelegt. Diese Forschungsarbeit wurde durch das *PHS Grand Stipendium MH-02208* des *National Institute of Mental Health* unterstützt und hieß *An Experimental Analysis of Social Motivation*. Herr Frank Junkin, der technische Direktor, Dr. Ralph Hayden, der Chefarzt, und andere Mitglieder des Kollegiums der *Fircrest School* in Seattle (Washington) sorgten für Raum und Versuchspersonen. Wir möchten Frau Joan Beavers für ihre Hilfe als „neue" Versuchsleiterin danken, eine Funktion, die sie in den Generalisierungstests ausübte, und für ihre Hilfe bei der Vorbereitung des Manuskripts.

Natürlich können auch andere Bedingungen bei einer bestimmten Gelegenheit oder bei ähnlichen Gelegenheiten zu verschiedenen Zeitpunkten ähnliche Verhaltensweisen zweier Organismen hervorrufen. Eine Möglichkeit ist, daß man beide Organismen unabhängig voneinander gelehrt hat, in gleicher Weise auf dieselben Hinweisreize zu reagieren. So ist es zu verstehen, daß alle Kinder das Einmaleins in sehr ähnlicher Weise hersagen. Diese Ähnlichkeit verdient nicht die Bezeichnung Nachahmung und wird auch kaum jemals so genannt. Gewöhnlich nimmt kein Kind das Aufsagen eines anderen als Hinweisreiz auf, und die Ähnlichkeit ihres Verhaltens wirkt sich gewöhnlich nicht als verstärkender Reiz auf die Kinder aus. Dennoch zeigen die Kinder dieses Beispiels ähnliche Verhaltensweisen.

Die Tatsache, daß das Leben viele Kinder ähnliche Dinge lehrt, kann dazu führen, daß sich ihre Verhaltensweisen angleichen. Hier ließe sich der Begriff der Nachahmung schon sinnvoller verwenden. Zwei Kinder können beide ähnliche Reaktionen gelernt haben. Ein Kind mag seine Reaktion im richtigen Augenblick ausführen können, während das andere Kind hierzu nicht imstande ist. In diesem Fall lernt das Kind, das sich zur Diskrimination außerstande zeigt, möglicherweise seine Reaktion zu zeigen, wenn das unterscheidungsfähige Kind sie ausführt. Dennoch muß der Terminus Nachahmung noch nicht unbedingt angewendet werden, weil die Ähnlichkeit zwischen den Reaktionen der beiden Kinder für keines von ihnen von grundsätzlicher Bedeutung ist.

Besonders auf das zweite Kind wirkt sich die Tatsache nicht aus, daß sein Verhalten dem des ersten ähnelt. Diese Angleichung ähnelt dem, was MILLER und DOLLARD (1941) „nachbildungsabhängiges Verhalten" nennen. Ein Organismus reagiert auf das Verhalten eines anderen lediglich wie auf einen differenzierenden Reiz, der über den Zeitpunkt entscheidet, zu dem man sein eigenes Verhalten zeigt. Häufig werden sich diese Verhaltensweisen ähneln, da beide Organismen meistens dieselben Reaktionen verwenden werden, wenn sie über genügend Erfahrung verfügen.

Es sollte jedoch möglich sein, das Verhalten zweier Organismen so zu arrangieren, daß eines von ihnen in vielfältiger Weise eine präzise, topographische Ähnlichkeit mit dem anderen zeigt und sonst nichts. Eine Untersuchung von BEAR und SHERMAN (1964) scheint das Ergebnis solchen frühen Lernens bei einigen kleinen Kindern zu zeigen. In dieser Untersuchung wurden Verstärkungen erteilt, wenn die Kinder drei Aktivitäten einer belebten, sprechenden Puppe nachahmten, die sowohl als Modell wie als Ursprung der sozialen Verstärkung der Nachahmung diente. Diese Verstärkung führte dazu, daß eine vierte Reaktion der

Puppe von den Kindern spontan nachgeahmt wurde, obwohl diese Nachahmung zuvor nicht verstärkt worden war. Wenn die Verstärkungen der anderen drei Nachahmungen ausgesetzt wurde, wurde die vierte, nicht verstärkte Nachahmung ebenfalls in geringerem Maße ausgeführt. Als die Verstärkung der ursprünglichen Nachahmungen wieder aufgenommen wurde, stieg die Rate der vierten Reaktion, obwohl sie immer noch nicht verstärkt worden war. Diese Kinder generalisierten also offensichtlich gemäß einer Reizdimension der Ähnlichkeit zwischen ihrem Verhalten und dem Verhalten des Modells: Als drei Arten der Ähnlichkeit mit dem Modell verstärkt wurden, zeigten sie aufgrund dieser Tatsache auf eine vierte Weise Ähnlichkeit mit dem Modell. Ähnlichkeit zwischen ihrem Verhalten und dem des Modells war also ein funktionaler Reiz ihres Verhaltens.

METZ (1965) zeigte, wie sich in einem gewissen Maß das Nachahmungsverhalten bei zwei autistischen Kindern entwickelte, die ursprünglich weniger oder gar keine Nachahmungsreaktionen zeigten. In dieser Untersuchung wurden Reaktionen, die den Vorführungen des Versuchsleiters topographisch ähnelten, durch die Äußerung „gut" und eßbare Dinge verstärkt. METZ ermittelte, daß nach intensivem Training einige Nachahmungsreaktionen in ihrer Stärke erhalten werden konnten, selbst wenn sie nicht mit eßbaren Dingen verstärkt wurden, und daß die Versuchspersonen neue Reaktionen mit höherer Wahrscheinlichkeit als vor dem Training nachahmten. In einer der Versuchsbedingungen jedoch, die angewendet wurden, um das Nachahmungsrepertoire der Versuchspersonen vor und nach dem Training zu bewerten, wurde „gut" noch kontingent mit korrekten neuen Nachahmungen gesagt. Wenn also eine Versuchsperson, deren ursprüngliche Nachahmungsrate Null betrug, in dem Test nach dem Training eine vermehrte Nachahmung zeigte, ließ sich argumentieren, daß dieses eher auf eine experimentelle entwickelte Verstärkungseigenschaft des „gut" zurückging als auf das Nachahmungstraining als solches. Weil außerdem in der METZ-Studie Löschungen oder andere Manipulationen nicht vorgenommen wurden, ist es schwierig, zu entscheiden, ob die höhere Wahrscheinlichkeit der Nachahmung neuer Reaktionen und die Beibehaltung nicht verstärkter Nachahmungsreaktionen tatsächlich der Verstärkung der ursprünglichen Nachahmungsreaktionen während des Trainings zu verdanken sind.

LOVAAS, BERBERICH, PERLOFF und SCHAEFFER (1966) verwendeten Techniken wie *Shaping* und *Fading*, um zwei autistische Kinder zum nachahmenden Sprechen zu führen. Sie berichten, daß es mit fortschreitendem Training und in dem Maße, in dem das Vokalverhalten von den vorangehenden Vokalisationen eines Modells kontrolliert wurde, zuneh-

mend leichter wurde, neu nachgeahmte Vokalisationen zu erhalten. Als nicht mehr nach einem nachahmungskontingenten Schema, sondern nach einem grundsätzlich nichtkontingenten Schema verstärkt wurde, verschlechterte sich das Nachahmungsverhalten. In einer weiteren Abänderung nannte das Modell eine Folge norwegischer Wörter, in der einige englische Wörter vorkamen. Die Kinder sollten diese Wortfolge nachahmen. Anfangs konnten die Kinder die norwegischen Wörter nicht einwandfrei reproduzieren. Dennoch konnten die Autoren feststellen, daß die Versuchspersonen ihre Nachahmung der norwegischen Wörter allmählich verbesserten, obwohl diese Nachahmung nicht verstärkt wurde.
Die Untersuchung von BEAR und SHERMAN (1964), METZ (1965), LOVAAS u. a. (1966) und andere Berichte (BANDURA 1962) lassen vermuten, daß Kinder, die offensichtlich über ein Nachahmungsrepertoire verfügen, die Bereitschaft besitzen, (1) verhältnismäßig neue Verhaltensweisen zu entwickeln, wenn ihnen ein Modell die entsprechenden Reaktionen vorführt, auch ohne daß sie einer unmittelbaren Verhaltensformung (Shaping) unterzogen werden müßten, und (2) bestimmte Nachahmungsreaktionen beizubehalten, auch wenn sie nicht verstärkt werden, solange andere Nachahmungsreaktionen verstärkt werden.
Mit der vorliegenden Studie sollte die Gültigkeit der obigen Ergebnisse bestätigt und eine Methode vorgeführt werden, mit der sich ein wirkliches Nachahmungsrepertoire bei Kindern erzeugen ließ, denen es ursprünglich fehlte.

Methode

Versuchspersonen

Drei Kinder im Alter von neun bis zwölf Jahren wurden aus einer Gruppe stark retardierter Kinder einer staatlichen Schule ausgesucht. Sie wurden nicht gewählt, weil sie retardiert waren, sondern weil sie die einzigen Kinder zu sein schienen, die im richtigen Alter waren und zugleich zu keinerlei Nachahmung imstande schienen. Der Erfolg der Methode, die zu beschreiben sein wird, läßt vermuten, daß sie von großem Wert für das Training solcher Kinder sein könnte. Die Versuchspersonen waren der Sprache nicht mächtig, aber gaben gelegentlich grunzende Laute von sich und reagierten auf einige einfache sprachliche Kommandos („Komm her!" „Setz dich!" usw.). Sie konnten gehen (aber hatten das Gehen entsprechend spät in ihrer Entwicklung gelernt, im 6. oder 7. Lebensjahr), konnten sich selbst anziehen, konnten sich waschen, selbst auf die Toilette gehen und selbst essen. Sie koordinierten Auge und Hand einwandfrei und waren zu einfachen manuellen Tätigkeiten fähig.

Die Versuchspersonen wurden aus Gruppen ausgewählt, die man zuerst auf ihren Stationen aus einer gewissen Entfernung während einiger Tage beobachtet hatte. Bei den schließlich ausgewählten Versuchspersonen konnten keine Anzeichen einer möglichen Nachahmung festgestellt werden. (Das heißt, daß keine Versuchsperson bei irgendeiner Gelegenheit ein Verhalten zeigte, das dem eines anderen Individuums ähnelte, mit Ausnahme von Anlässen, bei denen ein gemeinsamer Reiz auftrat, der das Verhalten beider Individuen kontrollierte, wie z. B., wenn beide zum Eßplatz gingen, sobald das Essen auf dem Tisch erschien.) Anschließend näherte sich ein Versuchsleiter und spielte während eines längeren Zeitraumes mit den Versuchspersonen. Dabei konnte er sie wiederholt auffordern, einfache Reaktionen nachzuahmen, die er vorgeführt hatte, wie z. B. in die Hände zu klatschen oder zu winken. Den Kindern gelang es nicht, irgendeine dieser Reaktionen nachzuahmen, obwohl sie offensichtlich einige von ihnen hätten ausführen können. Schließlich wurde während des Trainings selbst jede Verhaltensweise den Kindern ursprünglich vorgeführt mit dem Befehl: „Tu dies!" Anfangs wurde keines dieser Verhaltensbeispiele, trotz ausführlicher Wiederholungen, nachgeahmt.

Erstes Trainingsverfahren

Jede Versuchsperson wurde zu den Mahlzeiten gesehen, ein- oder zweimal am Tag, drei- und fünfmal in der Woche. Das Essen der Versuchspersonen wurde als verstärkender Reiz verwendet. Der Versuchsleiter reichte es jeweils löffelweise, wobei er immer „gut" sagte, unmittelbar bevor er den Löffel in den Mund der Versuchsperson schob. Die Versuchspersonen und der Versuchsleiter saßen sich an der Ecke eines kleinen Tisches gegenüber, auf dem das Tablett mit dem Essen und das Tonbandgerät des Versuchsleiters standen. An einer anderen Stelle des Raumes stand ein anderer kleiner Tisch, auf dem sich einiges Material befand, das später in der Untersuchung verwendet werden sollte, ein Tischchen mit einem Telefon, ein Kleiderständer, an dem ein oder mehrere Mäntel hingen, ein Papierkorb und einige Stühle.

Das Verfahren bestand im wesentlichen darin, den Versuchspersonen eine Reihe differenzierter Operanten zu vermitteln. Jeder differenzierte Operant bestand aus drei Elementen: einem differenzierenden Reiz (S^d), der vom Versuchsleiter präsentiert wurde, einer korrekten Reaktion der Versuchsperson und der Verstärkung nach einer korrekten Reaktion. Der

S^d war das Kommando des Versuchsleiters „Tu dies"; darauf folgte die Vorführung einer bestimmten Verhaltensweise. Von der Versuchsperson wurde eine Reaktion erwartet, die der des Versuchsleiters ähnelte. Der gelernte Operant bestand also in einer topographischen Nachahmung des Verhaltens des Versuchsleiters. Die Verstärkung bestand in dem Essen, dem das Wort „gut" vorausging.

Da keine der Versuchspersonen zur Nachahmung fähig war, wurde keiner der S^d von einer Verhaltensweise gefolgt, die der vom Versuchsleiter vorgeführten in irgendeiner Weise ähnelte. Dies traf selbst auf solche Verhaltensweisen zu, deren die Versuchspersonen eindeutig fähig waren. Versuchsperson 1 hätte sich hingesetzt, wenn man es ihr gesagt hätte, aber sie ahmte den Versuchsleiter nicht nach, als er sagte: „Tu dies", sich hinsetzte und ihr dann den Stuhl anbot. Darauf wurde das ursprüngliche Nachahmungstraining bei allen Versuchspersonen durch eine Kombination von *Shaping* (SKINNER, 1953) und *Fading* (TERRACE, 1963a, 1963b) oder *Putting through* (KONORSKI & MILLER, 1937) ergänzt.

Die erste Reaktion im Programm für die Versuchsperson 1 war, einen Arm zu heben, nachdem der Versuchsleiter seinen gehoben hatte. Der Versuchsperson wurde das Heben des Armes vom Versuchsleiter mehrfach vorgeführt, wobei der Vorgang jedesmal von einem „Tu dies" begleitet wurde, worauf sie keinerlei Reaktion zeigte. Der Versuchsleiter wiederholte die Vorführung, dann ergriff er die Hand der Versuchsperson und hob sie ihr hoch, worauf er die Reaktion unmittelbar verstärkte. Nach einigen Versuchen dieser Art begann der Versuchsleiter allmählich seine Mitwirkung einzustellen, indem er den Arm der Versuchsperson nur noch eine gewisse Strecke hob und die Schlußphase der Reaktion durch *Shaping* erreichte. Allmählich wurde die Mitwirkung des Versuchsleiters reduziert, bis die Versuchsperson die Reaktion des Armhebens eigenständig ausführte, wann immer der Versuchsleiter seinen Arm hob. Die ursprünglichen Reaktionen wurden allen Versuchspersonen auf diese Weise beigebracht, wenn es not tat.

Manchmal widersetzte sich eine Versuchsperson während der allerersten Phase des Trainings, wenn man sie bei einer Reaktion anleitete. Beim Heben des Arms zum Beispiel drückte die Versuchsperson 3 ihren Arm zuerst nach unten, als der Versuchsleiter ihn zu heben versuchte. In diesem Fall wartete der Versuchsleiter einfach und versuchte es immer wieder, bis der Arm schließlich zumindest teilweise ohne großen Widerstand angehoben werden konnte. Darauf wurde die Reaktion verstärkt. Nachdem die Versuchsperson einige Verstärkungen erhalten hatte, wenn sie der Anleitung des Versuchsleiters Folge leistete, indem sie eine Reaktion ausführte, leistete sie keinen Widerstand mehr. Mit wachsender Zahl von Reaktionen im Repertoire der Versuchspersonen hörte der Versuchsleiter mit dem Verfahren der direkten Anleitung auf und verließ sich nur noch auf *Shaping,* wenn eine Reaktion sich der Vorführung nicht anglich. Jeder Versuchsperson wurde eine Reihe von Reaktionen beigebracht, deren jede einer Reaktion des Versuchsleiters ähnelte. Das Training der meisten Reaktionen wurde so lange fortgesetzt, bis ihre Vorführung zuverlässig zu einer Nachbildungsreaktion der Versuchsperson führte. Das Ziel dieser Anfangsphase des Trainingsverfahrens war die Verstärkung in so vielen und verschiedenen Weisen wie möglich zu programmieren, wann immer das Verhalten einer Versuchsperson topographisch dem des Versuchsleiters ähnelte.

Weitere Trainingsverfahren

Nachahmungskontrolle

Im Verlaufe des ursprünglichen Trainingsverfahrens, während das Verhalten der Versuchspersonen mehr und mehr den Vorführungen des Versuchsleiters entsprach, wurden bestimmte Reaktionen vorgeführt, die weder beim ersten Mal noch zu einem anderen Zeitpunkt verstärkt wurden, wenn sie nach ihrer ersten Darbietung einwandfrei nachgeahmt wurden. Anhand dieser Reaktionen sollte kontrolliert werden, ob das Repertoire der Versuchspersonen zunehmend von der Nachahmung bestimmt wurde. Ein Katalog der vorgeführten Reaktionen, einschließlich der verstärkten des ursprünglichen Trainingsverfahrens und der nichtverstärkten Kontrolldarbietungen, wird in Tabelle 5.1 für Versuchsperson 1 wiedergegeben. Diese Reaktionen werden in der Reihenfolge ihrer ersten Darbietung aufgeführt. Der Versuchsperson 1 wurden 95 verstärkte und 35 unverstärkte Reaktionen vorgeführt, ähnliche Reaktionen wurden bei Versuchsperson 2 und 3 verwendet. Für Versuchsperson 2 wurden 125 verstärkte und fünf nichtverstärkte Reaktionen verwendet, bei Versuchsperson 3 acht verstärkte Reaktionen und eine unverstärkte.

Während der Kontrollreaktionen bot der Versuchsleiter weiterhin S^d zur Nachahmung dar. Wenn die vorgeführte Reaktion zu der Gruppe der verstärkten Reaktionen gehörte und die Versuchsperson sie innerhalb von zehn Sekunden nachahmte, wurde die Verstärkung („gut" und das Essen) erteilt, und die nächste Reaktion wurde vorgeführt. Wenn die Versuchsperson innerhalb dieser zehn Sekunden keine Nachahmung zeigte, wurde keine Verstärkung erteilt, und der Versuchsleiter führte die nächste Reaktion vor. Wenn die Reaktion zu der nichtverstärkten Gruppe gehörte (Kontrollreaktionen) und die Versuchsperson sie nachahmte, waren keine Konsequenzen eingeplant. Der Versuchsleiter führte dann die nächste Reaktion erst aus, wenn zehn Sekunden verstrichen waren, seit die Versuchsperson ihre Nachahmung gezeigt hatte. Wenn die Reaktion nicht nachgeahmt wurde, bot der Versuchsleiter die nächste Reaktion ebenfalls erst nach zehn Sekunden dar. Die Pause von zehn Sekunden sollte die Möglichkeit ausschließen, daß die Versuchsperson die unverstärkten Nachahmungen möglicherweise unter der verstärkenden Wirkung des S^d einer Nachahmungsreaktion beibehielt, die laut Versuchsplan verstärkt werden sollte. Die Reihenfolge, in der verstärkte und unverstärkte Reaktionen den Versuchspersonen vorgeführt wurden, war willkürlich.

Tab. 5.1: Die Reaktionsfolge, die Versuchsperson 1 vorgeführt wurde. Die Sterne bezeichnen nichtverstärkte Reaktionen

1. Den rechten Arm heben
2. Mit der linken Hand auf den Tisch klopfen
3. Mit der linken Hand an die Brust schlagen
4. Mit der linken Hand an den Kopf schlagen
5. Mit der linken Hand an das linke Knie schlagen
6. Mit der linken Hand an das rechte Knie schlagen
7. An die Nase tippen
*8. Auf die Seitenlehne des Stuhles klopfen
9. An das Tischbein klopfen
10. Mit der linken Hand an das Bein schlagen
11. Den linken Arm ausstrecken
*12. Kreisbewegungen mit dem Arm ausführen
13. Aufstehen
14. Beide Hände an die Ohren legen
15. Die Arme anlegen
16. Nicken
17. Auf die Sitzfläche des Stuhls klopfen
18. Beide Arme ausstrecken
19. Die Füße auf einen Stuhl legen
20. Herumgehen
21. Vokalreaktionen hervorbringen
22. Den rechten Arm zur Seite ausstrecken
23. Auf die Schulter klopfen
24. Mit der rechten Hand auf den Kopf schlagen
25. Das rechte Knie mit der rechten Hand schlagen
26. Das Bein mit der rechten Hand schlagen
27. Das linke Knie mit der rechten Hand schlagen
28. Den rechten Arm über den Kopf heben
29. Die Brust mit der rechten Hand schlagen
30. Mit der rechten Hand auf den Tisch schlagen
31. Den Stuhl bewegen
32. Auf den Stuhl setzen
33. Papier in den Korb werfen
34. Die Strümpfe hochziehen
35. Auf das Tischchen schlagen
36. Auf den Stuhl klettern
37. Die Tür öffnen
38. Aschenbecher bewegen
39. Papier auf den Stuhl legen
40. Auf zwei (aneinandergeschobenen) Stühlen sitzen
41. Mit der rechten Hand auf den Stuhl schlagen
42. Das Papier aus dem Papierkorb zum Pult bringen
43. Schachtel aus dem Regal auf das Pult stellen
44. Hut aufsetzen
45. Hut vom Tisch zum Pult bringen

Fortsetzung Seite 139

Fortsetzung Tab. 5.1

46. Schachtel vom Regal zum Pult bringen
47. Drei Schachteln ineinanderfügen
48. Hut auf den Stuhl legen
49. An die Wand schlagen
50. Papierkorb bewegen
51. Papier vom Pult zum Tisch bringen
52. In der Ecke stehen
53. Rouleau ziehen
54. Schachtel auf den Stuhl stellen
55. Um das Pult herumgehen
56. Lächeln
57. Zunge herausstrecken
58. Kopf auf das Pult legen
*59. Klingeln
60. Zwei Schachteln ineinanderstellen
61. Auf dem Boden krabbeln
*62. Mit den Händen über dem Kopf gehen
63. Auf den Boden setzen
64. (Stehend) Arme auf den Rücken legen
65. Mit erhobenem rechtem Arm gehen
66. Schachteln werfen
*67. Zum Telefon gehen
*68. (Sitzend) beide Arme ausstrecken
69. Gehen und mit der linken Hand auf den Kopf schlagen
70. Gehen und mit der rechten Hand auf den Kopf schlagen
*71. Gehen und in die Hände klatschen
*72. Mund öffnen
73. Springen
74. Auf den Heizkörper schlagen
*75. Den Kopf schütteln
76. Telefonhörer abnehmen
77. Schublade herausziehen
78. Mantel streicheln
79. Kleenex zerreißen
80. Vier Schachteln ineinanderfügen
81. Pistole anlegen und „Bäng!" sagen
*82. Handtuch übers Gesicht ziehen
*83. Hände über die Augen legen
*84. Fußboden klopfen
*85. Kritzeln
*86. Spielzeugauto auf dem Tisch bewegen
87. Kreise auf das Brett mit den logischen Formen legen
88. Kreis, Quadrat und Dreieck auf das Brett mit den logischen Formen legen
*89. Unter den Tisch krabbeln

*90. Gehen und auf die Hüften schlagen
*91. Auf dem Boden liegen
*92. Die Schachtel mit dem Fuß stoßen
*93. Den Fuß auf den Querbalken des Tisches setzen
*94. Flugzeug fliegen lassen
*95. Puppe wiegen
*96. Puppe auf den Rücken klopfen
*97. Mit einem Baseballschläger auf den Stuhl schlagen
*98. Buch öffnen und schließen
99. Mit einem Schneebesen schlagen
100. Arm durch einen Reifen stecken
101. Turm aus drei Klötzen bauen
*102. Sich selbst mit einem Gummimesser stechen
103. Klötze ringförmig zusammenlegen
104. Gehen und dabei ein Buch auf dem Kopf halten
105. Mit einem Tretauto fahren
106. Mit einem Besen fegen
107. Glasperlen um den Hals legen
108. Steckenpferd reiten
*109. Handschuh anziehen
110. Kleiderbürste auf dem Tisch benutzen
111. Teigrolle benutzen
*112. Großes Auto schieben
113. Perlen an den Türknopf hängen
*114. Steckenpferd Hut aufsetzen
115. Klotz abbürsten
116. Schachtel in die Mitte der Glasperlenkette stellen
117. Handschuh in die Tasche des weißen Kittels stecken
118. Knopf am Tonbandgerät drücken
*119. Löffel auf das Pult knallen
120. Tasse anheben
121. Kleiderbürste an der Wand benutzen
*122. Würfel in eine Tasse tun
123. Mit einem Löffel in einer Tasse klappern
*124. Ein Stück Papier auf den Boden werfen
*125. Ein Kissen umarmen
126. Sprossen mit einem Hammer in eine Sprossenwand schlagen
*127. Mit einem Stück Papier winken
*128. Eine Rassel schütteln
*129. Zwei Löffel zusammenschlagen
130. Ein Tambourin schütteln

Nichtverstärkung aller Nachahmungen

Nach der Kontrollphase und nachdem sich eine sichere Ausführung der verstärkten und unverstärkten Nachahmungsreaktionen herausgebildet hatte, sah der Plan vor, daß das Nachahmungsverhalten insgesamt nicht mehr verstärkt werden sollte. Durch dieses Vorgehen wollte man zeigen, daß das Nachahmungsrepertoire von eben der Verstärkung durch Essen abhängig war, die offensichtlich bereits dafür verantwortlich gewesen war, daß ein solches Repertoire entwickelt wurde. Nichtverstärkung der Nachahmung fand in der Form statt, daß jedes Verhalten, das nicht Nachahmung war, verstärkt wurde. Differenzierende Verstärkung anderen Verhaltens wird DVA* (REYNOLDS, 1961) abgekürzt. Der Versuchsleiter sagte weiterhin „gut" und gab auch weiterhin der Versuchsperson zu essen, nur daß dies nicht mehr kontingent mit Nachahmung geschah. Der Versuchsleiter erteilte jetzt die Verstärkung mindestens zehn Sekunden nach der letzten Nachahmung der Versuchsperson. Für die Gruppe der zuvor verstärkten Reaktionen lag die Veränderung zwischen Verstärkungs- und Nichtverstärkungsphasen also nur in der Verschiebung der Kontingenz. Für die Gruppe der nichtverstärkten oder Kontrollreaktionen ergab sich keine Veränderung. Nahrungsverstärkung erfolgte nicht mehr, ob nun eine Nachahmungsreaktion vorkam oder nicht. Dieses Verfahren umfaßte zugleich die Löschung der Nachahmung und die Verstärkung jeder Reaktion, die im Moment der Verstärkung stattgefunden haben mochte.

Bei Versuchsperson 1 umfaßte die DVA-Phase dreißig Sekunden. Bei Versuchsperson 2 betrugen die DVA-Phasen dreißig, sechzig und null Sekunden. (DVA null Sekunden heißt, daß die Verstärkung unmittelbar nach dem S^d erteilt wurde, bevor eine Nachahmungsreaktion erfolgen konnte. Diese Folge von DVA-Intervallen wurde benutzt, weil — wie bei der Darstellung der Ergebnisse gezeigt werden wird — Versuchsperson 2 im Unterschied zu den anderen Versuchspersonen eine stabile Nachahmung während des ursprünglichen DVA-Verfahrens beibehielt. Bei Versuchsperson 3 betrug die DVA-Phase zwanzig Sekunden. Nachdem das DVA-Verfahren bei jeder Versuchsperson angewendet worden war, wurde die kontingente Verstärkung der Nachahmung wieder aufgenommen; dafür wurden die unten beschriebenen Verfahren gewählt.

---

* Anm. des Übersetzers: Im Original DRO *(Differential reinforcement of other behavior).*

Nachahmungsketten

Das Nachahmungsverfahren der Versuchspersonen 1 und 2 wurde wieder verstärkt und man begann, alte und neue Nachahmungen zu verketten. Anfangs wurden nur Ketten, die aus zwei Reaktionen bestanden, vorgeführt; dann Ketten mit drei Reaktionen, wenn die Ketten mit zwei Reaktionen erfolgreich bewältigt worden waren, und so fort. Während der Verkettung führte der Versuchsleiter die Reaktionen, die die Versuchspersonen nachahmen sollten, geschlossen vor. In allen Fällen enthielten die vorgeführten Ketten sowohl Reaktionen, die die Versuchsperson zuvor gelernt hatte, als auch verhältnismäßig neue. Die Ortswechsel, die bei der Ausführung dieser Verhaltensweisen vorgenommen wurden, wurden nicht als Teil der Nachahmungskette angesehen, und bei der Bewertung der Nachahmungsgenauigkeit nicht berücksichtigt.

Verbale Nachahmung

Gegen Ende der Trainingsprogramme für die Versuchspersonen 1 und 3, als man so gut wie sicher sein konnte, daß jede neue motorische Vorführung des Versuchsleiters nachgeahmt werden würde, ging man zum Vokalverhalten über. Anfangs wurden dabei ganz einfache Laute erzeugt. Der Versuchsleiter sagte wie üblich: „Tu dies", aber an Stelle einer motorischen Reaktion ließ er eine vokale folgen, wie zum Beispiel: „Ah". Den Versuchspersonen 1 und 3 mißlang es wiederholt, solche Vorführungen nachzuahmen. Es wurden dann verschiedene Verfahren verwendet, um vokale Nachahmungen zu erhalten. Bei der Versuchsperson 1 wurde die vokale Reaktion, die nachgeahmt werden sollte, in eine Kette nichtvokaler Reaktionen eingeflochten. Der Versuchsleiter mochte beispielsweise sagen: „Tu dies", von seinem Stuhl aufstehen, in die Mitte des Raumes gehen, sich der Versuchsperson zuwenden, „Ah" sagen und zu seinem Platz zurückgehen. Auf solch eine Darbietung reagierte die Versuchsperson 1, indem sie von ihrem Sitzplatz aufstand, in die Mitte des Raumes ging, sich dem Versuchsleiter zuwandte und dann mit einer Reihe mimischer und vokaler Reaktionen begann, aus denen sich möglicherweise ein „Ah" ergab, das dem des Versuchsleiters hinreichend ähnelte, um Verstärkung zu verdienen. Diese Koppelung motorischer und vokaler Verhaltensweisen wurde während einiger Vorführungen beibehalten, wobei das motorische Verhalten allmählich abnahm und immer weniger Bewegungen aufwies. Schließlich konnte der Versuchsleiter sitzenbleiben, „Tu dies" und „Ah" sagen und dennoch die Versuchsperson dazu bringen, ihn nachzuahmen. Durch dieses Verfahren wurden einfache Laute gebildet, dann zu längeren oder komplexeren Lauten kombiniert und schließlich zu richtigen Wörtern integriert.

Wie Versuchsperson 1 gelang es Versuchsperson 3 ursprünglich nicht, Vokalisationen nachzuahmen. In ihrem Fall ging der Versuchsleiter so vor, daß er eine Reihe von motorischen Verhaltensweisen vorführte, die sich immer mehr der Vokalisation annäherten. Zuerst brachte der Versuchsleiter die Versuchsperson dazu, ein angezündetes Streichholz auszublasen, dann ohne Streichholz zu blasen, dann stärker zu blasen, wobei sie mit einem explosiven „t" begann, dann dem Blasen eine stimmliche Komponente hinzuzufügen, indem jetzt ein „Pah"-Laut gebildet wurde. Auf diese Weise ahmte die Versuchsperson eine Reihe Vokalisationen zuverlässig nach.

Generalisierung auf andere Versuchsleiter

Als das Nachahmungsrepertoire der Versuchsperson 1 ein hohes Niveau erreicht hatte, wurden ihr neue, teils männliche (wie der erste Versuchsleiter), teils weibliche Versuchsleiter vorgeführt. Diese neuen Versuchsleiter führten die gleichen Verhaltensweisen vor wie der erste Versuchsleiter in der unmittelbar vorausgehenden Sitzung. Durch dieses Vorgehen sollte festgestellt werden, ob das Nachahmungsrepertoire der Versuchsperson auf die Vorführungen des ersten männlichen Versuchsleiters beschränkt war. Während dieses Verfahrens erteilten die neuen Versuchsleiter die Verstärkung in derselben Weise wie der erste Versuchsleiter, z. B. wurden zuvor verstärkte Nachahmungen verstärkt und Kontrollreaktionen nicht.

Ergebnisse

Reliabilität der Bewertung der Nachahmungsreaktionen

Mit welcher Zuverlässigkeit der Versuchsleiter irgendeine Reaktion als imitativ bewertete, wurde an verschiedenen Punkten während der Untersuchung der Versuchspersonen 1 und 2 überprüft. Der Prozentsatz der Übereinstimmung zwischen der Bewertung des Versuchsleiters und den unabhängigen Aufzeichnungen eines zweiten Beobachters überstieg 98 %.

Erste Trainingsverfahren

Das ursprüngliche Trainingsverfahren enthielt Situationen, die deutlich machten, in welchem Maße sich das Nachahmungsrepertoire jeder Versuchsperson entwickelte. Dies war der Fall, wenn eine bestimmte Verhaltensweise von der Versuchsperson zum ersten Mal ausgeführt wurde. Jede Anstrengung der Versuchsperson, solch neues Verhalten ohne vorausgehendes direktes Üben oder *Shaping* nachzuahmen, konnte auf frühere Verstärkung zurückgeführt werden, die die Versuchsperson dafür erhalten hatte, daß sie andere Verhaltensweisen des Versuchsleiters nachgebildet hatte. Man konnte also die Folge der erstmaligen Darbietungen für jede Versuchsperson untersuchen, um festzustellen, ob sich eine zunehmende Wahrscheinlichkeit zeigte, daß neues Verhalten bei seiner ersten Darbietung nachgeahmt wurde.

Die Folge von 130 Reaktionen im Programm der Versuchsperson 1 genügte, um die Wahrscheinlichkeit, daß neue Reaktionen nachgeahmt wurden, von null am Beginn des Programms auf hundert Prozent an seinem Ende ansteigen zu lassen. Dies wurde nachgewiesen, indem die 130 Reaktionen in dreizehn aufeinanderfolgenden Zehnerblocks zusammengefaßt wurden. Wie in Abb. 5.1 gezeigt, stieg innerhalb jedes Blocks der Anteil der bei der ersten Darbietung nachgeahmten Reaktionen zwar nicht allzu gleichmäßig, aber dennoch sehr deutlich auf 100 % im dreizehnten Block. Bei einer Folge von einhundertdreißig neuen Reaktionen stieg — wie in

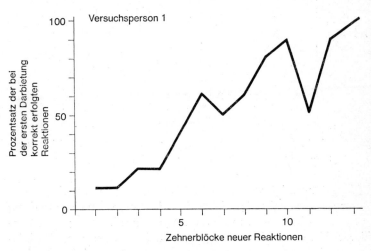

Abb. 5.1: Die Entwicklung der Nachahmung bei Versuchsperson 1

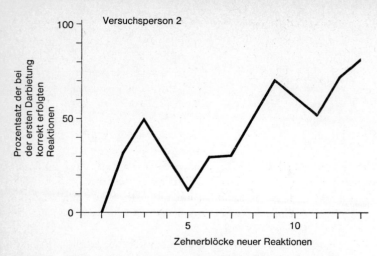

Abb. 5.2: Die Entwicklung der Nachahmung bei Versuchsperson 2

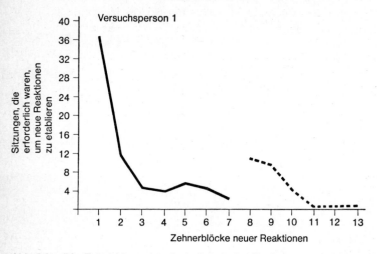

Abb. 5.3: Die Entwicklungsgeschwindigkeit der Nachahmung bei Versuchsperson 1

Abbildung 5.2 gezeigt — der Anteil an Reaktionen, die Versuchsperson 2 bei ihrer ersten Darbietung erfolgreich nachahmte, von null auf achtzig Prozent. Versuchsperson 2 zeigte im Vergleich mit Versuchsperson 1 sowohl variablere als auch weniger genaue Nachahmungen neuer Reaktionen, wenn sie das erste Mal dargeboten wurden. Dennoch ist das allge-

meine Erscheinungsbild der Daten beider Versuchspersonen vergleichbar. Versuchsperson 3 wurden nur acht unterschiedliche Operanten der Nachahmungstopographie beigebracht, die sie rascher als Versuchsperson 1 oder 2 erlernte. Spontan imitierte sie dann die neunte bei deren erster Darbietung, obwohl sie sie vor dem Training nicht nachgeahmt hatte.
Die fortschreitende Entwicklung der Nachahmung ging auch in anderer Hinsicht aus den Daten hervor. Die Anzahl der Übungssitzungen, die notwendig wurden, um neue Nachahmungen zu etablieren, wurde dadurch ermittelt, daß diese Zahl von Sitzungen für jeden der einander folgenden Zehnerblöcke neuer Reaktionen getrennt festgehalten wurde. Das Kriterium dafür, daß eine neue Nachahmungsreaktion etabliert war, wurde darin gesehen, daß die Versuchsperson während eines Versuches die von dem Versuchsleiter vorgeführte Reaktion zeigte, ohne daß dazu *Shaping* oder *Fading* notwendig waren. Dies wird in Abbildung 5.3 für die Versuchsperson 1 und in Abbildung 5.4 für die Versuchsperson 2 mittels durchgehender Linien wiedergegeben. Beide Grafiken zeigen eine systematisch abnehmende Zahl von Sitzungen, die notwendig sind, um nachfolgende neue Nachahmungen zu etablieren. Die punktierten Linien der Grafiken geben Abweichungen vom üblichen Trainingsverfahren wieder und wurden deshalb unterschiedlich ausgewertet. Für Versuchsperson 1 stellt die punktierte Linie eine Phase dar, in der verbale Reaktionen eingeführt wurden (sie wird nicht als Teil der Abb. 5.3 gewertet,

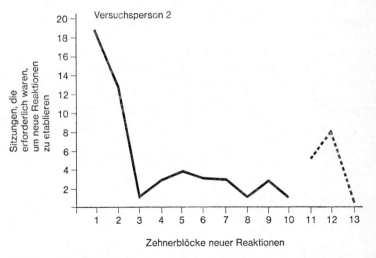

Abb. 5.4: Die Entwicklungsgeschwindigkeit der Nachahmung bei Versuchsperson 2

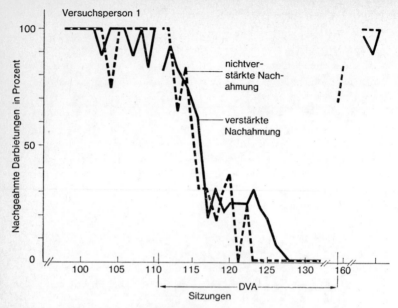

Abb. 5.5: Beibehaltung und Löschung verstärkter und nichtverstärkter Nachahmung bei Versuchsperson 1 (Die Brüche in den Daten vor und nach Sitzung 160 repräsentieren Experimentalphasen, die unter anderer Zielsetzung standen.)

sondern wird an späterer Stelle dieses Berichtes zu erörtern sein). Für die Versuchsperson 2 bedeutet die gepunktete Linie eine Folge von Sitzungen, in denen kaum neue Nachahmungsreaktionen eingeführt wurden, sondern wo zwei zuvor etablierte Nachahmungsreaktionen von ähnlicher Topographie, die die Versuchsperson nicht mehr deutlich wiedergab, intensiv trainiert wurden.

DVA-Verfahren

Alle Versuchspersonen behielten sowohl das verstärkte wie das nichtverstärkte Nachahmungsverhalten während der Experimentalsitzungen bei, solange die Nahrungsverstärkung zumindest einem Teil des Nachahmungsverhalten kontingent blieb. Als während der DVA-Phase die Verstärkung nicht länger kontingent mit dem Nachahmungsverhalten erfolgte, ließen die zuvor verstärkten Nachahmungen und die niemals verstärkten Kontrollnachahmungen deutlich nach.

Abb. 5.5 ist eine Prozentauswertung jedes imitativen Reaktionstyps von Versuchsperson 1. Die Abbildung zeigt, daß bei dieser Versuchsperson die Wahrscheinlichkeit, daß die fünfunddreißig Kontrollreaktionen nachgeahmt wurden, zwischen achtzig und einhundert Prozent variierte, solange die anderen fünfundneunzig Nachahmungsreaktionen, in die die Kontrollreaktionen eingestreut waren, verstärkt wurden. Die Anwendung des dreißig Sekunden währenden DVA-Verfahrens löschte im wesentlichen alles Nachahmungsverhalten innerhalb von zwanzig Stunden. Die zuvor verstärkten Nachahmungen und die Kontrollnachahmungen wurden, was die Geschwindigkeit und das Ausmaß betraf, in gleicher Weise gelöscht. Das Nachahmungsverhalten trat insgesamt wieder auf, als — mit ein wenig *Shaping* — die Verstärkung wieder kontingent mit dem Nachahmungsverhalten erteilt wurde.

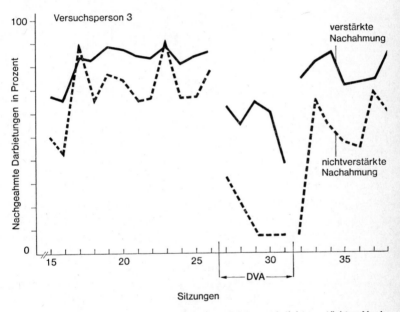

Abb. 5.6: Beibehaltung und Löschung verstärkter und nichtverstärkter Nachahmung bei Versuchsperson 3

Abbildung 5.6 ist eine ähnliche Auswertung des Nachahmungsverhaltens der Versuchsperson 3. Sie zeigt, wie die eine Kontrollnachahmungsreaktion und die acht verstärkten Nachahmungen während der Verstärkung der Nachahmung beibehalten wurden, eine merkliche Abnahme beider Typen des Nachahmungsverhaltens während der zwanzig Sekunden

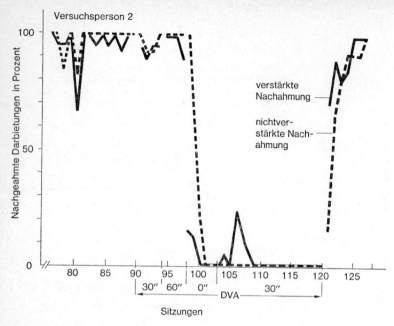

Abb. 5.7: Beibehaltung und Löschung verstärkter und nichtverstärkter Nachahmung bei Versuchsperson 2

dauernden DVA-Phase und ihr Wiedererscheinen, als die kontingente Verstärkung der Nachahmungsreaktionen wieder aufgenommen wurde. Abbildung 5.7 ist eine Auswertung des Nachahmungsverhaltens der Versuchsperson 2. Ihre Ergebnisse ähneln denen, die bei Versuchsperson 1 und 3 erzielt wurden, soweit es die Beibehaltung der 125 verstärkten und der fünf Kontrollnachahmungsreaktionen während der Verstärkungen der Nachahmungen betrifft. Ihre Daten weichen jedoch von denen der anderen während der DVA-Phase ab. Ursprünglich zeigte diese Versuchsperson keine verläßlichen Anzeichen einer Löschung nach vier DVA-Sitzungen mit einer Verzögerung von dreißig Sekunden. Darauf wurden weitere vier Sitzungen mit sechzig Sekunden währenden DVA-Phasen durchgeführt, die jedoch auch keine zuverlässige Wirkung zeigten. Schließlich wurde ein DVA-Verfahren mit einer Verzögerung von null Sekunden gewählt, was bedeutet, daß der Versuchsleiter ein bestimmtes Verhalten darbot und sofort, bevor die Versuchsperson noch reagieren konnte, „gut" sagte und ihr das Essen in den Mund stopfte. Die Verstärkung diente also dazu, den stabilen Nachahmungsreaktionen zuvorzukommen, die diese Versuchsperson an den Tag legte.

Abbildung 5.7 zeigt, daß dieses Verfahren sofort wirkte. Nach vier DVA-Sitzungen mit null Sekunden Verzögerung war es möglich, das dreißig Sekunden dauernde DVA-Verfahren wieder aufzunehmen. Dieses führte nur zu einem kurzen und partiellen Wiederauftreten der Nachahmungsreaktionen, deren Prozentsatz dann auf Null absank. Sobald der Versuchsleiter zur kontingenten Verstärkung bei geringem *Shaping* zurückkehrte, stellte sich die zuvor gezeigte hohe Nachahmungsrate rasch wieder ein.

Daraus folgt, daß in allen Fällen das Nachahmungsrepertoire auf der Verstärkung zumindest einiger seiner Bestandteile beruht. Es ist bemerkenswert, daß auch diejenigen Reaktionen, die zuvor ohne direkte Verstärkung entwickelt und beibehalten worden waren, die Löschung nicht überdauern konnten. Sie erstreckte sich auf die ganze Verhaltensklasse.

Nachahmungsketten

Den Versuchspersonen 1 und 2 war die Verkettung alter und neuer Nachahmungsreaktionen aufgegeben. Nachdem Versuchsperson 1 dem entsprechenden Verfahren zehn Stunden lang ausgesetzt war, hatte sie bereits längere Ketten praktisch erworben, die zuvor etablierte und neue Nachahmungsreaktionen enthielten. Es konnte die einwandfreie Nachahmung von 90 % der Ketten erreicht werden, die bis zu fünf Reaktionen umfaßten. Mit Versuchsperson 2 wurden nur zwei Stunden Ketten eintrainiert. Nach Ablauf dieser Zeit konnte sie 50 % der aus drei Reaktionen bestehenden Ketten nachahmen, die ihr vorgeführt worden waren, und 80 % der aus zwei Reaktionen gebildeten Ketten.

Sprachliches Verhalten

Auf die Versuchspersonen 1 und 3 wurden die Verfahren zur Entwicklung verbaler Nachahmung angewendet. Verbale Nachahmungsreaktionen wurden bei Versuchsperson 1 dadurch erreicht, daß motorische und vokale Verhaltensweisen verkettet wurden und daß dann die motorischen Komponenten ausgeblendet wurden.
Ein zwanzigstündiges Training führte zu zehn Worten, die zuverlässig nachgeahmt wurden, wie z. B.: „Hi", „Okay", der Name der jeweiligen Versuchsperson und die Bezeichnungen für einige Gegenstände. Die sprachlichen Nachahmungsübungen bei Versuchsperson 3 wurden dadurch ergänzt, daß eine Reihe motorischer Nachahmungsreaktionen hervor-

gerufen wurde, die sich Vokalisationen immer mehr annäherten. Ungefähr zehn Stunden Training waren nötig, um zuverlässige Nachahmungsvokalisationen von sieben vokalischen und konsonantischen Lauten hervorzubringen.

Übertragung auf andere Versuchsleiter

Als Versuchsperson 1 mit neuen Versuchsleitern beiderlei Geschlechts — der erste Versuchsleiter war männlich gewesen — konfrontiert wurde, zeigte sie etwa ein gleiches Maß an Nachahmung, wie sie es bei dem ersten Versuchsleiter gezeigt hatte, d. h., sie ahmte alle drei Kontrollvorführungen nach, die ein neuer männlicher Versuchsleiter darbot, und zwölf von fünfzehn verstärkten Vorführungen eines zweiten männlichen Versuchsleiters bei deren erster Darbietung, die verbleibenden drei zeigte sie bei deren dritter Demonstration. Bei anderer Gelegenheit führte der zweite der neun männlichen Versuchsleiter die fünfzehn Demonstrationen wiederum vor. Sie wurden alle bei ihrer ersten Darbietung nachgeahmt. Die Versuchsperson ahmte auch alle Teile einer Serie nach, die ein weiblicher Versuchsleiter vorführte.

Erörterung

Die Verfahren dieser Untersuchung waren in der Lage, gut entwickelte Nachahmungsreaktionen bei den Versuchspersonen hervorzurufen. Es muß jedoch festgehalten werden, daß der Versuch, Nachbildungsreaktionen bei einer Versuchsperson hervorzurufen, anfänglich auf relativ große Schwierigkeiten stieß, selbst wenn die geforderte Reaktion (zum Beispiel das Heben eines Armes) offensichtlich in dem verfügbaren Repertoire der Versuchsperson zu finden war. Dies läßt vermuten, daß die Versuchspersonen nicht so sehr spezifische Reaktionen lernten, sondern die Anweisung: „Tu das, was der Versuchsleiter tut." Ursprünglich scheinen die Verfahren dieser Untersuchung also dazu gedient zu haben, eine Anzahl der Reaktionen der Versuchspersonen unter die Kontrolle der Anweisungen des Versuchsleiters zu bringen, die er in Form seiner Vorführungen erteilte.* Damit nun eine solche Kontrolle realisiert werden kann, bei der die Vorführung als Unterweisung wirkt, muß die Reaktion, das eigene Verhalten genau wie das des Versuchsleiters zu beobachten, ent-

---

* Die Autoren schulden in diesem Punkt Israel GOLDIAMOND für seine Anregungen Dank.

weder für die Versuchsperson bereits verfügbar sein oder von ihr entwickelt werden.

Als eine wachsende Zahl von Verhaltensweisen der Versuchspersonen durch die Vorführungen kontrolliert wurde, wurden eine Reihe anderer Verhaltensweisen, die vorher in den Repertoires der Versuchspersonen nicht zu beobachten waren, zunehmend wahrscheinlich, wozu lediglich eine ähnliche Vorführung eines Modells notwendig war. In der Terminologie, die MILLER und DOLLARD (1941) vorschlugen, heißt dies, daß nur ein genügend breiter Ausschnitt aus dem Verhaltensrepertoire eines Kindes in nachbildungsabhängige Reaktionen auf das Verhalten eines Modells übergeführt werden muß, um die Tendenz hervorzurufen, Ähnlichkeit auch dort herzustellen, wo sie ursprünglich nicht gelehrt wurde.

Die Entwicklung von Nachahmungsrepertoires einschließlich der nichtverstärkten Nachahmung von Kontrollvorführungen könnte durch die Wirkung der konditionierten Verstärkung erklärt werden. Dabei kann die konditionierte Verstärkung in der vorliegenden Untersuchung auf folgende Weise gewirkt haben: Das grundlegende Verfahren war, den Versuchspersonen eine Reihe von Reaktionen beizubringen, deren jede von topographischer Ähnlichkeit mit einem Verhalten war, das ein Modell gerade dargeboten hatte. Ursprünglich mußte jede Reaktion separat etabliert werden. Bei den etablierten Reaktionen handelte es sich nur um topographische Nachahmungen. Sie wären besser nachbildungsabhängiges Verhalten zu nennen. Die Tatsache, daß die Reaktion einer Versuchsperson dem Verhalten des Versuchsleiters ähnelte, war zu diesem Zeitpunkt ohne grundsätzliche Bedeutung für jede andere Reaktion der Versuchsperson. Immerhin sollte das Kind auf diese topographische Ähnlichkeit zwischen seiner Reaktion und der des Versuchsleiters achten. Diese Ähnlichkeit hatte außerdem einen potentiell differenzierenden Wert für die einzige in der Experimentalsituation gelieferte Verstärkung. Es läßt sich einem Reiz eine Verstärkungsfunktion sehr wirkungsvoll dadurch verleihen, daß man ihn hinsichtlich der Verstärkung differenzierend wirken läßt. Hier sorgt man dafür, daß die Reizklasse der Verhaltensähnlichkeit in zahlreichen Fällen in Zusammenhang mit der positiven Verstärkung differenzierend wirkte. Folglich war zu erwarten, daß Ähnlichkeit sowohl als positiver Verstärker wie auch differenzierend wirken würde. Als positiver Verstärker sollte sie jedes neue Verhalten unterstützen, durch das sie realisiert wurde. Verhaltensweisen, die Ähnlichkeit zwischen einem selbst und einem Modell herstellen, sind natürlich dem Nachahmungsverhalten zuzurechnen, um so mehr wenn sie funktional und nicht zufällig von imitativem Charakter sind.

Diese Analyse ist nur auf den ersten Blick einfach. Besonders sollte beachtet werden, daß „Ähnlichkeit" nicht eine simple Reizdimension darstellt wie z. B. die Lauthäufigkeit oder die Lichtintensität. Ähnlichkeit bedeutet die wie auch immer beschaffene Korrespondenz zwischen der Reizerzeugung im kindlichen Verhalten und der Reizerzeugung in dem des Modells. Es darf sicherlich angenommen werden, daß die Korrespondenz zwischen zwei Reizen zu dem Reiz wird, der die Kontrolle des Verhaltens übernimmt. Um jedoch ein Nachahmungsrepertoire zu entwickeln, müssen die Korrespondenzen einer ganzen Verhaltensklasse als Reize fungieren. Das Kind muß die Korrespondenzen zwischen der Erscheinung seiner eigenen und der Hand des Modells unterscheiden lernen, zwischen seinem Arm und dem Arm des Modells, seinem Bein und dem Bein des Modells, seiner Stimme und der Stimme des Modells usw. Die Annahme scheint berechtigt, daß jeder dieser Unterschiede von dem Kind nur begriffen werden kann, wenn es über entsprechende frühere Erfahrungen verfügt. Ein Mangel an solcher Erfahrung mag durchaus für retardierte Kinder charakteristisch sein und sie zu den geeigneten Versuchspersonen solcher Untersuchungen stempeln. Die Fähigkeit, Ähnlichkeiten einer beträchtlichen Varietät von Reizen zu generalisieren, die die Kinder dieser Untersuchung bewiesen, macht wahrscheinlich, daß das Training, dem sie unterzogen wurden, dem Problem entsprach. Als nächstes – so scheint es – wäre die Aufgabe in Angriff zu nehmen, diese Verfahren einer detaillierten Analyse zu unterziehen, um herauszufinden, welches von ihnen zu welchem Bereich der Generalisierung führt. Diese Analyse könnte möglicherweise zu einem weitgehenden Verständnis des Nachahmungsverhaltens beitragen.

Literatur

Baer, D. M. & Sherman, J. A. 1964. Reinforcement control of generalized imitation in young children. *Journal of Experimental Child Psychology*, 1, 37–49.

Bandura, A. 1962. Social learning through imitation. In M. R. Jones (Hrsg.), *Nebraska symposium on motivation*. Lincoln: University of Nebraska Press. S. 211–269.

Konorski, J., & Miller, S. 1937. On two types of conditioned reflex. *Journal of General Psychology*, 16 264–272.

Lovaas, O. I., Berberich, J. P., Perloff, B. F., & Schaeffer, B. 1966. Acquisition of imitative speech by schizophrenic children. *Science*, 151, 705–707.

Metz, J. R. 1965. Conditioning generalized imitation in autistic children. *Journal of Experimental Child Psychology*, 2, 389–399.

Miller. N. E., & Dollard, J. 1941, *Social learning and imitation*. New Haven: Yale University Press.

Reynolds, G. S. 1961. Behavioral contrast. *Journal of Experimental Analysis of Behavior*, 4, 57–71.
Skinner, B. F. 1953. *Science and human behavior*. New York: Macmillan. (Deutsch: *Wissenschaft und menschliches Verhalten*. München: Kindler 1973.)
Terrace, H. S. 1963a. Discrimination learning with and without „errors". *Journal of Experimental Analysis of Behavior*, 6, 1–27.
Terrace, H. S. 1963b. Errorless transfer of a discrimination across two continua. *Journal of Experimental Analysis of Behavior*, 6, 223–232.

6. Richard H. Walters, Ross D. Parke

Einfluß der Konsequenzen, die eine
bestimmte Handlung für ein soziales Modell
hat, auf die Resistenz des Beobachters gegenüber abweichendem Verhalten*

Soziale Kontrolle wird weitgehend durch stellvertretend erfahrene Belohnung und Bestrafung ausgeübt. Adversive Konsequenzen, die Gesellschaftsmitglieder mit abweichendem Verhalten erfahren, und die sozialen Belohnungen, die jenen zuteil werden, die sozial gebilligte Handlungen ausführen, werden weithin durch die Massenmedien und die Äußerungen der Vertreter sozialer Institutionen verbreitet. In ähnlicher Weise verwenden Eltern und andere Sozialisationsagenten Geschichten mit einer moralischen Nutzanwendung, um ihren Kindern beizubringen, daß sie den sozialen Forderungen entsprechen und abweichendes Verhalten vermeiden müssen.

Obwohl die Agenten sozialer Kontrolle im Prinzip erkennen, welche Hemmungs- und Auslösungseffekte Modellen innewohnen, wurden diese Effekte doch erst verhältnismäßig spät in der theoretischen Erörterung des Nachahmungsverhaltens hervorgehoben (BANDURA und WALTERS, 1963; HILL, 1960; MOWRER, 1960). Diese Akzentuierung wurde von empirischen Untersuchungen begleitet, die die verbreitete Überzeugung bestätigten, daß abweichendes Verhalten dadurch gehemmt werden kann, daß beobachtet wird, wie das Modell adversive Konsequenzen erfährt. Erlebt der Beobachter jedoch, wie sich Belohnungskonsequenzen für ab-

---

* Im Original erstmals publiziert in *Journal of Experimental Child Psychology*, 1964, Bd. 1, S. 269–280.
Die Autoren möchten den Verwaltungsdirektoren der Public Schools von York Township und Kitchener sowie dem Director of Recreation von Kitchener für ihre Kooperationsbereitschaft danken. Dank schulden sie auch Valerie Cane, Patsie Hutton und David Walters für ihre Hilfe bei der Datensammlung, sowie Arthur Jenoff, Marjorie Stewart und Eric Nilson für ihre Mitwirkung bei der Herstellung der Filme. Die Untersuchung wurde durch das Public Health Forschungsstipendium 605-5-293 des (kanadischen) National Health Program und durch das Stipendium 9401-24 des Defence Research Board of Canada unterstützt.

weichendes Verhalten einstellen, wächst die Wahrscheinlichkeit, daß er sich in ähnlicher Weise abweichend verhält (Bandura, Ross und Ross, 1963; Walters, Leat und Mezei, 1963).
Es ist jedoch wenig wahrscheinlich, daß die unmittelbare Beobachtung oder das Wissen um Belohnungen und Strafen, die soziale Modelle erfuhren, eine notwendige Bedingung dafür darstellen, daß Hemmungs- oder Enthemmungseffekte auftreten. Lefkowitz, Blake und Mouton zeigten (1955), daß die Neigung zu nachahmender Verbotsübertretung wächst, wenn das Modell mit einem höheren Status ausgestattet wird. Da das abweichende Verhalten von Individuen mit hohem Status mit geringerer Wahrscheinlichkeit adversiven Konsequenzen begegnen wird als das von Personen mit niedrigerer sozialer Stellung, deutet dieses Ergebnis möglicherweise darauf hin, daß das Verhalten von Beobachtern durch die *Schlußfolgerungen* beeinflußt wird, zu denen sie hinsichtlich der Konsequenzen gelangen, die die Modelle erfahren werden.
Enthemmungseffekte können auch dadurch entstehen, daß ein Beobachter sieht, wie ein Modell von beliebigem Status eine sozial mißbilligte Handlung ausführt, ohne daß ihm daraus adverse Konsequenzen entstehen. Zum Beispiel zeigten Jugendliche und Erwachsene, denen man eine Messerstecherei aus dem Film „... *denn sie wissen nicht, was sie tun*" vorführte, eine Zunahme physischer Aggression, obwohl der Filmausschnitt an einem Punkt abbrach, wo es unklar blieb, welche Konsequenzen den Protagonisten erwachsen würden (Walters und Llewellyn Thomas, 1963). Keine Folgen oder „Nichtbelohnung" scheinen in solchen Fällen eine ähnliche Funktion wie ein positiver Verstärker auszuüben und sollten eher Strafaufhebung als einfach Nichtbelohnung genannt werden. Natürlich ist es möglich, daß das Modell für die sozial mißbilligte Reaktion tatsächlich nicht bestraft wurde; trotzdem läßt sich billigerweise annehmen, daß diese Art von Auslösungseffekt nur auftritt, wenn der Beobachter für die Reaktion ursprünglich adversive Konsequenzen antizipierte.
Walters u. a. (1963) verglichen die Reaktion dreier Gruppen von Kindern, die einer „Versuchung" ausgesetzt wurden. Vor dieser Konfrontation sahen zwei Kindergruppen einen Film, der zeigte, wie ein kleines Kind mit Spielzeug spielte, das man ihnen — den Beobachtern — verboten hatte zu berühren. Eine der Gruppen sah, wie das Modell für sein abweichendes Verhalten bestraft wurde, während die andere Gruppe beobachtete, wie das Modell belohnt wurde. Im Vergleich zu einer Kindergruppe, die keinen Film sah, zeigte die Gruppe mit dem Belohnungsfilm eine wirksamere Resistenz gegenüber abweichendem Verhalten. Hier soll über eine Untersuchung berichtet werden, die der von Walters u. a.

durchgeführten ähnelt. Die wichtigste Erweiterung besteht darin, daß eine vierte Gruppe von Kindern hinzugefügt wurde, die sah, wie das Modell mit verbotenem Spielzeug spielte, ohne daß es eine sichtbare Konsequenz erfuhr, weder eine Belohnung noch eine Bestrafung. Es wurde die Prognose aufgestellt, daß die *Abwesenheit von Bestrafungskonsequenzen* unter diesen Umständen eine ähnliche Funktion wie eine stellvertretend erfahrene Belohnung übernehmen würde, d. h., daß sie die Wahrscheinlichkeit von imitativem abweichendem Verhalten steigern würde.

Die Beobachtung, daß ein Modell Bestrafungskonsequenzen erfährt, mag sich nur vorübergehend auf das Verhalten auswirken. Sobald ein Verbot aufgehoben wird, mag ein Beobachter früher beobachtete Reaktionen eines Modells so nachahmen, als hätte er gesehen, daß diese belohnt oder nicht bestraft wurden. BANDURA u. a. fanden (1963), daß Kinder, die gesehen hatten, wie ein aggressives Modell bestraft wurde, relativ wenig Nachahmungen in einem Test zeigten, der nach der Darbietung durchgeführt wurde, aber nichtsdestoweniger in der Lage waren, die aggressiven Akte des Modells mit großer Genauigkeit zu beschreiben. Die Autoren deuten ihre Ergebnisse dahingehend, daß die Nachahmungsreaktionen durch kontingente Assoziation sensorischer Ereignisse (klassische Konditionierung) *gelernt* wurden und daß stellvertretend erfahrene Verstärkung nur als Determinanten der *Ausführung* auftreten. Um diese Vermutung zusätzlich zu überprüfen, wurden alle Kinder der vorliegenden Untersuchung zweimal in Gegenwart der verbotenen Spielzeuge beobachtet: Das erstemal, als das Verbot noch galt (im Falle der Filmgruppen allerdings nach Darbietung des Modells) und in einer nachfolgenden Phase, in der das Verbot aufgehoben worden war.

Methode

Versuchspersonen (Vpp)

84 durchschnittlich fünf Jahre und elf Monate alte Jungen dienten als Vpp. Die Jungen wurden nach einem Zufallsverfahren in vier Gruppen aufgeteilt. Drei Gruppen wurde ein Farbfilm von drei Minuten Dauer gezeigt, in dem ein sechsjähriger Junge und seine Mutter spielten. Drei Filme wurden verwendet: In einem wurde der Junge dafür „belohnt", daß er mit einem Spielzeug spielte, im zweiten wurde er dafür „bestraft", während der Junge im dritten weder belohnt noch bestraft wurde. Die vierte Gruppe sah keinen Film.

Ausrüstung

Die Filme wurden von einem professionellen Fernsehregisseur gedreht. Mit der Ausnahme, daß zwei Filmen ein Ende angefügt wurde, waren die Episoden, die den Vpp gezeigt wurden, identisch. Völlige Übereinstimmung war dadurch gewährleistet, daß man Kopien einer Episode verwendete. Der Film zeigte, wie eine erwachsene Frau, vermutlich die Mutter, ein Kind anwies, nicht mit Spielzeug zu spielen, das auf einen nahe stehenden Tisch gelegt worden war. Die Frau setzte das Kind dann in einen Stuhl neben dem Tisch, gab ihm ein Buch zu lesen und verließ den Raum. Nach ihrem Fortgang legte das Kind das Buch beiseite und begann, mit dem verbotenen Spielzeug zu spielen. Das Spiel dauerte ungefähr zwei Minuten. Die Spielepisode bestand aus Ausschnitten längerer Einstellungen, während deren das Kind mit jedem der verfügbaren Spielzeuge spielte. Die Ausschnitte waren so ausgewählt worden, daß alle Spielzeuge ausreichend gezeigt wurden und sieben genau definierte Manipulationen bestimmter Spielzeuge darin enthalten waren, z. B., daß das Kind einen Funkenwerfer nah an sein Gesicht hielt, während dieser Funken schoß. Eine Liste dieser genau definierten und deutlich unterscheidbaren Reaktionen war aufgestellt worden.

Zwei der Filme erhielten noch ein Ende. Zum Schluß des Belohnungsfilms kehrte die Frau in den Raum zurück, setzte sich neben das Kind, gab ihm Spielzeug und beschäftigte sich liebevoll mit ihm. Gegen Ende des Bestrafungsfilms riß die Mutter dem Kind bei ihrer Rückkehr in den Raum das Spielzeug aus der Hand, mit dem es in diesem Moment gerade spielte, schüttelte es und setzte es wieder in den Stuhl, indem sie ihm das Buch zurückgab. In dem Film ohne Konsequenzen betrat die Mutter die Szene nicht noch einmal. Die Verwendung eines Berufsregisseurs sorgte dafür, daß die Bedeutung des Verhaltens der Mutter keinem Zweifel unterlag, obwohl die Filme stumm waren. Weil Kinder gewohnt sind, im Unterricht Filme mit Geräuschbegleitung zu sehen, wurde während der Filmvorführung von einem Tonband Hintergrundmusik abgespielt. Alle Kinder hörten das gleiche Band.

Eine tragbare Spionwand, die es gestattete, die Kinder unbemerkt zu beobachten, wurde im Versuchsraum aufgebaut. Die Wand wurde genauer von WALTERS und DEMKOW (1963) beschrieben; eine graphische Darstellung der Versuchsanordnung, die der hier verwandten ähnelt, wurde von WALTERS u. a. (1963) angefertigt. Auf einem Tisch vor der Wand wurden drei Reihen von Spielzeugen aufgebaut, wobei in jeder Reihe drei Spielzeuge waren. Die Vp saß in einem Stuhl, der an dem einen Ende des Tisches vor den Spielzeugen der ersten Reihe stand, die also leicht für sie zu erreichen waren. Die Spielzeuge der zweiten Reihe konnte das Kind erreichen, wenn es sich hinstellte, während die dritte Reihe nur zu erreichen war, wenn das Kind um den Tisch herumging. Ein Bolex-18-5-Projektor, der auf einem Tisch unmittelbar hinter dem Stuhl des Kindes stand, wurde benutzt, um die Filme auf einer Leinwand vorzuführen, die an der gegenüberliegenden Wand des Raumes hing.

Verfahren

Die Gruppe ohne Film

Ein weiblicher Vl brachte das Kind in den Raum und sagte: „Du setzt dich hierhin" (dabei zeigte er auf den Stuhl). „Dieses Spielzeug hier ist für jemand anders bereitgelegt worden. Deshalb faßt du es besser nicht an. Ich komme gleich und spiele ein Spiel mit dir, aber ich habe etwas vergessen und muß es holen gehen. Während ich fort bin, kannst du dir dieses Buch ansehen." (Vl gibt Vp ein Wörterbuch.) „Ich werde die Tür schließen, damit niemand dich stört, und wenn ich zurückkomme, klopfe ich an, damit du weißt, daß ich es bin."
Das Kind wurde fünfzehn Minuten allein gelassen. Bei seiner Rückkehr sagte der Vl: „Ich habe noch nicht finden können, wonach ich gesucht habe, aber ich habe mit dem Jungen gesprochen, dem dieses Spielzeug hingestellt worden ist, und er sagte, daß er nichts dagegen hat, wenn du damit spielst. Du kannst also aufstehen und mit all diesem Spielzeug spielen. Ich werde in wenigen Minuten zurück sein." Vl verließ dann den Raum für weitere fünf Minuten. Als er das zweite Mal zurückkam, sagte der Vl: „Ich fürchte, uns bleibt keine Zeit mehr, jetzt noch das Spiel zu spielen, ich hoffe aber, daß es dir mit dem Spielzeug auch Spaß gemacht hat."

Die Filmgruppen

Der Vl sagte den Jungen auf dem Weg zum Versuchsraum, daß sie einen Film sehen würden. Der Rest des Verfahrens glich dem der Gruppe ohne Film aufs Haar, mit der Ausnahme, daß der Vl unmittelbar, nachdem er den Kindern gesagt hatte, das Spielzeug nicht anzufassen, sagte: „Nun werde ich euch einen Film zeigen." Nach Ende des Films fuhr der Vl mit den Äußerungen fort, die oben wiedergegeben wurden und damit begannen, daß er sagte: „In einem kleinen Moment..."; wie bei der Gruppe ohne Film verließ der Vl den Raum zweimal, einmal für fünfzehn Minuten und dann für weitere fünf Minuten.

Messungen

Ein Beobachter, der hinter der Spionwand saß, vermerkte auf einem extra vorbereiteten Beobachtungsbogen die Zeiten, zu denen die Vp die einzelnen Spielzeuge berührte und aufhörte, sie zu berühren. Der Bogen war so vorbereitet, daß während der fünfzehnminütigen Phase der ersten Abwesenheit des Vl der Beobachter lediglich die Zeiten, die er von einer Stoppuhr ablas, in das entsprechende Quadrat eintragen mußte, das ein bestimmtes Spielzeug bezeichnete. Frühere Erfahrungen haben gezeigt, daß durch diese Form der Datensammlung eine hervorragende Reliabilität der Rater untereinander erreicht werden kann (WALTERS u. a., 1963). Deshalb wurde nur ein Beobachter verwendet.

Aus den Aufzeichnungen des Beobachters wurden folgende Werte errechnet: Die Latenz der ersten abweichenden Reaktion der Vp, die Häufigkeit abweichenden Verhaltens und die Gesamtzeit, während deren sie abweichendes Verhalten zeigte. Außerdem wurden die Abweichungsreaktionen in der folgenden Weise gewichtet: Eine Abweichung, die eines der drei am besten erreichbaren Spielzeuge betraf, wurde mit einem Punkt bewertet; eine Abweichung, die eines der Spielzeuge in der zweiten Reihe betraf, wurde mit zwei Punkten bewertet; drei Punkte wurden gegeben, wenn die Vp ein Spielzeug in der dritten Reihe anfaßte. Einen gewichteten Wert der Abweichung und ein gewichtetes Zeitergebnis konnte dadurch erzielt werden, daß die Häufigkeit einerseits, mit der die Vp die Spielzeuge jeder Klasse berührte, und die Zeit andererseits, während deren sie mit den Spielzeugen umging, mit den entsprechenden Gewichtungen multipliziert wurden.

Das Beobachtungsblatt führte auch die sieben Reaktionen des Modells auf, die eine eindeutig zu identifizierende Weise darstellten, mit dem Spielzeug umzugehen. Während der zweiten Abwesenheit des Vl aus dem Raum setzte der Beobachter jedesmal ein Kontrollzeichen in den dafür vorgesehenen Raum des Blattes, wenn die Vp eine Reaktion zeigte, die den Bedingungen entsprach. Die Gesamtzahl der Reaktionen, die von jeder Vp gezeigt wurde, stellte den endgültigen Datenbestand für die Analyse dar.

Ergebnisse

Die Verteilungsform der Daten, die die Latenz, die Abweichungshäufigkeit und das Zeitmaß lieferten, entsprachen nicht den Anforderungen einer parametrischen Analyse. Folglich wurde die Rangfolge der Vpp nach diesen Daten und den gewichteten Ergebnissen ermittelt. Mit Hilfe der Rangvarianzanalyse nach KRUSKAL und WALLACE (SIEGEL 1956) wurde die Signifikanz der Unterschiede zwischen den Gruppen getestet. Tabelle 6.1 gibt den Punktezentralwert und die mittleren Rangplätze jeder Gruppe von Vpp sowie die Testergebnisse wieder. Vergleiche zwischen Gruppenpaaren, die auf den drei ungewichteten Abweichungsmaßen basieren, wurden mit Hilfe des U-Tests von MANN und WHITNEY (Tabelle 6.2) durchgeführt. Diese Tests zeigen, daß Belohnung, die das Modell erhält, und das Ausbleiben von Konsequenzen die Wahrscheinlichkeit abweichenden Verhaltens steigern, wenn man davon ausgeht, daß die Gruppe ohne Film eine Vergleichsebene der Reaktionen liefert. Es gibt keine signifikanten Unterschiede zwischen der stellvertretend verstärkten Gruppe und derjenigen, die keine Konsequenzen erlebte. Die Vpp, die den Bestrafungsfilm gesehen hatten, wichen schneller ab und zeigten mehr abweichendes Verhalten als die Gruppe ohne Film, aber die Unterschiede zwischen diesen beiden Gruppen waren nicht signifikant. 21 Kinder zeigten während der fünfzehnminütigen Abwesenheit des Vl kein abweichendes Verhalten. Die Verteilung von Kindern mit abweichendem und nichtabweichendem Verhalten auf die vier Gruppen von Versuchspersonen ist in Tabelle 6.3 wiedergegeben. Tabelle 6.4 gibt für jede Gruppe von Kindern den Mittelwert der Häufigkeit wieder, mit der Reaktionen auftraten, die in etwa den sieben distinktiven Spielreaktionen des Kindes im Film ähnelten. Diese Tabelle zeigt, daß Reaktionen dieser Art zwar bei den Kindern, die den Film nicht gesehen hatten, nicht ausblieben, aber doch mit erheblich größerer Häufigkeit bei Kindern auftraten, die den Film gesehen hatten. Diese Reaktionen kamen in allen drei Filmgruppen in gleichem Umfange vor.

Erörterung

Im allgemeinen erwies sich das Verbot des Vl, obgleich es milde vorgebracht wurde, als sehr wirksam bei den Kindern dieser Untersuchung. In der Gruppe ohne Film zeigte beinahe die Hälfte der Kinder kein abweichendes Verhalten. Vier weitere Kinder wichen nur einmal ab, und das nur während einer sehr kurzen Phase. Abweichendes Verhalten bei dem

Rest der Kinder war selten häufig oder von längerer Dauer (Tabelle 6.1). Deshalb läßt sich mit einiger Wahrscheinlichkeit annehmen, daß die meisten oder alle Kinder aufgrund ihrer früheren sozialen Lernerfahrungen die Möglichkeit antizipierten, daß sie für eine Verletzung des Verbotes bestraft werden würden.

Wenn man davon ausgeht, daß obige Vermutung zutrifft, kann das Ergebnis, daß die Kinder in der Gruppe ohne Konsequenzen genauso bereitwillig und häufig abwichen wie jene in der Gruppe mit belohntem Modell, möglicherweise der Tatsache zugeschrieben werden, daß das abweichende Modell unbestraft blieb. Nach MOWRER (1960a) empfindet ein Organismus „Erleichterung", wenn ein Gefahrensignal endet, ohne daß der gewohnte schädliche Reiz aufgetreten ist: „Erleichterung ist eine Form sekundärer abbauender Verstärkung und sollte deshalb fähig sein, die Furcht gegenzukonditionieren" (S. 419). Ein ähnlicher Prozeß mag sich vollziehen, wenn ein Beobachter adversive Konsequenzen für ein Modell antizipiert und diese Konsequenzen nicht in Erscheinung treten. Die Furcht des Beobachters vor Strafe mag in gewissem Ausmaß gegenkonditioniert werden, was die Wahrscheinlichkeit erhöht, daß der Beobachter selbst — in genau derselben oder in ähnlicher Weise — die Reaktionsklassen ausführen wird, die das Modell zeigte.

Lerntheoretiker haben zwar der Frage, wie es sich auswirkt, wenn positive Verstärker nach einer Phase der Verstärkung ausbleiben, beträchtliche Aufmerksamkeit geschenkt (z. B. AMSEL, 1958, 1962; LAWRENCE & FESTINGER, 1962); die Funktion der Nichtbestrafung — d. h., des Falls, in dem keine adversiven Konsequenzen aktueller oder antizipierter Bestrafung folgen — wurde weitgehend übersehen. Eine neuere Studie von Virginia CRANDALL (1963) wirft einiges Licht auf die Frage, wie es sich auswirkt, wenn die direkte Bestrafung einer zuvor bestraften Handlung aufgehoben wird. CRANDALL stellte Kindern die Aufgabe, Engel einem „Standard"-Satz anzupassen. Während der ersten zwölf Versuche wurde eine Gruppe von Kindern neunmal verbal belobigt; den Kindern einer zweiten Gruppe wurde neunmal gesagt, daß ihre Reaktionen falsch seien; zu einer dritten Gruppe von Kindern sagte der Versuchsleiter gar nichts. Alle drei Gruppen erhielten dann Gelegenheit zu einer zweiten Versuchsreihe, in der der Versuchsleiter stumm blieb. Am Beginn und nach jeder der beiden Versuchsreihen wurde die Erfolgserwartung eines jeden Kindes gemessen. Die Ergebnisse der Untersuchung beweisen, daß „Nichtbelohnung", die auf Belohnung folgt, die Erfolgserwartung der Kinder verminderte, während „Nichtbelohnung" (oder „Nichtbestrafung"), die auf Bestrafung folgt, in genau der umgekehrten Weise fungierte. CRANDALL, GOOD und CRANDALL (1964) modifizierten die Versuchsanordnun-

Tab. 6.1: Gruppenzentralwerte und mittlere Rangplätze nach fünf Indizes der Abweichungsresistenz [a]

Index	Belohnung[c]		Keine Konsequenzen		Bestrafung		Kein Film		Hb	p
	Zentral-wert	mittlere Rang-ordnung	Zentral-wert	mittlere Rang-ordnung	Zentral-wert	mittlere Rang-ordnung	Zentral-wert	mittlere Rang-ordnung		
Latenz (in sec)	137	30	135	28,5	310	46	844	62	13,26	< 0,005
Zahl der Abweichungen	3	51	3	51	2	39,5	1	27	13,84	< 0,005
Zeit der Abweichungen (sec)	7	50	8	54	2	32,5	1	25,5	13,75	< 0,005
gewichtete Zahl der Abweichungen	4	58,5	3	48,5	2	38	1	27	14,13	< 0,005
gewichtete Zeit	7	49,5	8	53	2	32	1	25,5	13,85	< 0,005

[a] Je geringer der Wert, desto niedriger der Rangplatz
[b] Für Gleichheiten korrigiert
[c] n = 21 in jeder Gruppe

gen von Virginia CRANDALL so, daß eine dritte Experimentalgruppe einbezogen wurde, während deren zweiter Versuchsreihe der Versuchsleiter dem Raum fernblieb. Auf diese Weise war es möglich, die Wirkungen der Nichtreaktionen des Erwachsenen von der der Löschung (keine Nichtreaktion des Erwachsenen) zu unterscheiden. Die Ergebnisse der früheren Untersuchung wurden bestätigt und außerdem waren die Veränderungen, die die Nichtreaktionen des Erwachsenen hervorriefen, signifikant größer als diejenigen, die die Löschung bewirkten. Die Autoren schlossen daraus, daß eine Nichtreaktion des Erwachsenen „einen aktiven kontrastierenden Verstärkungswert annimmt, der sich im Gegensatz zu dem befindet, der der vorhergehenden verbalen Verstärkung des Erwachsenen innewohnte".

Tab. 6.2: Signifikanz der Unterschiede zwischen den Gruppen mit Belohnungsfilm, mit Film ohne Konsequenzen, mit Bestrafungsfilm und ohne Film nach drei Indizes der Abweichungsrestistenz [a]

	Belohnungsfilm vs Film ohne Konsequenzen		Belohnungsfilm vs Bestrafungsfilm		Belohnungsfilm vs kein Film	
	z	p	z	p	z	p
Latenz	0,09	nicht signifik.	2,34	0,02	2,99	0,003
Zahl der Abweichungen	0,76	n. s.	2,43	0,02	3,14	0,002
Zeitmaß der Abweichung	0,74	n. s.	2,24	0,03	3,12	0,002
	Film ohne Konsequenzen vs Bestrafungsfilm		Film ohne Konsequenzen vs kein Film		Bestrafungsfilm vs kein Film	
Latenz	2,19	0,003	2,55	0,01	0,98	n. s.
Zahl der Abweichungen	1,73	0,08	2,66	0,008	1,05	n. s.
Zeitmaß der Abweichung	1,76	0,08	2,55	0,01	1,04	n. s.

[a] U-Test nach Mann und Whitney; normale Annäherung der z-Werte wurde für Gleichheiten korrigiert; alle Werte sind zweiseitig.

Tab. 6.3: Verteilung der Versuchspersonen, die nicht abwichen [a]

Vpp	belohnt	ohne Konsequenzen	bestraft	ohne Film
die abwichen	19	19	14	11
die nicht abwichen	2	2	7	10

[a] Chiquadrat = 11,87; p 0,01

Tab. 6.4: Mittelwert der Spielreaktionen, die denen des Modells ähnelten, nach der Verbotsaufhebung

Belohnung		keine Konsequenzen		Bestrafung		kein Film			
Mittel	SD	Mittel	SD	Mittel	SD	Mittel	SD	F	P
4,95	1,68	4,95	1,74	4,52	2,11	2,81	1,76	5,41	< 0,005

[a] n = 21 in jeder Gruppe

Sowohl das stellvertretend erfahrene Ausbleiben antizipierter Bestrafung wie auch die Tatsache, daß ein Erwachsener auf zuvor bestraftes Verhalten nicht reagiert, kann unter bestimmten Umständen einen Auslösungseffekt auf das soziale Verhalten von Kindern ausüben. Die Tatsache, daß die Aggression von Kindern beim Puppenspiel zunimmt, wenn ein Erwachsener es zuläßt (Nichtreaktion) belegt wahrscheinlich, daß unmittelbar erfahrene Nichtreaktion eines Erwachsenen als Auslösungseffekt fungiert (Buss, 1961). In dem Film ohne Konsequenzen in unserer Untersuchung kehrte der Erwachsene nicht in den Raum zurück; trotzdem mag unter dem Blickwinkel der Erwachsenen-Kind-Episode am Anfang die Tatsache, daß der Erwachsene nicht zurückkehrte, als Nichtintervention interpretiert worden sein. Eine weitere Versuchsgruppe, der ein Film gezeigt wird, in dem eine nicht reagierende Mutterfigur wieder den Raum betritt, wird in einer gegenwärtigen Untersuchung über den Einfluß stellvertretend erfahrener Reaktionskonsequenzen verwendet.

WALTERS u. a. (1963) berichteten, daß Kinder, die einen Film mit bestraftem Modell gesehen hatten, weniger häufig abgewichen seien als Kinder, die keinen Film gesehen hatten. Im Gegensatz hierzu offenbarte die vorliegende Untersuchung keine signifikanten Unterschiede zwischen den Gruppen mit bestraftem Modell und ohne Film. Die unterschiedlichen Ergebnisse mögen teilweise auf schichtspezifische Unterschiede zurückzuführen sein. Sowohl die Kinder ohne Film als auch die Kinder mit belohntem Modell wichen in der früheren Untersuchung sehr viel bereitwilliger ab als die vergleichbaren Gruppen in der vorliegenden Untersuchung. Die Kinder aus der ersten Studie kamen aus einer niedrigeren Schicht, die ein Großstadtzentrum bewohnte, das größtenteils von einer Emigrantengruppe bevölkert wurde, von der man weiß, daß sie ihre Kinder recht nachsichtig erzieht. Die Kinder der zweiten Untersuchung stammten entweder aus den von der Mittelschicht bewohnten oder aus kleineren, sehr viel enger zusammengeschlossenen städtischen Gemeinden. Das Verbot des Vl mag deshalb mehr dazu angetan gewesen sein, das Verhalten der Kinder in der zweiten Untersuchung zu kontrollieren.

Das Ergebnis, daß Kinder in der Gruppe mit bestraftem Modell bereitwilliger abwichen als Kinder in der Gruppe ohne Film, sollte dennoch zu erklären versucht werden. Einen Schlüssel für das Verständnis liefert das Verhalten der Kinder, die die Episode ohne Konsequenzen beobachteten. Diese Kinder wichen relativ rasch und häufig ab, was darauf hinweist, daß die bloße Beobachtung des Modells, wie es mit dem Spielzeug spielte, als Auslösungseffekt wirken kann. Die Kinder in der Gruppe mit bestraftem Modell sahen genau dieselbe Episode wie die Kinder in der Gruppe ohne Konsequenzen, nur daß für sie das Ende mit der Bestrafung hinzugefügt wurde. Vielleicht wirkte sich die Beobachtung, daß das anschließend bestrafte Modell spielte, ursprünglich als Auslösungseffekt aus, der nicht völlig durch die Bestrafungskonsequenzen, die das Modell erfuhr, aufgehoben werden konnte.

Während der Spielphase, die auf die Erneuerung des Verbots folgte, zeigten die Kinder in allen drei Filmgruppen mehr Reaktionen, die denen vom Modell gezeigten ähnelten, als es die Kinder in der Gruppe ohne Film taten; noch wichtiger ist die Tatsache, daß die drei Filmgruppen sich wenig hinsichtlich der Häufigkeit des Nachahmungsverhaltens voneinander unterschieden. Dieses Ergebnis läßt sich so verstehen, daß stellvertretend erfahrene Verstärkung wenig oder keinen Effekt auf das Beobachtungs*lernen* hat, aber von beträchtlicher Wirkung auf die Ausführung ist. Dennoch läßt sich nicht mit Sicherheit annehmen, daß unter den Bedingungen dieses Experiments die Kinder in den Filmgruppen irgendeine vollständig *neue* Reaktion erwarben, weil sie den Film gesehen hatten. Unsere experimentellen Manipulationen können also mit anderen Worten lediglich dazu gedient haben, die Wahrscheinlichkeit zu modifizieren, daß zuvor erlernte Reaktionen ausgeführt wurden.

Außerdem täuscht der Terminus „stellvertretende Verstärkung" möglicherweise darüber hinweg, daß die Verfahren dieser Studie unter Umständen mit denen jener Untersuchungen ganz unvereinbar sind, deren Gegenstand die Wirkung unmittelbar erteilter sozialer Bestrafungen und Belohnungen ist. In den Studien der zweiten Art werden lustvolle oder aversive Reize andauernd oder intermittierend bei einer *Reihe* von Gelegenheiten dargeboten, die Anlaß zum Vorkommen einer spezifischen Reaktionsgruppe bieten. Solche Verstärkungsverfahren beeinflussen — wie allgemein angenommen wird — primär das *Lernen,* d. h. eher die Intensität der verstärkten Reaktionsklassen als die *Ausführung,* die weitgehend von externen Hinweisreizen und dem Trieb oder dem Erregbarkeitsniveau des Subjekts abhängt. Warum also sollten in unserer Untersuchung die Reaktionskonsequenzen primär die Ausführung beeinflussen? Die Antwort könnte sein, daß die Reaktionskonsequenzen, die ein soziales

Modell erfährt, nur als differenzierende Reize wirken, die dem Beobachter anzeigen, ob eine Reaktionsklasse innerhalb eines gegebenen sozialen Kontextes erlaubt oder nicht erlaubt ist. Wenn eine spezifische Konsequenz erteilt wird, modifiziert sie möglicherweise den gesamten Reizkomplex, was dazu führen kann, daß eine Hierarchie von Gewohnheiten hervorgerufen wird, die sich von jener unterscheidet, die durch das Fortlassen der Konsequenzen hergestellt wird. Doch es kann sich keine Veränderung der relativen Stärke bestehender Gewohnheit ergeben. Wenn diese Analyse zutrifft, fungieren Reaktionskonsequenzen, die ein Modell erfährt, als Hinweisreize und erteilen genaugenommen keine stellvertretende Verstärkung, sondern stellen eine Manipulation dar, die auf dieselbe Ebene gehört wie die anschließende verbale Verbotsaufhebung des Versuchsleiters, die die Ausführungen ebenfalls beeinflußt. Daß in der vorliegenden Studie Unterschiede zwischen der Gruppe mit Belohnung und der Gruppe ohne Konsequenzen fehlten, mag in diesem Fall einfach darauf hinweisen, daß das Ausbleiben aversiver Konsequenzen eine hinreichende Bedingung dafür war, ein Verbot zu verletzen, und daß es keine signifikante Reizveränderung darstellte, wenn eine Belohnung hinzugefügt wurde.

Angesichts der großen Zahl nichtabweichender Fälle ist anzunehmen, daß die Abweichungsresistenz weitgehend eine Frage des „Alles oder Nichts" war. Tatsächlich ergab eine Analyse der Latenz der Abweichungshäufigkeit und des Zeitmaßes für die 63 abweichenden Versuchspersonen, daß die Unterschiede zwischen den Gruppen keine Signifikanz erreichten. Dennoch unterstützten diese Unterschiede die Prognose, und waren ausreichend groß, um Argumente gegen eine „Alles oder Nichts"-Deutung zu liefern. Die Mittelwerte für die Gruppen mit Belohnung, ohne Konsequenzen, mit Bestrafung und ohne Film waren die folgenden: 120, 86, 236 und 264 Sekunden für die Latenz; 4, 4, 3, und 2 für die Abweichungshäufigkeit; 11, 12, 2 und 1 Sekunde für die Zeit. Die Ergebnisse für abweichende Kinder legen deshalb nahe, daß die *Stärke* der Resistenz von den Filmepisoden unterschiedlich beeinflußt wurde, und daß die Ergebnisse noch eindeutiger hätten ausfallen können, wenn es möglich gewesen wäre, diese Testsitzung so lange fortzuführen, bis sie durch eine Abweichung beendet worden wäre. Leider hat es sich nicht als praktikabel erwiesen, Kindergartenkinder oder Kinder aus den ersten Schuljahren länger als fünfzehn Minuten unter der „Versuchungs"-bedingung zu halten, weil viele Kinder, die nicht abweichen, schließlich aufsässig werden und nicht bereit sind, über diesen Zeitraum hinaus im Raum zu bleiben. Zukünftige Untersuchungen sollten wohl besser mit älteren Kindern durchgeführt werden, obwohl hier stärker ausgeprägte, individuelle Unterschiede es möglicherweise notwendig machen, die Versuchspersonen hinsichtlich ihrer anfänglichen Widerstandskraft dadurch anzugleichen, daß sie einem Vortraining unterzogen werden, bei dem sie für Abweichungen unmittelbar bestraft werden.

Literatur

AMSEL, A. 1958. The role of frustrative nonreward in noncontinuous reward situations. *Psychological Bulletin*, 55, 102–119.

AMSEL, A. 1962 Frustrative nonreward in partial reinforcement and discrimination learning: Some recent history and a theoretical extension. *Psychological Review*, 69, 306–328.

BANDURA, A., ROSS, DOROTHEA, & ROSS, SHEILA, A. 1963. Vicarious reinforcement and imitation. *Journal of Abnormal and Social Psychology*, 67, 601 bis 607.

BANDURA, A., & WALTERS, R. H. 1963. *Social learning and personality development*. New York: Holt.

BUSS, A. H. 1961. *The psychology of aggression*. New York: Wiley.

CRANDALL, VIRGINIA C. 1963. Reinforcement effects of adult reactions and nonreactions on children's achievement expectations. *Child Development*, 34, 335–354.

CRANDALL, VIRGINIA C., GOOD, SUZANNE, & CRANDALL, V. J. 1964. Reinforcement effects of adult reactions and nonreactions on children's achievement expectations. A replication. *Children Development*, 35, 485–497.

HILL, W. F. 1960. Learning theory and the acquisition of values. *Psychological Review*, 67, 317–331.

LAWRENCE, D. H., & FESTINGER, L. 1962. *Deterrents and reinforcements: The psychology of insufficient rewards*. Stanford: Stanford University Press.

LEFKOWITZ, M. M., BLAKE, R. R., & MOUTON, JANE S. 1955. Status factors in pedestrian violation of traffic signals. *Journal of Abnormal and Social Psychology*, 51, 704–706.

MOWRER, O. H. 1960a. *Learning theory and behavior*. New York: Wiley.

MOWRER, O. H. 1960b. *Learning theory and the symbolic processes*. New York: Wiley.

SIEGEL, S. 1956. *Nonparametric statistics for the behavioral sciences*. New York: McGraw-Hill.

WALTERS, R. H., & DEMKOW, LILLIAN. 1963. Timing of punishment as a determinant of response inhibition. *Child Development*, 34, 207–214.

WALTERS, R. H., & LLEWELLYN THOMAS, E. 1963. Enhancement of punitiveness by visual and audiovisual displays. *Canadian Journal of Psychology*, 17, 244–255.

WALTERS, R. H., LEAT, MARION, & MEZEI, L. 1963. Response inhibition and disinhibition through empathetic learning. *Canadian Journal of Psychology*, 17, 235–243.

7. Dan I. Slobin

Nachahmung und die Entwicklung der Grammatik bei Kindern*

Die Transformationsgrammatik führte zu einer längst notwendigen neuen Einstellung bei der Untersuchung kindlicher Sprachlernprozesse, wie sie durch die Arbeit von Psychologen wie z. B. Roger BROWN, Susan ERVIN-TRIPP und Martin BRAINE charakterisiert wird. In ihnen werden die kreativen und eigenständigen Züge des kindlichen Lernens betont und die Rolle der Nachahmung — des traditionell überforderten Erklärungsschemas auf diesem Gebiet — vernachlässigt (BRAINE, 1963; BROWN & BELLUGI, 1964; BROWN & FRASER, 1963; CHOMSKY, 1965; ERVIN, 1964; FRASER, BELLUGI & BROWN, 1963; MILLER und ERVIN, 1964). In den Diskussionen von Linguisten und später von Psychologen wurde Nachdruck darauf gelegt, daß linguistische Kompetenz sinnvoll nur durch ein Regelsystem wiedergegeben werden kann, das eine unendliche Zahl möglicher Sätze einer Sprache generieren kann. Wenn ein Kind sein Leben damit zubringen sollte, Sätze zu imitieren, die es gehört hat, könnten wir damit doch niemals die außerordentliche Fähigkeit eines jeden Menschen erklären, Sätze zu bilden und zu verstehen, die er offensichtlich zuvor niemals gehört hat, die aber nichtsdestoweniger als Sätze seiner Sprache zu akzeptieren sind. Und wirklich haben sorgfältige Beobachter der kindlichen Sprache Äußerungen von Kindern unterscheiden können, die diese niemals zuvor haben hören können — die also weder Nachahmungen noch reduzierte Nachahmungen von Äußerungen Erwachsener sein konnten — die aber mit Hilfe einer zugrundeliegenden Struktur erklärbar zu sein scheinen: mit Hilfe der idiolektischen Grammatik des Kindes. Aus der Untersuchung von BRAINE (1963) und der von BROWN und seinen Mitarbeitern (BROWN & BELLUGI, 1964) sind uns Äußerungen bekannt wie zum Beispiel: *allgone pacifier, put on it* und *a this truck*. Solche Beispiele sind einfach eine etwas dramatischere Weise, denselben

---

* Im Original erstmals publiziert in *Contemporary Issues in Development Psychology*, hrsg. von Norman S. ENDLER, Lawrence R. BOULTER und Harry OSSER, New York (Holt, Rinehart and Winston) 1968.

Punkt zu betonen: Fast alle Äußerungen sind neu. Die Grenzen eines Sprachlernmodells, das auf der Nachahmung beruht, werden weiterhin durch die Arbeit von Eric LENNEBERG (1962) betont, der uns den Fall eines Jungen vorführte, welcher aus physiologischen Gründen nicht in der Lage war, ein Wort zu äußern, der aber dennoch in der Lage war, die Komplexitäten der englischen Grammatik und Semantik zu verstehen. Andererseits berichtete er von dem Fall mongoloider Kinder, die zwar viel sprachen, doch diese Komplexitäten nicht gänzlich zu meistern verstanden (LENNEBERG u. a., 1964). Nachahmung ist folglich weder *notwendig,* um eine Sprache verstehen zu lernen, noch bietet sie die Gewähr dafür, daß man sprechen lernt. Aber läßt sich überhaupt beweisen, daß sie *helfen,* daß sie zumindest einem *normalen* Kind helfen kann, die Grammatik dieser Sprache zu lernen? *

Eine Möglichkeit, diese Frage zu klären, besteht darin, zu prüfen, ob ein Kind irgend etwas nachahmend sagen kann, was es spontan nicht sagen kann. Kann es Sätze äußern, die länger oder komplizierter sind als diejenigen, die es selbst gewöhnlich generiert, wenn es ein Modell unmittelbar vorher von einem Erwachsenen dargeboten bekommt? Roger BROWN und seine Mitarbeiter haben mit solchen provozierten Nachahmungen gearbeitet. Er und Colin FRASER (1963) forderten sechs Kinder zwischen 25 und 35 Monaten auf, Sätze des Versuchsleiters zu wiederholen und fanden heraus, daß die mittlere Länge solcher Nachahmungen ungefähr der mittleren Länge der spontanen Äußerungen dieser Kinder entsprach, und daß sie denselben „Telegramm"-Stil hatten. Die beiden Forscher fanden jedoch in Zusammenarbeit mit Ursula BELLUGI heraus (FRASER, BELLUGI und BROWN, 1963), daß Kinder im Alter zwischen 37 und 43 Monaten Sätze nachahmen konnten, die sie alleine weder verstehen noch erzeugen konnten. In Anbetracht dieser Experimente mit *provozierten* Grenzen finden wir also, daß Kinder, bevor sie nicht ein bestimmtes Alter erreicht haben, nicht besser nachahmend als spontan sprechen können.

Zu Recht hat Susan ERVIN-TRIPP eingewandt, daß die Kinder bei BROWN *aufgefordert* wurden, nachzuahmen, während die Untersuchung der Frage, „ob sich Nachahmung signifikant als Ursache für grammatische Fortschritte auswirkt, besser auf spontanen Nachahmungen basieren sollte, denn Kinder verhalten sich bei ihren Nachahmungen selektiv" (ERVIN, 1964 S. 164). Sie und Wick MILLER (MILLER und ERVIN, 1964)

---

* Ich befasse mich hier nur mit der Rolle der Nachahmung für die Entwicklung der Grammatik. Die Nachahmung mag als leistungsfähigeres Lernschema in anderen Bereichen fungieren, wie z. B., wenn das Kind die Aussprache oder neue lexikalische Einheiten und Klischees lernt.

haben intensiv mit fünf Kindern zwischen 22 und 34 Monaten gearbeitet — der gleichen Altersklasse also wie die jüngere Gruppe von BROWN & FRASER. Diese Untersuchung brachte ERVIN-TRIPP zu der überzeugenden Schlußfolgerung, daß „es nicht die Spur eines Beweises dafür gäbe, daß sich die Fortschritte in den grammatischen Normen Erwachsener bloß aus der offenen Nachahmung von Sätzen Erwachsener ergäben" (ERVIN, 1964, S. 171). Im wesentlichen unterzog sie das freie Sprechen der Kinder — den Dingen, die sie von selbst sagten — einer grammatischen Analyse und bestimmte, ob ihre spontanen Nachahmungen von größerer, grammatischer Komplexität als ihr freies Sprechen waren. Im allgemeinen fand sie keine Komplexitätsunterschiede. MENYUK (1963) fand ebenfalls heraus, daß kleine Kinder dazu neigen, ihre eigene Grammatik zu verwenden, wenn sie unter der Bedingung provozierter Nachahmung die Satzmodelle Erwachsener wiederholen. Solche Ergebnisse lassen die Vermutung sicherlich sehr zweifelhaft erscheinen, daß die Nachahmung als brauchbares Erklärungssystem dafür zu betrachten sei, wie sich die Syntax des Kindes entwickle.

Wenn man jedoch eine andere Art von Daten sehr sorgfältig untersucht, zeigt sich, daß es möglicherweise doch die schwache Spur eines Beweises dafür gibt, daß eine spezifische Weise der Nachahmung möglicherweise eine gewisse Rolle in diesem Prozeß übernehmen könnte. ERVIN-TRIPPS Daten sind nicht völlig natürlich, genausowenig wie die früheren Daten von BROWN, denn obwohl sie und MILLER zu Hause bei den Kindern arbeiteten und eher die spontanen als die provozierten Nachahmungen untersuchten, war die Situation den Kindern nicht vertraut: Sie interagierten mehr mit den erwachsenen Versuchsleitern als mit ihrer Mutter. Vielleicht bleiben in dieser Situation besondere Aspekte des Dialogs zwischen Mutter und Kind verborgen.

Roger BROWN und seine Gruppe in Harvard beobachteten über einen Zeitraum von anderthalb Jahren sorgfältig zwei Kinder — von ihrem achtzehnten Monat bis zu ihrem dritten Geburtstag. Diese Kinder werden in der Literatur sinnigerweise mit den Spitznamen „Adam und Eva" versehen (BROWN und BELLUGI, 1964). Als ich die Mitschriften dieser Sitzungen durchsah, die in einer normalen häuslichen Situation stattfanden, wurde mir klar, daß man nicht einfach von spontanen Imitationen oder einer generell wirksamen Rolle der Nachahmung als einem einzigen Prozeß sprechen kann. Die Nachahmung kann verschiedene Rollen übernehmen. Diese Rollen mögen auf verschiedenen Altersstufen variieren. Das Kind wiederholt neue Wörter, die es hört, es wiederholt Fragen und Befehle, es wiederholt Lob, es wiederholt, wie die Erwachsenen erläutern, was vorgeht, es wiederholt im Spiel und so weiter. Es ist notwendig, die vielen verschiedenen Situationen zu betrachten, in denen ein Kind nachahmt — und wir dürfen nicht davon ausgehen, daß sie alle einen grammatischen Fortschritt bringen.

Wenn man die Entwicklung der Grammatik äußerst genau betrachtet, (Brown, mündliche Mitteilung) kann man oft feststellen, daß eine bestimmte Konstruktion zuerst als Nachahmung einer Äußerung eines Elternteils auftritt und erst einige Wochen oder Monate später im eigenen spontanen Sprechen des Kindes. Hier scheinen wir den Beweis zu haben, der gegen die Ergebnisse von Ervin-Tripp spricht — Nachahmungen *können* zur Verbesserung der Grammatik beitragen.

Ich bin besonders an jenen Situationen interessiert, in denen ein Kind die Reaktion eines Erwachsenen wiederholt, die dieser auf die kindlichen Äußerungen zeigte. Erwachsene haben häufig die Tendenz, die Äußerungen des Kindes zu erweitern (Brown & Bellugi, 1964). Wenn man den Gesprächen von Erwachsenen und Kindern lauscht, wird man oft hören können, daß der *Erwachsene* nachahmt, was das *Kind* sagt — aber dabei füllt der Erwachsene die Lücken im Telegrammstil des Kindes aus und klärt ihn. Er macht vollständige Sätze aus den kindlichen Äußerungen. Zum Beispiel mag ein Kind sagen: „Play Mama slipper" und der Erwachsene wird wiederholen: „Play with Mama's slipper", wobei er also eine Präposition und eine Flexion einfügt. Oder ein Kind mag sagen: „Play piano" und die Mutter wird etwa äußern: „Playing the piano", indem sie eine Flexion und einen Artikel hinzufügt. Manchmal werden diese Erweiterungen mit einer erklärenden Intonation geliefert, als wollte der Erwachsene einfach bestätigen, was das Kind gesagt hat. Und manchmal werden sie von einer ansteigenden Intonation begleitet; zum Beispiel mag das Kind sagen: „Oh no, raining" und die Mutter mag antworten: „Oh no, it's not raining?" Diese „Erweiterungsfragen" scheinen eine Art Verständnisprobe zu sein — die Mutter bietet eine Erweiterung an und scheint zu fragen: „Ist es das, woran du gedacht hast?"

Das Sprechen von sehr kleinen Kindern ist in besonderem Maße dazu geschaffen, diese Art erweiterter Nachahmungen von seiten der Erwachsenen zu provozieren. So führen Brown und Bellugi aus: „Tatsächlich stieß der Versuch, Erweiterungen zu unterbinden, auf große Schwierigkeiten. Ein reduzierter oder unvollständiger englischer Satz scheint den englisch sprechenden Erwachsenen zu zwingen, ihn zu dem nächstliegenden, wohlgeformten Satz zu erweitern" (S. 144). Tatsächlich riefen 30 % der Äußerungen von „Adam und Eva" erhebliche Erweiterungen ihrer Mütter hervor. Sehr interessant ist auch, daß die Mütter ihre Kinder ungefähr *dreimal* häufiger nachahmten, als sie selbst nachgeahmt wurden, denn ungefähr 10 % der kindlichen Äußerungen stellten spontane Nach-

ahmungen von Äußerungen Erwachsener dar. Diese Beobachtungen verlangen eine Erklärung.
Die besondere Nachahmungssituation, mit der ich mich hier beschäftige, ist die Nachahmung solcher Erweiterungen durch das Kind. Dies geschieht ziemlich häufig: Ungefähr fünfzehn Prozent der Nachahmungen der Kinder in den Mitschriften von Brown sind Wiederholungen von Erweiterungen oder Reaktionen auf Erweiterungsfragen. Hier ist natürlich weiter zu fragen, ob Kinder von der Nachahmung solcher Erweiterungen profitieren. Es ist festzuhalten, daß ein Kind hierbei drei Dinge tun kann: (a) es kann seine ursprüngliche Äußerung einfach wiederholen, ohne irgend etwas von dem, was der Erwachsene jetzt hinzufügte, anzunehmen; oder es kann (b) etwas sagen, was noch kürzer als das ist, was es ursprünglich gesagt hat; oder es kann (c) — was am interessantesten ist — seiner ursprünglichen Äußerung etwas hinzufügen, etwas, was es sich aus der Erweiterung angeeignet hat. Zum Beispiel sagt das Kind: „Papa name Papa", dann erweitert die Mutter: „Papa's name is Papa" und das Kind wiederholt diese Erweiterung: „Papa name is Papa". Es hat hier etwas hinzugefügt — die Kopula, die gewöhnlich in seinem eigenen Sprechen fehlt. Diese dritte Wahlmöglichkeit ist bei Adam und Eva die häufigste. Sie machen von ihr in ungefähr 50 % der Fälle Gebrauch, in denen sie Erweiterungen nachahmten, wie Tabelle 7.1 zeigt.
Hier ist eine Situation, so glaube ich, gegeben, in der die Nachahmung dazu beitragen kann, dem Kind bei seiner grammatischen Entwicklung zu helfen. Als Adam und Eva ihre ursprünglichen Äußerungen erweiterten, indem sie die Erweiterungen der Erwachsenen nachahmten, fügten sie ihnen solche Dinge wie den Artikel, die Kopula, ein Pronomen, eine Präposition, eine Flexion hinzu — eben jene Merkmale, die in ihrem eigenen Telegrammstil gewöhnlich fehlen. Diese Äußerungen erschöpfen — wenn sie nicht sogar außerhalb der spontanen Möglichkeiten des Kindes liegen — diese doch zumindest völlig. Man hat oft den Eindruck, daß das kleine Kind einen sehr begrenzten Bereich beim Sprechen zur Verfügung hat — daß es nur eine bestimmte Anzahl von Entscheidungen pro Satz treffen kann — und daß eine Erweiterung, die seinem Sprechen in derselben Situation unmittelbar folgt, diesen Bereich merklich vergrößern kann.
Der Bereich der Satzprogrammierung, auf den ich mich hier beziehe, betrifft mehr die Anzahl als die Länge von Operationen, die bei der Erzeugung eines Satzes beteiligt sind. Ursula Bellugi kann überzeugende Beispiele aus Adams Sprechen anführen (persönliche Mitteilung). Als Adam zum Beispiel die Possessivflexion in einfachen Feststellungen wie zum Beispiel: „Daddy's chair" bereits gelang, ließ er sie dennoch in

komplizierteren Konstruktionen wie zum Beispiel: „Where Daddy chair?" fort. Oder wenn er die Inversion des Hilfszeitworts bei Ja-Nein-Fragen gelernt hatte wie zum Beispiel: „Can't it be a bigger truck?" und „Can I go out?", gelang es ihm noch nicht, diese Operation in Fällen komplexerer Fragen auszuführen wie „Why he can go there?"

Es könnte sein, daß sich die Gelegenheit, Erweiterungen nachzuahmen, als besonders hilfreich in solchen Fällen erweist, wo das Kind eine gegebene Operation verwenden kann, wenn es nicht durch zusätzliche syntaktische Komplexität abgelenkt wird. Und ganz allgemein scheinen Erweiterungen eine ganz ausgezeichnete, natürliche Lehrmethode zu sein. Die Mutter gibt dem Kind zu einem Zeitpunkt ein korrektes Modell für sein Sprechen, da seine Aufmerksamkeit erregt ist und da der semantische Inhalt – die Situation – sich nicht verändert. BROWN und BELLUGI wagen die höchst interessante Vermutung, daß man ein Kind,

Tab. 7.1: Nachahmungen von Erweiterungen

Nachahmungstyp	Beispiel	relative Häufigkeit*	
		Adam	Eva
(a) nicht erweitert	K i n d : „Just like cowboy." E r w a c h s e n e r : „Oh, just like the cowboy's." K i n d : Just like cowboy.	45 %	17 %
(b) reduziert	K i n d : „Play piano." E r w a c h s e n e r : Playing the piano." K i n d : „Piano."	7 %	29 %
(c) erweitert	K i n d : „Pick 'mato." E r w a c h s e n e r : Picking tomatoes up?" K i n d : „Pick 'mato up."	49 %	54 %

* Diese Zahlen betreffen Adam im Alter von 2,3 bis 2,10 und Eva von 1,6 bis 2,2.

wenn man es mit den „kleinen Wörtern" und grammatischen Markierungen — den Funktionsträgern, die in seinem eigenen Telegrammstil fehlen — versorgt, möglicherweise dazu führt (um WHORFS anschauliches Bild zu verwenden), „die Natur nach Linien zu zerlegen, die von unseren Muttersprachen vorgezeichnet werden":

Die Erweiterung kodiert Aspekte der Realität, die nicht durch die telegrammartige Äußerung des Kindes erfaßt wird. Auch grammatische Wörter sind Bedeutungsträger, doch diese Bedeutung gewinnen sie eher aus dem Kontext, als daß sie auch isoliert über sie verfügten. Die Bedeutungen, die durch die grammatischen Wörter entstehen, scheinen nichts anderes zu sein als die Grundbegriffe, in denen wir Wirklichkeit konstruieren: die Zeit einer Handlung, ob sie noch fortdauert oder abgeschlossen ist, ob sie gegenwärtig noch relevant ist oder nicht, der Begriff des Besitzes und solcher Beziehungsbegriffe wie sie durch „in, on, up, down" und ähnliche kodiert werden, der Unterschied zwischen einem besonderen Fall einer Klasse („Has anybody seen *the* paper?") und irgendeinem Fall einer Klasse („Has anybody seen *a* paper?"), der Unterschied zwischen ausgedehnten Substanzen, deren Form und Größe durch einen „akzidentellen" Behälter *(sand, water, sirup* usw.) bestimmt wird, und zählbaren „Dingen", die über eine charakteristische feste Größe und Form verfügen *(a cup, a man, a tree)*. Uns scheint, daß eine Mutter möglicherweise, wenn sie Sprechen erweitert, mehr lehrt als Grammatik. Möglicherweise lehrt sie so etwas wie ein Weltbild (1964, S. 147–148).

Altersbedingte Veränderungen der Nachahmungen geben ebenfalls Anlaß zum Nachdenken. Nach den Mitschriften von Adam und Eva scheint es so, als ahme ein Kind weniger nach, wenn es älter wird. Die anwesenden Erwachsenen erweitern sein Sprechen auch weniger häufig. Anfangs sieht es häufig so aus, als versuchten Mutter und Kind im Wechselgespräch herauszufinden, was der andere zu sagen versucht. Viele der frühen Nachahmungen des Kindes zeichnen sich durch eine ansteigende Intonation aus, wie in dem folgenden Zwiegespräch zwischen Adam und seiner Mutter, das stattfand als er zweieinhalb Jahre alt war:

Mutter: „It fits in the puzzle some place."
Adam: „Puzzle? Puzzle some place?"
Mutter: „Turn it around."
Adam: „Turn around?"
Mutter: „No, the other way."
Adam: „Other way?"
Mutter: „I guess you have to turn it around."
Adam: „Guess turn it around. Turn round."

Als das Kind ungefähr drei Jahre alt war, schienen Mutter und Kind sich schon mehr miteinander zu unterhalten als einander zu imitieren. Dies stellt einen auffallenden Unterschied zwischen den frühen und späten Mitschriften dar. Offensichtlich erweitert die Mutter nicht mehr, weil die Äußerungen des Kindes vollständiger geworden sind. Jetzt ist leichter zu vermuten, was es meint, und die Konversation wird immer müheloser. In Wechselgesprächen sind die Sätze der Mutter — wie in der Konversation zwischen Erwachsenen — eher Folgesätze als Erweiterungen. Gleichzeitig schwindet natürlich die Möglichkeit für das Kind, Erweiterungen nachzuahmen — aber seine Nachahmungsrate ist zu diesem Zeitpunkt ohnehin generell auf zwei oder drei Prozent abgesunken.

Alle diese Ergebnisse und Vermutungen bringen mich zu der Überzeugung, daß es möglicherweise eine Art „kritisches Alter" für Erweiterungen gibt — ein Alter, in dem es dem Kind am ehesten hilft, wenn es ein erweitertes Modell seiner eigenen Äußerungen nachahmen kann (entweder offen oder vielleicht auch verdeckt). In diesem Alter ist es fähig, mehr zu sagen, als seine Sprachgewohnheiten normalerweise offenbaren, weil es von seinen Fähigkeiten noch keinen Gebrauch machen kann. Es ist auch ein Alter, in dem es aus vielerlei Gründen besonders geneigt ist nachzuahmen. Dies scheint dadurch in einem gewissen Maße belegt werden zu können, daß man sich die Veränderungen ansieht, die die Nachahmungen von Adam und Eva auf verschiedenen Altersstufen erlitten. Im frühesten Sample, als Eva achtzehn Monate alt war, bestanden dreizehn Prozent ihrer Äußerungen aus Nachahmungen. Dieser Prozentsatz nimmt ständig ab. Im höchsten Alter, das ich in der Tabelle anführe – Adam mit 34 Monaten – ist diese Rate auf zwei Prozent gefallen. Auch die Wiederholungen der Erweiterungen sind deutlich altersbedingten Veränderungen unterworfen. Reduzierte Wiederholungen hören bereits auf einer frühen Altersstufe völlig auf; nicht erweiterte Wiederholungen ein wenig später; und erweiterte Wiederholungen sind über einen längeren Zeitabschnitt noch festzustellen und herrschen aus diesem Grunde bei späteren Altersstufen vor.

Wir haben jedoch, wie überzeugend dieser Gedankengang auch sein mag, keinen Beweis dafür, daß die Erweiterungen, die Erwachsene mit dem Sprechen von Kindern vornehmen, eine grundsätzliche oder auch nur bahnende Rolle in der Entwicklung der Grammatik übernehmen kann. In der einzigen mir bekannten Studie, in der versucht wurde, diese Frage zu klären, gelang es in der Tat nicht, die Annahme zu belegen. Courtney CAZDEN hat für eine kürzlich vorgelegte Dissertation in Harvard (1965) zwölf Wochen lang täglich mit zwölf Negerkindern aus der Unterschicht in einer Tagesstätte gearbeitet. Das Alter der Kinder lag zu Beginn zwischen 28 und 38 Monaten. Sie sprachen im Telegrammstil und ihre grammatische Struktur wurde sorgfältig vor und nach der dreimonatigen Untersuchung bewertet. Eine Kontrollgruppe von vier Kindern erhielt keine besondere Behandlung. Die verbleibenden acht Kinder wurden in zwei gleiche Experimentalgruppen aufgeteilt – „Erweiterung" und „Modellierung". Täglich führte je ein Erwachsener mit den Kindern dieser Gruppen Sitzungen von dreißig bis vierzig Minuten Länge durch. In der einen Gruppe erweiterte der Erwachsene jedesmal jede Äußerung des Kindes, indem er der Regel von BROWN und BELLUGI folgte: „Behalte die Wörter in ihrer ursprünglichen Reihenfolge bei und füge diejenigen Funktionsträger hinzu, die aus ihnen einen wohlgeformten, einfachen Satz machen, der den Umständen angemessen ist" (1964, S. 147). In der anderen Gruppe wurde das Sprechen des Kindes nicht erweitert, sondern „modelliert". CAZDEN definiert als „Modell" jeden wohlgeformten Satz (in Reaktionen auf eine Äußerung des Kindes), der nicht die bedeutungstragenden Wörter der vorangehenden Äußerung des Kindes enthält (S. 42). Einige ihrer Modellierungsbeispiele sind:

Kind: „I got apples."
Erwachsener: „Do you like them?"
Kind: „His name Tony."
Erwachsener: „That's right."
Kind: „We got some more."
Erwachsener: „There's a lot in there." *

Hier stellt sich natürlich das Problem, zu entscheiden, welche Aspekte des Dialogs zwischen Erwachsenem und Kind die Entwicklung der Grammatik besonders fördern. CAZDEN erwartete, daß die Ergebnisse zeigen würden, daß im Vergleich zur Kontrollgruppe sowohl die Erweiterung als auch die Modellierung zu einer stärkeren Entwicklung der Grammatik führen würden, daß aber die Erweiterung die überlegenere Methode sein würde. Ihre Daten legen jedoch nahe, daß isoliert die Modellierung von beträchtlich größerem Wert als die Erweiterung ist, wobei sich beide Formen des Dialogs als hilfreich erweisen können. Die Ergebnisse für die grammatische Verbesserung legen folgende Reihenfolge für die drei Gruppen fest: (1) Modellierung, (2) Erweiterung, (3) Kontrollgruppe. Deshalb kommt CAZDEN aufgrund der Datengesamtheit zu dem Schluß: „Es gibt in dieser Untersuchung keinen Beweis dafür, daß Erweiterungen bei dem Erwerb grammatischer Strukturen helfen. Alle Unterlagen lassen ausnahmslos vermuten, daß Modellierung die effizientere Methode ist."
Das Problem, das sich — neben der Begrenztheit des Samples — bei der Interpretation der Ergebnisse von CAZDEN stellt, ist die Tatsache, daß weder die andauernde Erweiterung noch die andauernde Unterdrückung von Erweiterungen der natürlichen Form des Dialogs zwischen Erwachsenem und Kind entspricht. CAZDEN schließt daraus:

„Die einzige Erklärung, die ich anbieten kann, besteht darin, daß die Stärke des verbalen Reizes nachläßt, wenn die Erweiterung konzentriert auftritt — in diesem Fall viel konzentrierter, als es normalerweise in der Eltern-Kind-Unterhaltung

---

* Es ist interessant, daß CAZDEN herausfand - wie oben bereits bemerkt - daß ein Erwachsener nur schwer an sich halten kann, das Sprechen des Kindes zu erweitern: „*Was* die Modellierung ohne Erweiterung so erschwert, ist die Tatsache, daß die Äußerung eines Kindes im Telegrammstil als Reiz zu wirken scheint, auf den der aufmerksame Erwachsene spontan mit Erweiterung reagiert. Die Lehrer konnten die Reaktionen bewußt unterdrücken, aber der Prozeß blieb unnatürlich. Auf den Bändern wird nur die verräterische Pause spürbar, wenn der Zuhörer beinahe „hören" kann, wie die automatische Erweiterung unterdrückt und seine alternative Äußerung improvisiert wird. Bewußte Nichterweiterung kann nur als eine experimentelle Technik empfohlen werden" (S. 43).

der Fall ist. Erweiterungen sind definitionsgemäß dem kindlichen Sprechen inhaltlich und zeitlich kontingent. In dem Maße, in dem sie reine Erweiterungen sind, durch die der Telegrammstil des Kindes nur so gefüllt wird, daß aus ihm vollständige Sätze werden, werden sie hinsichtlich des Vokabulars und der grammatischen Muster geringere Varietät aufweisen als das nichterweiternde normale Sprechen des Erwachsenen. Die Vermutung, daß die Dimension des Sprachreichtums und der Spracharmut von Bedeutung sein könnte, erhält also eine gewisse Wahrscheinlichkeit" (S. 91).

Wir brauchen also einen systematischen Vergleich zwischen der Modellierung allein und einer Mischung von Modellierung und Erweiterung. Man hat vermutet, daß die Häufigkeit der elterlichen Erweiterung des kindlichen Sprechens mit Variablen der sozialen Schicht und der Erziehung zusammenhängen und deshalb teilweise für die Unterschiede verantwortlich sein könne, die sich in Spracherwerb und Sprachfähigkeit bei Kindern verschiedener sozio-ökonomischer Herkunft zeigen. Das Problem ist sicherlich komplex, und wir sind noch weit davon entfernt, die Funktionen von Erweiterung und Nachahmung — wenn es sie überhaupt gibt — zu bestimmen, die sie beim bemerkenswerten Spracherwerb des Menschen übernehmen. Solange die notwendigen Daten noch nicht zusammengetragen worden sind, würde ich dennoch annehmen mögen, daß ein Kind etwas Wichtiges über die Struktur seiner Sprache lernt, wenn es hört, wie ein Erwachsener sein eigenes Sprechen erweitert.

Literatur

BRAINE, M. D. S. 1963. The ontogeny of English phrase structure: The first phase. *Language*, 39, 1–13.
BROWN, R., & BELLUGI, URSULA. 1964. Three processes in the child's acquisition of syntax. In E. H. Lenneberg (Hrsg.). *New directions in the study of language.* Cambrigde, Mass.: M. I. T. Press. Pp. 131–161. (Auch in *Harvard Educational Review*, 34, 133–151.)
BROWN, R., & FRASER, C. 1963. The acquisition of syntax. In C. N. Cofer and Barbara S. Musgrave (Hrsg.), *Verbal behavior and learning: Problems and processes.* New York: McGraw-Hill. S. 158–197.
CAZDEN, COURTNEY B. 1965. Environmental assistance to the child's acquisition of grammar. Unveröffentlichte Doktorarbeit, Harvard Universität.
CHOMSKY, N. 1965. *Aspects of the theory of syntax.* Cambrigde, Mass.: M.I.T. Press. (Deutsch: *Aspekte der Syntaxtheorie.* Frankfurt/M.: Suhrkamp 1969.)
ERVIN, SUSAN M. 1964. Imitation and structural change in children's language. In E. H. Lenneberg (Hrsg.), *New directions in the study of language.* Cambridge, Mass.: M. I. T. Press. S. 163–189.
FRASER, C., BELLUGI, URSULA, & BROWN, R. 1963. Control of grammar in imitation, comprehension, and production. *Journal of Verbal Learning and Verbal Behavior,* 2, 121–135.

Lenneberg, E. H. 1962. Understanding language without ability to speak: A case report. *Journal of Abnormal and Social Psychology*, 65, 419–425.

Lenneberg, E. H., Nichols, Irene A., & Rosenberger, Eleanor F. 1964. Primitive stages of language development in mongolism. *Proceedings of the Association for Research in Nervous and Mental Disease*, 42, 119–137.

Menyuk, Paula. 1963. A preliminary evaluation of grammatical capacity in children. *Journal of Verbal Learning and Verbal Behavior*, 2, 429–439.

Miller, W. R., & Ervin, Susan M. 1964. The development of grammar in child language. In Ursula Bellugi and R. Brown (Hrsg.), The acquisition of language. *Monographs of the Society for Research in Child Development*, 29(1), 9–33.

8. Robert M. Liebert, Richard D. Odom, Jae H. Hill, Ray L. Huff

Einflüsse von Alter und Regelkenntnis auf die Nachbildung modellierter Sprachkonstruktionen*

In einer jüngeren Studie (BANDURA und HARRIS, 1967) wurde untersucht, welche Wirkung gewisse Variablen des sozialen Lernens auf einige Kinder hatten, die zwei syntaktische Konstruktionen wiedergeben sollten. Die Ergebnisse zeigten, daß diese Konstruktionen (Passiv- oder Präpositionalphrasen) im Vergleich mit einer Kontrollgruppe häufiger in den Sätzen derjenigen Kinder vorkamen, die einer Kombination der folgenden Verfahren unterzogen wurden: (a) Darbietung der Sätze eines Modells mit und ohne relevante Konstruktion; (b) Belohnung für Sätze, die die relevante Konstruktion enthielten; (c) Unterweisungen, die die Aufmerksamkeit auf sich zogen.

Mit einer leichten Abwandlung dieser Verfahren führten ODOM, LIEBERT und HILL (1968) zwei Experimente durch, die ihnen zusätzliche Informationen über die Spracherzeugung bei Kindern auf der Sekundärstufe liefern sollten. Im ersten dieser Experimente wurden den Kindern Sätze dargeboten, die geläufige Präpositionalphrasen in der Form *Präposition-Artikel-Substantiv* enthielten. Wenn sie Sätze mit solchen Präpositionalphrasen erzeugten, wurden sie belohnt. Eine andere Gruppe wurde mit Sätzen konfrontiert, die ungebräuchliche Präpositionalkonstruktionen in der Form *Artikel-Substantiv-Präposition* (z. B. „The goat was *the door at*") enthielten. Sie wurden belohnt, wenn sie Sätze mit diesen Präpositionalkonstruktionen erzeugten. Überraschenderweise zeigte sich in beiden Gruppen eine erhöhte Häufigkeit von Präposition-Artikel-Substantiv-Phrasen (die gebräuchliche Konstruktion), wenn man sie an der Performanz einer Kontrollgruppe maß, die kein aktives Modell dargeboten bekam und keine Belohnung erhielt. Im zweiten Experiment wur-

---

* Im Original erstmals publiziert in *Development Psychology*, 1969, Bd. 1, S. 108–112. Wir danken dem Kollegium und den Leitern der Jack und Jill-Schule, des Reeves Kindergartens und des Seven Hills Schwimmvereins, ohne deren bereitwillige Mitwirkung diese Untersuchung nicht möglich gewesen wäre.

den die Kinder in beiden Experimentalgruppen aufgefordert, die relevanten Sätze des Modells unmittelbar nach ihrer Belohnung zu wiederholen. Selbst bei Hinzunahme dieser Maßnahme blieb die spontane Erzeugung ungebräuchlicher Konstruktionen vernachlässigenswert. Wie vorher erhöhte sich die Häufigkeit gebräuchlicher Konstruktionen während der Übungszeit in beiden Gruppen. Die Wiederholung förderte jedoch die spontane Erzeugung nicht über das Maß hinaus, das schon von jeder der beiden Gruppen im ersten Experiment gezeigt worden war. Kinder in der Gruppe mit geläufigen Phrasen wiederholten einen größeren Teil der belohnten Sätze des Modells erfolgreich, als dies denjenigen in der Gruppe mit ungebräuchlichen Konstruktionen gelang, obwohl alle Kinder in dieser zweiten Gruppe in der Lage waren, einige der belohnten ungebräuchlichen Konstruktionen des Modells zu wiederholen.

Die zusammengefaßten Ergebnisse dieser Experimente lassen die Vermutung wahrscheinlich erscheinen, daß die Kinder, als sie sich die Sprachregeln aneigneten, aktiven und komplexen Problemlösungsstrategien folgten. Die Performanz der Versuchspersonen, denen ungebräuchliche Konstruktionen dargeboten wurden, unterstützt diesen Schluß. Anstatt eine neue Regel aus den Darbietungen des Modells zu abstrahieren, strukturierten die Versuchspersonen aus dieser Gruppe offensichtlich die ungebräuchlichen Sprachkonstruktionen in der Weise um, daß sie den Sprachregeln entsprachen, mit denen sie vertraut waren. Wenn die Versuchspersonen die Situation als eine Problemlösungsaufgabe verstanden, läßt sich die Erscheinung der Umstrukturierung als eine von einigen möglichen Strategien betrachten. Diese Strategie, die eine zuvor gelernte Sprachregel voraussetzt, behielt offensichtlich gegenüber einer großen Zahl von Alternativen die Oberhand, zu denen auch die eine gehörte, die zu der „korrekten" Lösung geführt hätte.

Es bieten sich zwei alternative Erklärungen für diese Erscheinung der Umstrukturierung an, die unterschiedliche Vorhersagen nahelegen, wenn sie die Leistungen von Versuchspersonen betreffen, die sowohl älter als auch jünger als die zuvor verwendeten sind. Wenn die Umstrukturierung ungebräuchlicher Konstruktionen in erster Linie auf früheren Erfahrungen des Kindes mit der englischen Sprache beruht, müßten die erfolgreichen Wiederholungen und die spontane Erzeugung von Sätzen, die von den gebräuchlichen Sprachregeln abweichen, mit *zunehmendem Alter abnehmen*. Wenn aber andererseits die Strategie der Umstrukturierung bedeutet, daß das Kind unfähig ist, die neue Regel in einer verhältnismäßig kurzen Übungszeit zu abstrahieren, ließe sich denken, daß die erfolgreiche Wiederholung und Erzeugung neuer Konstruktionen eine Strategie darstellen, die durch die Ausbildung von Abstraktionsprozessen möglich gemacht werden könnte. Wenn die kognitiven Veränderungen, die sich im Laufe der Entwicklung ergeben, auf der wachsenden Beteiligung solcher Prozesse beruhen, müßte die Strategie der Wiederholung und Erzeugung ungebräuchlicher Konstruktionen mit *zunehmendem Alter zunehmen*. Der vorliegenden Untersuchung war im wesentlichen das Ziel gesetzt, diese alternativen Prognosen zu vergleichen.

Methode

Versuchspersonen

Die Versuchspersonen waren vierundachtzig weiße Kinder mittlerer Intelligenz, die an privaten Sommererholungsprogrammen teilnahmen und aus vergleichbaren Bevölkerungsgruppen der Mittelschicht von Nashville stammten. Sieben Jungen und sieben Mädchen aus drei Altersgruppen — den chronologischen Altersstufen (CA) 5,8; 8,4; und 14,1 — wurden jeder der Versuchsgruppen zugewiesen. Innerhalb jeder Altersgruppe wurden die Versuchspersonen einander hinsichtlich des CA so gut wie möglich angeglichen.

Verbale Reize

Wie in einer vorhergehenden Studie bestanden die sprachlichen Reize aus fünfundneunzig Substantiven, die im allgemeinen auch bei den jüngsten der herangezogenen Kinder bekannt waren (RINSLAND, 1945). Fünfundfünfzig dieser Substantive wurden für die Versuchspersonen ausgewählt und vierzig für das Modell (M). Der Versuchsleiter las die Reizwörter sowohl den Versuchspersonen als auch dem Modell vor.

Verfahren

Jede Versuchsperson wurde von dem Versuchsleiter, einem männlichen Erwachsenen, einzeln in ein mobiles Labor gebracht und M vorgestellt, einem ebenfalls männlichen Erwachsenen. Der Versuchsleiter teilte jeder Versuchsperson mit, daß er an der Art und Weise interessiert sei, in der Menschen ihre Sätze bilden, und deutete außerdem an, daß er die Sätze von Kindern und Erwachsenen vergleichen wolle. Der Versuchsperson wurde außerdem gesagt, daß die Sätze, die sie hervorbringen würde, nicht wahr sein müßten und daß sie entweder Aussagen oder Fragen sein könnten. Je die Hälfte der Jungen und Mädchen jeder Altersgruppe wurden zwei unterschiedlichen Versuchsbedingungen unterworfen. Die Verfahren, die beide Bedingungen gleichermaßen kennzeichneten, waren: (a) einige einleitende Übungen, die darin bestanden, daß M und die Versuchsperson Sätze konstruierten, wodurch man sich versichern wollte, daß alle Versuchspersonen die Aufgabe verstanden, (b) eine Anfangsphase, während der die Versuchsperson zehn Sätze konstruierte, (c) eine Übungszeit, während der die Versuchsperson zwanzig und M dreißig Sätze konstruierte. Wenn die Versuchsperson nicht in der Lage war, irgendein Wort in einem Satz innerhalb von einer Minute zu verwenden, ging der Versuchsleiter zum nächsten Substantiv über.

Am Ende der Anfangsphase erklärte der Versuchsleiter, daß er einige Sätze lieber als andere mochte, und wies M und die Versuchsperson an, besonders auf jene Sätze zu achten, die er ihnen als besonders gut bezeichnen würde. Sowohl M als auch die Versuchsperson wurden von dem Versuchsleiter großzügig gelobt (z. B.: „Ich mag diesen Satz" oder „Sehr gut"), wenn sie Sätze bildeten, die die relevanten Präpositionalkonstruktionen enthielten. Um die Diskriminationsfähigkeit der Versuchsperson für die relevanten Konstruktionen zusätzlich zu schärfen, gab der Versuchsleiter der Versuchsperson unmittelbar nach jedem ihrer relevanten Sätze eine Spielmarke mit der Mitteilung, daß diese Marken am Ende der Aufgabe gegen einen Preis eingetauscht werden könnten.

Für die Gruppe mit gebräuchlichem, der Regel entsprechendem Englisch (ER) waren relevante Sätze solche, die grammatische Präpositionalphrasen der Form Präposition-Artikel–Substantiv enthielten, z. B. „The boy went *to the house*". Während der Übungszeit erzeugte M. zweiundzwanzig relevante Sätze und acht irrelevante. Die letzteren enthielten keine Präpositionalphrasen und waren zufällig unter die relevanten Sätze gemischt, um der Versuchsperson eine Gelegenheit zu bieten, die relevanten Konstruktionen zu diskriminieren. Um die Diskriminationsfähigkeit noch weiter zu fördern, waren die Präpositionalphrasen immer an das Ende des Satzes gesetzt, und die Versuchsperson wurde aufgefordert, jene Sätze des M zu wiederholen, die die relevante Konstruktion enthielten. M generierte fünfzehn Sätze unmittelbar, nachdem das Subjekt die Anfangsphase abgeschlossen hatte, und alternierte mit der Versuchsperson in Fünferblöcken von Versuchen, bis die Versuchsperson zwanzig Sätze erzeugt hatte. Die Gruppe mit ungebräuchlicher oder neuer Regel (NR) hatte ungrammatische Präpositionalphrasen in der Form Artikel-Substantiv-Präposition, z. B.: The boy went *the house to*." M's Sätze wurden festgehalten, um sicherzustellen, daß die Hinweisreize für alle

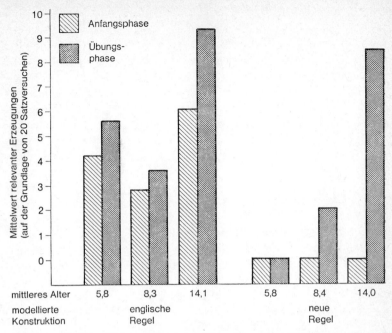

Abb. 8.1: Mittlere Bildung relevanter Präpositionalkonstruktionen während der Anfangs- und Übungsphase in allen Experimentalgruppen

Versuchspersonen innerhalb der Gruppe die gleichen waren. Die Sätze bestanden alle aus sechs oder sieben Wörtern.

Alle Sätze der Versuchsperson wurden auf Band aufgenommen, mit dessen Hilfe anschließend die Häufigkeit von Präpositionalphrasen, die den beiden Regeln entsprachen, sowohl während der Anfangs- wie der Übungsphase ermittelt wurde.

Ergebnisse

Zunahme an relevanten Konstruktionen

Von besonderem Interesse bei dieser Untersuchung war die Frage, ob Regelkenntnis und Alter sich bei den Versuchspersonen dahingehend auswirkten, daß sie Sätze, die den modellierten Regeln genau entsprachen, in höherem Maße erzeugten. Da alle Versuchspersonen zehn Anfangsversuche und zwanzig Übungsversuche hatten, wurden die Differenzwerte dadurch errechnet, daß das Vorkommen der relevanten Präpositionalkonstruktionen während der Anfangsphase einer jeden Versuchsperson verdoppelt wurde und diese Zahl dann von der Zahl abgezogen wurde, die dem Vorkommen der Konstruktionen während der Übungsphase entsprach. Eine erste Analyse zeigte, daß es keine signifikanten Unterschiede zwischen den Geschlechtern gab. Die Daten für beide Geschlechter wurden deshalb für alle folgenden Analysen zusammengefaßt. Abbildung 8.1 gibt die Mittel der umgeformten Werte für die Anfangsphase und für die Übungsphase in jeder der sechs Experimentalgruppen wieder. Da eine deutliche Heterogenität der Varianz zwischen den Gruppen festzustellen war, wurde eine Varianzanalyse mit der Quadratwurzel der Differenzwerte durchgeführt. Diese Analyse offenbarte eine hochsignifikante Wirkung des Alters ($F = 10,54$, $p < 0,001$), während sich für Regelkenntnis ($F = 3,67$, $p < 0,1$) und die Wechselwirkung von Regel und Alter ($F = 2,67$, $p < 0,1$) nur Trends ermitteln ließen. Einzelvergleiche zeigten, daß die älteste Gruppe signifikant größere Zunahmen zeigte, als sowohl die mittlere ($t = 3,20$, $p < 0,1$, zweiseitig) wie auch die jüngste Gruppe ($t = 4,00$, $p < 0,001$, zweiseitig), während die Zunahmen, die die beiden jüngeren Gruppen aufwiesen, sich nicht voneinander unterschieden ($t = 0,80$). Weiterhin scheint – wie aus Abbildung 8.1 zu ersehen ist – sowohl der Trend zur NR-Überlegenheit wie für die Wechselwirkung von Regel und Alter durch die beeindruckende Lernleistung der älteren Kinder in der NR-Gruppe erklärt zu werden.

Bildung von ER-Konstruktionen durch NR-Gruppen

Frühere Untersuchungen (ODEM u. a., 1968) ergaben, daß Versuchspersonen aus der NR-Gruppe in zunehmendem Maße grammatische Konstruktionen bildeten. Um den Umfang zu bestimmen, in dem diese Erscheinung sich auch in der vorliegenden Studie bemerkbar machte, wurden die Differenzen der ER-Konstruktionen ausgewertet, die während der Anfangs- und Übungsphase von den Subjekten in der NR-Gruppe auf jeder der drei Altersniveaus gemacht wurden. Die Daten zeigten, daß die Kinder in der jüngsten Gruppe dazu neigten, sich wie in der früheren Untersuchung zu verhalten. Sie erzeugten in zunehmendem Maße grammatisch korrekte, aber nicht relevante Konstruktionen ($\chi = 1,43$, $t = 1,61$, $p < 0,1$, einseitig). Kinder in der mittleren und ältesten Altersgruppe dagegen zeigten beide eine mittlere Abnahme an diesen grammatisch korrekten Konstruktionen ($\chi = -2,93$, $t = 3,62$, $p < 0,01$; bzw. $\chi = -5,64$, $t = 4,27$, $p < 0,05$, zweiseitig).

Genauigkeit der Wiederholungen

Man wird sich erinnern, daß alle Kinder aufgefordert wurden, die belohnten Sätze des M zu wiederholen, dem sie dargeboten worden waren. In der ER-Gruppe waren die Versuchspersonen auf den beiden höheren Altersebenen in der Lage, ausnahmslos alle Sätze des M zu wiederholen. Den Versuchspersonen auf der jüngsten Altersebene mißlang dies durchschnittlich nur bei einem von zweiundzwanzig Sätzen von M. Bei den Versuchspersonen der NR-Gruppe war die Wiederholung dagegen auf allen drei Altersebenen etwas weniger genau. Bei der jüngsten und mittleren Gruppe mißlang sie durchschnittlich bei 4,3 bis 4,8 Sätzen, während das Mittel nichtkorrekter Satzwiederholungen bei den ältesten Versuchspersonen in der NR-Gruppe 1,8 betrug. Eine Varianzanalyse offenbarte, daß in der ER-Gruppe weniger Wiederholungsfehler gemacht wurden als in der NR-Gruppe ($F = 41,55$, $p < 0,01$) und daß die älteste Gruppe weniger Fehler machte als die beiden jüngeren Gruppen ($F = 4,60$, $p < 0,025$).
Eine genaue Betrachtung der Wiederholungsfehler der NR-Gruppe läßt darauf schließen, daß sie meistens umstrukturierte Formen der modellierten NR-Konstruktionen waren. Diese Umstrukturierung führte entweder zu der Form Präposition-Artikel-Substantiv (ER-Konstruktion) oder zu der Form Präposition-Artikel-Substantiv-Präposition. Umstrukturierte Konstruktionen erklärten 70 Prozent der Wiederholungsfehler der jüngsten Gruppe, 66 Prozent der Fehler der Gruppe mittleren Alters und 68 Prozent der Fehler der ältesten Gruppe.

Erörterung

Die Ergebnisse dieses Experiments sind als weitere Anhaltspunkte für die Richtigkeit der verbreiteten Hypothese zu betrachten, daß die Fähigkeit von Kindern, sich die Regeln einer Sprache anzueignen, durch ein kombiniertes Verfahren aus Modellierung und Belohnung beeinflußt werden kann. Außerdem liefern die Daten Aufschluß über die Beziehung zwischen diesem Einfluß und dem Alter. Die Ergebnisse der ER-Gruppe bestätigten in besonderem Maße die These, daß die Fähigkeit, eine Regel, die ein soziales Modell in seinen Sätzen exemplifiziert, zu abstrahieren und anschließend zu verwenden, in unmittelbarer Beziehung zum Alter der Versuchspersonen steht. Die Leistung der ältesten Kinder war also der der beiden jüngeren Gruppen überlegen.
Im Zusammenhang mit der Leistung der Kinder in der NR-Gruppe sei

daran erinnert, daß zwei Alternativen betrachtet werden sollten. Aus den Daten geht eindeutig hervor, daß die Kenntnisse der englischen Grammatik (die wahrscheinlich mit dem Alter kovariiert) die Fähigkeit des Kindes nicht beeinträchtigt, eine neue und ungebräuchliche grammatische Regel zu abstrahieren und zu verwenden. Vielmehr erleichtert zunehmendes Alter offensichtlich die Bewältigung dieser Aufgabe. Diese Annahme lag der Hypothese zugrunde, die davon ausging, daß das Problemlösungsverhalten beim Lernen ungebräuchlicher Sprachregeln eine Entwicklung durchlaufe. Anders als frühere Untersuchungen, die sich an der Theorie des sozialen Lernens orientierten (z. B. BANDURA und HARRIS, 1967; ODOM u. a., 1968), liefert die vorliegende Studie also eine direkte Information darüber, wie neue Sprachregeln *erworben* werden und macht wahrscheinlich, daß diese durch eine Kombination von Modellierungs- und Belohnungsvariablen vermittelt werden können.

Bei Berücksichtigung der Wiederholungsdaten wurden die vorhergesagten Unterschiede zwischen der ER- und NR-Gruppe ebenfalls erhalten. Wie nicht anders zu erwarten war, wiederholten die ER-Kinder aller drei Altersgruppen in nahezu fehlerloser Weise die belohnten Sätze des M. Die Kinder in der NR-Gruppe hatten dagegen Schwierigkeiten mit den Wiederholungen und in Übereinstimmung mit ihren anderen Leistungen hatten die beiden jüngeren NR-Gruppen die größten Schwierigkeiten. Wie erwähnt zeichnete sich der größte Teil der Wiederholungen dadurch aus, daß die Elemente der Präpositionalphrase durch Umstrukturierung in größere Übereinstimmung mit der englischen Grammatik gebracht wurden. Auch dieses Resultat scheint die Vermutung zu bestätigen, daß Sprachlernen und Performanz durchaus als Problemlösungsaufgaben anzusehen sind.

Am interessantesten ist die Tatsache, daß die ältesten Kinder in der NR-Gruppe eine größere Zunahme an relevanten Konstruktionen als die Kinder in der ER-Gruppe zeigten. Tatsächlich war ihre Übungsleistung, wie in Abbildung 8.1 gezeigt wird, nicht geringer als die der Vergleichsgruppe, die eine gebräuchliche englische Konstruktion dargeboten bekam. Die Autoren haben bereits früher auf die Möglichkeit hingewiesen, daß die Neuartigkeit der NR-Konstruktionen die Eigenschaft sein könnte, aufgrund derer sie im Vergleich zur grammatischen Präpositionalkonstruktion, die in der ER-Gruppe modelliert wurde, rasch zu diskriminieren seien. Die vorliegenden Ergebnisse unterstützen diese Deutung in einem gewissen Maße, aber ihre Gültigkeit beschränkt sich offensichtlich auf Kinder, deren kognitive Fähigkeiten ausreichen, diese neue Information richtig zu verarbeiten.

Literatur

BANDURA, A., & HARRIS, M. B. 1967. Modification of syntactic style. *Journal of Experimental Child Psychology*, 4, 341–352.

ODOM, R. D., LIEBERT, R. M., & HILL, J. H. 1968. The effects of modeling cues, reward, and attentional set on the production of grammatical and ungrammatical syntactic constructions *Journal of Experimental Child Psychology*, 6, 131–140

RINSLAND, H. 1945. *A basic vocabulary of elementary school children.* New York: Macmillan.

9. Ted L. Rosenthal, Barry J. Zimmermann, Kathleen Durning

Durch Beobachtung veranlaßte Veränderungen in der Art der Fragen, die Kinder stellten*

Es gibt erstaunlich wenige der Theorie des sozialen Lernens verpflichtete Untersuchungen, die der Begriffsbildung oder abstrakten Kategorisierung gewidmet wurden. Es waren Organismus-orientierte Wissenschaftler (vgl. BALDWIN, 1968), die sich traditionell mit den Entwicklungsproblemen der Auswahl und der Gruppierung sowie der Evolution kognitiver Klassifikationen (z. B. der Abstraktion gemeinsamer Reizeigenschaften bei verschiedenen Objekten) beschäftigen. Obwohl man annehmen könnte, daß begriffliche Erscheinungen höherer Ordnung dadurch modifiziert werden könnten, daß man die Reaktionen einer anderen Person beobachtet, haben nur wenige Untersuchungen, die von der Theorie des sozialen Lernens ausgingen, abstraktes oder regelgelenktes kognitives Verhalten einbezogen.

BANDURA und MCDONALD (1963) haben gezeigt, daß Modellierungen das moralische Urteil eines Kindes so beeinflussen können, daß es schließlich eine andere Haltung als ursprünglich einnimmt. Dieses Ergebnis konnte von COWAN, LANGER, HEAVENRICH und NATHANSON (1969) bestätigt werden. Neuerlich hat die Forschung, die sich mit dem sozialen Einfluß auf das Sprachlernen beschäftigt, gezeigt, daß Modelle Veränderungen bewirken können in der Verwendung von Passiv- und Präpositionalkonstruktionen (BANDURA und HARRIS, 1966; ODOM, LIEBERT und HILL,

---

* Im Original erstmals publiziert in *Journal of Personality and Social Psychology*, 1970, Bd. 16, S. 681-688.
Diese Studie wurde vom *Arizona Center for Early Childhood Education* unterstützt und in Übereinstimmung mit einem Vertrag durchgeführt, der mit dem amerikanischen Erziehungsministerium, Abteilung, Gesundheit, Erziehung und Wohlfahrt, bestand. Die Autoren möchten den Schulleitern E. B. APPLEMAN, W. F. BRAUCHER, C. E. LOPEZ und S. POLITO, sowie den Lehrern und der Verwaltung des Schulbezirks I in Tuscon für ihre außerordentliche Kooperationsbereitschaft danken. Dank schulden sie auch Albert BANDURA, Wayne R. CARROLL, Clinton L. TRAFTON und Glenn M. WHITE für ihre Anregungen bei der Durchsicht des Manuskripts.

1968) sowie in den Zeitformen von Verben und der Tiefenstruktur von Sätzen (CARROLL, ROSENTHAL und BRYSH, 1969; ROSENTHAL und WHITEBOOK, 1970).

Alle obengenannten Experimente sollten zeigen, daß besondere Sprachstrukturen oder Urteile sozialer Modifikation unterworfen werden können. Man versuchte nicht, die Gruppen separat in begrifflich verschiedenen regelbestimmten Dimensionen zu beeinflussen. Dazu hätte man den Gruppen verschiedene Beispiele ganz unterschiedlicher abstrakter Kriterien liefern müssen, anhand derer sie die Reize hätten organisieren müssen. Innerhalb der paradigmatischen Klassen der Zeit- oder Passivkonstruktionen sind die Beispiele zahlenmäßig relativ begrenzt. Wenn das Modell beispielsweise die Verlaufsform der Vergangenheit erzeugte (z. B. „*was pushing*"), mußten alle seine Beispiele das Hilfsverb „was" und die Flexion „-ing" enthalten, wodurch die Reizvielfalt eingeschränkt war. Außerdem wurden der Entwicklung und der Modifikation der Informationsbeschaffung, wenn überhaupt, nur wenig kontrollierte Experimente gewidmet. Mit Hilfe des Fragemodus kann man sich sowohl Information über die Welt *beschaffen,* als auch die Aspekte oder Dimensionen der Ereignisse *kontrollieren* oder bezeichnen, die man als Reaktion auf seine Frage für angemessen hält. Folglich scheint die Informationsbeschaffung ein lohnender Untersuchungsgegenstand zu sein.

Im vorliegenden Experiment wurde untersucht, in welcher Weise ein Modell die Frageformulierungen von Kindern beeinflußte, die sich auf eine Kollektion von Reizbildern richteten. Separate Gruppen von Kindern beobachteten verschiedene Fragebeispiele, die zu einer von vier abstrakten Klassen gehörten. Aus den gezeigten Beispielen ließen sich die allgemeinen Eigenschaften der Frageklassen *induzieren.* Die untersuchten Frageklassen betrafen alternativ die Identität oder die physischen Attribute der Reize, ihre pragmatische Funktion, ihre kausalen Beziehungen und schließlich Wert- oder Präferenzurteile über die Reize. Nach der Modellierungsphase und ohne weitere Darbietungen des Modells wurde eine neue Kollektion Reizbilder vorgelegt, mit deren Hilfe die Generalisierung der Kategorien der Informationsbeschaffung bewertet werden sollte.

Die vier dieser Studie zugrunde gelegten Frageklassen sollten dazu dienen, die sehr divergenten regelbestimmten Dimensionen zu exemplifizieren, die der begrifflichen Organisation einer Kollektion von Reizen dienen. Die Frageklassen überschneiden sich teilweise mit der Klassifikation kindlicher Fragen, die PIAGET vorschlug (1923). Danach würde die „Warum"-Gruppe von Fragen, wie PIAGET sie nennt, in unsere Kategorie der kausalen Beziehungen zwischen den Reizen fallen, genauso wie seine

Fragen nach der Ursache. PIAGETs Fragen zur Klassifikation und Bewertung sind in dem vorliegenden Verfahren aufgeteilt worden in Fragen nomineller oder physischer Reizeigenschaften und in Fragen zu Wert- und Präferenzurteilen über die Reize. Tatsächlich ist PIAGETs Definition der Bewertung (vgl. „Werturteil" in PIAGET, 1923) mit derjenigen identisch, die die vorliegenden Kategorie der Wertfrage in dieser Arbeit bestimmt.

Methode

Versuchspersonen

Aus den 6. Klassen von vier Schulen in Tucson, Arizona, wurden siebzig Jungen und siebzig Mädchen zufällig ausgewählt und zwei experimentellen und einer Kontrollvariation zugeteilt. Die Kinder bewegten sich im Alter von elf bis dreizehn Jahren und repräsentierten die unterprivilegierten Bevölkerungsteile mit einem hohen Anteil an Mexiko-Amerikanern im Sample. Alle Schulen, aus denen die Versuchspersonen ausgewählt wurden, erhielten Bundesunterstützung aus dem Fonds für Ballungsgebiete. Jeder Experimentalgruppe und der Kontrollgruppe wurden vierzehn Jungen und vierzehn Mädchen durch Zufallsverfahren zugewiesen.

Material und Fragen des Modells

Zwei parallele, aber unterschiedliche Kollektionen mit je zwölf Reizen wurden vorbereitet. Die Items einer jeden Kollektion wurden aus dem VAN-ALSTYNE-Bild-Wortschatz-Test übernommen (sie zeigen die Schwarzweiß-Abbildung eines gebräuchlichen Gegenstandes, z. B. eine Schreibmaschine, auf einer Karte). Diese Items wurden ergänzt durch unveröffentlichte Aufgaben, die vom *Demonstration and Research Center for Early Education* am *Peabody College* entwickelt wurden (sie zeigen auf einer Karte drei unterschiedlich kolorierte, gebräuchliche Gegenstände, z. B. einen gelben Ballon, eine gelbe Banane und einen roten Apfel). Aufeinanderfolgende Items variierten also innerhalb jedes Satzes von Reizbildern hinsichtlich der Zahl, der Farbe und der Bildinhalte. Der erste Bildersatz wurde während der Ausgangsphase eines jeden Experiments allen Versuchspersonen gezeigt. Diese Darbietung nahm das Modell zum Anlaß, den Experimentalgruppen die Fragen darzubieten. Anschließend wurde dieser Satz den Versuchspersonen noch einmal gezeigt, um die imitativen Veränderungen (und diejenigen in der Kontrollgruppe) zu ermitteln. Der zweite Bildersatz wurde anschließend ohne Modellierung allen Versuchspersonen gezeigt, um die Generalisierung der Frageformulierung zu bewerten.

Unabhängig von ihrer Einteilung in die Frageklassen des Experiments enthielten die Fragen immer zwölf verschiedene Fälle derjenigen Kriterien, die über die Zugehörigkeit zu einer Klasse entschieden. Für das Experiment zum Beispiel, das auf den nominalen, physischen Fragen basierte, gehörte zu den Fragen des Modells: „Was für eine Form ist dies?" „Ist es aus Holz?" In der Gruppe mit Fragen nach der Verwendung gehörte zu den Fragen des Modells: „Wozu gebraucht man es?" „Kann man Wasser hineinfüllen?" Für die Gruppe mit Fragen nach den ursächlichen Beziehungen gehörte zu den Fragen des Modells: „Wann klingelt die Glocke der Schreibmaschine?" „Wie kommt es, daß die Gitarre Musik macht?" Für die Gruppe mit Fragen nach dem Werturteil gehörte zu den Fragen des Modells: „Welches ist nach Ihrer Meinung das hübscheste?" „Was mögen Sie daran?" Die vollständige Zusammenstellung der Fragen des Modells für jede Versuchsgruppe wurde an anderer Stelle wiedergegeben.

Bei jeder Experimentalgruppe wurden die Reaktionen kodiert in solche, die Beispiele der Frageklassen des Modells darstellten, und in „andere". Innerhalb jeder Gruppe wurden also die Leistungen der Versuchspersonen in der Anfangsphase, der Nachahmungsphase und in der Generalisierungsphase nach der Anzahl der Reaktionen bewertet, die in die Fragekategorie des Modells gehörten. Bei den Versuchspersonen der Kontrollgruppe wurde die Reaktionshäufigkeit während der Anfangsphase, während der Nachahmungsphase und während der Generalisierungsphase separat für jede Fragekategorie ausgewertet, um zu entscheiden, ob die Kontrollgruppe irgendwelche spontanen Änderungen innerhalb der separaten Fragekategorien in dem Zeitraum von der Ausgangsphase bis zu den Wiederholungstests der Nachahmungs- oder Generalisierungsphase aufwiesen.

Voruntersuchungen hatten ergeben, daß die Rater bei mehr als 95 Prozent der Äußerungen übereinstimmten. Deshalb kodierte nur ein Rater die Reaktionsdaten. Die Zuweisung der Äußerungen zu den einzelnen Reaktionskategorien erwies sich als relativ leicht. Auswertungsprobleme wurden nur bei 3 Prozent der Reaktionen festgestellt. Diese schwierigen Fälle wurden von den Autoren in gemeinsamer Erörterung gelöst.

Planung und Durchführung

In jeder Versuchsgruppe wurden die Versuchspersonen nach Geschlechtern getrennt und je zur Hälfte einer Versuchsbedingung zugeteilt, in der die Modellierungsanweisung *implizit* erteilt wurde, und einer Bedingung, in der sie *explizit* dargeboten wurde. In jeder Gruppe erteilte man also je sieben Jungen und sieben Mädchen die Anweisung in alternativer Weise. Um zu verhindern, daß die zeitliche Abfolge die Resultate beeinflußte, wurden die Versuche mit den Experimentalgruppen und der Kontrollgruppe gleichzeitig durchgeführt, indem die Versuchspersonen jeweils zufällig ausgewählt wurden. Jede Versuchsperson wurde von dem erwachsenen männlichen Versuchsleiter in einem Raum der betreffenden Schule geführt und dort mit dem erwachsenen weiblichen Modell bekannt gemacht. Es ist anzumerken, daß, während die meisten Versuchspersonen mexiko-amerikanischer Herkunft waren, beide Erwachsene offensichtlich Angloamerikaner waren. In der Ausgangsphase erteilte der Versuchsleiter der Versuchsperson folgende Anweisung: „Ich werde dir eine Reihe Karten zeigen. Frage etwas zu jeder Karte!" Dann: „Hier ist die (nächste) Karte. Stelle eine Frage zu ihr!" usw.

In jeder Versuchsgruppe wurde die *explizite* Anweisung vor der Ausführung des Modells in folgender Weise erteilt: „Nun wird diese Dame eine Frage zu jedem Bild stellen. Du paßt gut auf und hörst genau zu *und versuchst, deine Fragen möglichst denen der Dame anzugleichen.*" In der *impliziten* Anweisung wurden die kursiv gedruckten Teile fortgelassen. Sonst aber war sie identisch mit der *expliziten* Anweisung. Das Modell zeichnete die Fragereaktionen der Versuchsperson auf und war folglich während des ganzen Verfahrens anwesend. Nach der erneuten Darbietung der ursprünglichen Reize wurde der neue Satz der Bilder zur Generalisierung vorgeführt, ohne Modellierung, wobei *alle* Versuchspersonen die folgende Anleitung in der gleichen Weise erhielten: „Hier sind einige neue Karten. Stelle eine Frage zu jeder!"

Jedes Experiment bezog einen faktoriellen Plan mit 2 mal 3 Faktoren ein, wobei die implizite und explizite Versuchsbedingung für die Ausgangsphase, die Nachahmungsphase und die Generalisierungsphase als Versuchen verglichen wurde. Da durchgehend ein signifikanter Versuchseffekt vorlag, wurden HSD-Tests nach Tukey (Kirk, 1968) benutzt, um die Veränderungen zwischen der Ausgangsphase und der Nachahmungsphase, der Ausgangsphase und der Generalisierungsphase und zwischen der Nachahmungs- und der Generalisierungsphase zu bewerten. (Alle in dieser Untersuchung wiedergegebenen Signifikanztests beruhen übrigens auf zweiseitigen Wahrscheinlichkeitsschätzungen.)

Ergebnisse

Bevor die wichtigsten Ergebnisse der Experimente erörtert werden können, ist es notwendig, die Leistung der Versuchspersonen der Kontrollgruppe ohne Modell zu betrachten. Ursprünglich wurden zwei Versuchsbedingungen der Kontrollgruppe untersucht. In der einen waren die Verfahren mit denen der impliziten Anweisungsbedingung identisch, mit dem Unterschied, daß die Darbietungen des Modells fortgelassen wurden (das nur anwesend war, um die Reaktionen der Kontrollversuchspersonen festzuhalten). Dann sollte versucht werden, die Stabilität der Fragekategorien zu bestimmen, die als Reaktionen auf verbale Anweisung ohne Modellierung auftraten. Zu diesem Zweck erhielt eine zweite Kontrollgruppe ohne Modell nach der Ausgangsphase und bevor ihr der erste Bildersatz ein zweites Mal gezeigt wurde, folgende Anweisungen: „Diesmal tu so, als wenn du ein Erwachsener wärst, der die Fragen stellt." Dieser Versuch, die Fragen der Kontrollversuchspersonen dadurch zu modifizieren, daß man ihnen die Anweisung gab, die Rolle zu wechseln, zeigte einen ziemlich geringen Effekt. Bei separaten Varianzanalysen für jede Fragekategorie unterschieden sich die beiden Versuchsbedingungen der Kontrollgruppe nicht signifikant hinsichtlich des Mittels der Reaktionshäufigkeit (größter F-Quotient zwischen den Gruppen = 2,75, df = 1/26, $p < 0,10$). Es unterschieden sich jedoch einige Veränderungseffekte in den Frageklassen der kausalen Beziehungen und der Werturteile, wie signifikante Wechselbeziehungen zwischen Gruppen und Versuchsbedingungen offenbarten (kleinerer F-Quotient = 3,32, df = 2/52, $p < 0,05$). Wenn man die Mittel der alternativen Kontrollbedingungen separat innerhalb jeder Frageklasse für die Anfangs-, Nachahmungs- und Generalisierungsphase unter Verwendung des HSD-Tests nach TUKEY vergleicht, erweisen sich nur die Mittel der Nachahmungsphase in der Werturteilskategorie signifikant verschieden („implizit" M = 14; „angewiesen" M = 2,00 $p < 0,5$).

Es zeigte sich also, daß die Anweisung „Tu so, als ob du ein Erwachsener wärst!" einigen Einfluß auf den Häufigkeitsanstieg der Werturteilsfragen zeigte. Dann wurden die beiden Kontrollbedingungen zusammengefaßt. Sie bildeten die Gruppe mit den geringsten Veränderungen. Anhand dieser neuen großen Kontrollgruppe sollten die „spontanen" Veränderungen von Phase zu Phase ermittelt werden. Die Mittel der nicht unterwiesenen, unterwiesenen und zusammengefaßten Kontrollgruppen während der einzelnen Phasen werden an anderer Stelle veröffentlicht. Alle folgenden Bemerkungen zu den Ergebnissen der Kontrollgruppe beziehen sich auf die zusammengefaßte Gruppe.

Tab. 9.1: Zusammenfassung der Varianzanalysen zwischen impliziter und expliziter Gruppe während der Phasen und für die Wechselbeziehung zwischen Gruppen und Versuchen innerhalb jeder Frageklasse

Fragegruppe	Analyseeffekte (F-Werte)		
	während der Phasen (df = 2/52)	zwischen den Gruppen (df = 1/26)	zwischen Gruppen und Versuchen (df = 2/52)
nominal physisches Modell	24,08**	11,07*	2,43
Modell funktionaler Verwendung	35,84**	< 1	2,48
Modell ursächlicher Beziehung	46,75**	< 1	< 1
Werturteils-Modell	47,07**	< 1	< 1

* $p < 0,01$
** $p < 0,001$

In drei Fragekategorien, zu denen die Fragen nominal-physischer Art, nach der funktionellen Verwendung und nach den kausalen Beziehungen gehören, zeigte die zusammengefaßte Kontrollgruppe keinerlei Anzeichen für eine Veränderung von der Ausgangsphase bis zur Generalisierungsphase (größter F-Quotient = 0,71, df = 2/52, nicht signifikant); folglich schien es nicht notwendig zu sein, die Veränderungen der Versuchspersonen aus den Experimentalgruppen von der Ausgangsphase an mit den Veränderungen der Kontrollgruppe in den drei Variationen zu vergleichen. In der Klasse der Werturteilsfragen hingegen zeigte die Kontrollgruppe eine, wenn auch numerisch kleine, so doch statistisch signifikante Zunahme von der Anfangsphase bis zur Generalisierungsphase (F = 5,33, df = 2/52, $p < 0,01$). In dieser Kategorie wurden deshalb die Veränderungen der Versuchspersonen aus den Experimentalgruppen also sowohl hinsichtlich ihrer eigenen Häufigkeit während der Anfangsphase wie auch hinsichtlich der Veränderungen der Versuchspersonen der Kontrollgruppe ausgewertet, um zu zeigen, daß die Modellierung die Häufigkeit der Werturteilsfragen über das Maß, das in der Kontrollgruppe gefunden wurde, erhöht hatte.

Vergleiche innerhalb der Frageklassen

Für alle Kategorien war das Ergebnis im wesentlichen dasselbe. Die Darbietung eines Modells förderte deutlich die Erzeugung jeder modellierten Frageklassen durch die einzelnen Phasen hindurch. HSD-Tests nach

TUKEY offenbarten außerdem, daß Veränderungen zwischen Anfangsphase und Nachahmungsphase und zwischen Anfangs- und Generalisierungsphase separat signifikant waren (größter p-Wert < 0,01). In keiner Frageklasse stand die implizite oder die explizite Anweisung mit der Veränderung zwischen den Phasen in Wechselbeziehung. Die implizit/ explizite Variation zeitigte nur einen signifikanten Effekt zwischen den Gruppen (zugunsten der expliziten Anweisung), und zwar in der nominalen, physikalischen Kategorie. Die Varianzanalyse, die die obigen Ergebnisse belegt, wird in Tabelle 9.1 zusammengefaßt.

Die HSD-Tests nach TUKEY offenbarten weiterhin, daß nur die Kinder die Werturteilsfragen beobachteten, die Häufigkeit entsprechender Reaktionen von der Nachahmungsphase zur Generalisierungsphase signifikant reduzierten (p < 0,05). Bei einem Vergleich des Werturteilssamples (wobei die implizite und explizite Variation zusammengefaßt wurden, weil sie keinen Unterschied aufwiesen) mit der Kontrollgruppe ergab sich ein hochsignifikanter Effekt zwischen den Gruppen (F = 23,59, df = 1/54,

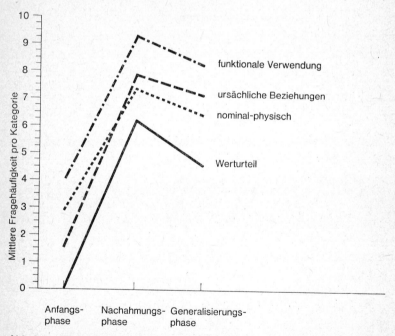

Abb. 9.1: Phasenmittel der Fragekategorien (bei zusammengefaßter impliziter und expliziter Anweisungsbedingung), dargestellt für die Unterschiede zwischen den Gruppen

p < 0,001) zugunsten der Versuchspersonen der Experimentalgruppe, ebenso wie eine signifikante Wechselbeziehung zwischen den Gruppen und Phasen (F = 33,17, df = 2/108, p < 0,001). Eine weitere Analyse dieser Wechselbeziehung erbrachte, daß die Versuchspersonen der Experimentalgruppe und der Kontrollgruppe sich in ihren Reaktionen während der Ausgangsphase nicht unterschieden, daß die Versuchspersonen der Experimentalgruppe dann aber Werturteilsfragen sowohl während der Nachahmungsphase als auch während der Generalisierungsphase in größerem Umfang als die Versuchspersonen der Kontrollgruppe erzeugten (p < 0,001) und daß die Veränderungen von der Ausgangs- zur Nachahmungsphase und von der Ausgangs- zur Generalisierungsphase bei den Experimentalgruppen im einzelnen signifikant waren (größeres p < 0,01), während es hier keine separaten signifikanten Unterschiede in der Kontrollgruppe gab. Die wichtigsten Resultate jeder Fragekategorie sind als Mittelwerte der einzelnen Phasen für die Versuchspersonen der zusammengefaßten Experimentalgruppen in Abb. 9.1 wiedergegeben. Die Mittel für die implizite und explizite Gruppe werden gesondert an anderer Stelle dargestellt.

Vergleiche zwischen den Versuchsbedingungen

Um weiterhin zu klären, wie es sich auf die Erzeugung einer der anderen Fragekategorien (z. B. Werturteile) auswirkt, wenn ein Modell beobachtet wird, das eine bestimmte Frageklasse darbietet (z. B. die nominalphysikalische), wurden die vier Experimentalgruppen und die Kontrollgruppe (wobei die implizite und explizite Variation zusammengefaßt wurden) nach allen untersuchten Frageklassen ausgewertet. In jeder Frageklasse wurde zuerst eine Varianzanalyse mit den Veränderungen von der Anfangsphase zur Nachahmungsphase und von der Anfangsphase zur Generalisierungsphase in den fünf so gebildeten Gruppen durchgeführt. Dann wurden die Veränderungen der Frageformulierungen zwischen den Phasen einer jeden Gruppe mit denen jeder anderen Gruppe durch t-Tests verglichen. Für die deskriptiven Zwecke dieser t-Werte wurde ein Signifikanzniveau von 0,01 gewählt.
Generell zeigten diese Analysen, daß nur die Gruppe, der man ein relevantes Modell darbot, eine gesteigerte Häufigkeit der betreffenden Fragekategorie aufwies. Sowohl die Veränderungen von der Ausgangsphase zur Nachahmungsphase wie die von der Ausgangsphase zur Generalisierungsphase erwiesen sich in der Analyse für jede Frageklasse als hochsignifikant (kleinstes F = 14,31, df = 4/135, p < 0,001). Außerdem

zeigte der Vergleich, daß die Gruppe, der man die relevante Fragekategorie modellierte, die betreffende Frageklasse in größerem Umfang als jede andere Gruppe erzeugte, wie alle Veränderungen zwischen den Phasen erwiesen ($t = 4{,}19$; $df = 54$; $p < 0{,}001$).

Nach einer gewissen Anzahl von Versuchen war zu erwarten, daß eine Gruppe, sobald sie sich die beobachtete Frageklasse in einem bestimmten Umfang angeeignet hatte, mit Sicherheit die alternativen Frageklassen der Untersuchung mit verminderter Häufigkeit erzeugen würde. Diese Vermutung wurde durchgehend bestätigt. Folglich übertraf die Kontrollgruppe (die hinsichtlich aller Fragekategorien wenig Veränderungen von Phase zu Phase aufwies) die nichtrelevanten Modellierungsgruppen an Zahl der Fälle. Zum Beispiel ging die Häufigkeit der Fragen nach der Funktion in den Gruppen ursächliche Beziehung und Werturteil von der Anfangsphase zur Nachahmungsphase und von der Anfangsphase zur Generalisierungsphase auf signifikanten Niveaus hinter die entsprechenden Häufigkeiten der Kontrollgruppe zurück (kleinstes $t = 2{,}67$; $p < 0{,}001$), während die Gruppe, deren Modell die relevanten Funktionsfragen stellte, in beiden Vergleichen zwischen den Phasen die Kontrollgruppe weit übertraf (kleineres $t = 4{,}64$; $p < 0{,}001$).

In *keinem* Fall kovariierte die Beobachtung eines Modells, das die betreffenden Fragen formulierte, positiv mit einer anderen nicht modellierten Frageklasse, wodurch eine signifikante Divergenz zwischen irrelevanten Modellierungsgruppen entstanden wäre. Von vierundzwanzig solchen Vergleichen (je zwischen Anfangs- und Nachahmungs- sowie zwischen Anfangs- und Generalisierungsphase) erreichte keiner das 0,1-Niveau, und das größte t, das erzielt wurde, erreichte kaum den notwendigen Wert für das übliche 0,05-Niveau ($t = 2{,}17$, $p < 0{,}01$).

Es sollte dazu erwähnt werden, daß die verschiedenen Gruppen im allgemeinen recht vergleichbare Anfangsphasenmittel für alle Frageklassen zeigten. In keinem Fall unterschieden sich zwei Gruppen signifikant, noch tendierte irgendeine der Experimentalgruppen dazu, eine andere Gruppe während der Anfangsphase in einer Frageklasse zu übertreffen, die sie anschließend beobachten sollte. Den größten Unterschied dieser Art zeigte die Gruppe mit Werturteilsmodellierungen, die während der Anfangsphase nominal-physikalische Fragen in größerem Ausmaß als die relevante Gruppe mit nominal-physischer Modellierung ($t = 2{,}37$) und die Kontrollgruppe ($t = 2{,}42$) produzierte. Im wesentlichen scheint also die Beobachtung eines Modells, das eine besondere Frageklasse verwendet, die Verwendung irgendeiner anderen Frageklasse der Untersuchung nicht durch Transfer zu fördern.

Mimikry (Exakte Nachahmung)

Aus theoretischen Gründen, die unten zu erörtern sind, ist es wichtig, festzustellen, in welchem Umfange die Fragen des Modells während der Nachahmungsphase durch Kopieren oder Mimikry abgebildet wurden. Für die vorliegende Analyse wurde die Häufigkeit exakter Nachahmung *für alle* experimentellen Variationen zusammengefaßt. Die wiedergegebenen Signifikanztests enthielten für jede Experimentalgruppe einen Vergleich zwischen zahlengleichen Gruppen von Versuchspersonen, die impliziten und expliziten Versuchsbedingungen unterzogen worden waren. Deshalb wurden die Unterschiede in den Nachahmungsmerkmalen zwischen den zusammengefaßten impliziten und expliziten Gruppen für die vier Versuchsbedingungen gleichgesetzt. Die mittlere Häufigkeit exakter Nachahmung erreichten 1,41 für alle Versuchspersonen der zusammengefaßten Experimentalgruppen, dies sind 11,75 Prozent der Reaktionen auf die zwölf dargebotenen Reize. 70,5 Prozent aller einhundertzwölf Versuchspersonen der Experimentalgruppen produzierten nicht eine einzige Kopiereaktion. Also waren nur 29,5 Prozent der Kinder für die gesamte beobachtete Mimikry verantwortlich. Außerdem wurden von den 158 Kopiereaktionen (bei einer Summe von 1344 Reaktionen insgesamt) nur 41 (29,9 Prozent) von Kindern in der Versuchsbedingung mit impliziter Anweisung gezeigt. Die verbleibenden 74,1 Prozent der Mimikryreaktionen erfolgten innerhalb der expliziten Versuchsbedingung, deren Versuchspersonen man angewiesen hatte: „Versuche, deine Fragen möglichst denen der Dame anzugleichen!" Bei einem Vergleich des Mittelwerts für Mimikry der Gruppe mit impliziter Bedingung ($M = 0,73$) mit dem der expliziten Gruppe ($M = 2,99$) bestätigten die Ergebnisse in hohem Maße, daß eher der expliziten Anweisung als der bloßen Beobachtung des Modells entscheidende Bedeutung dabei zukommt, Mimikry hervorzurufen ($F = 21,34$; $df = 1/110$; $p < 0,0001$). Zum gleichen Schluß mußte man kommen, als man den *Anteil* der Versuchspersonen aus der impliziten Bedingung (0,196), der Mimikry gezeigt hatte, mit den Versuchspersonen aus der expliziten Bedingung (0,393) verglich, die Mimikry gezeigt hatten ($CR = 2,29$; $p = 0,2$). Die Ergebnisse sind also wohl im wesentlichen nicht darauf zurückzuführen, daß die Worte des Modells sklavisch kopiert wurden, sondern es scheint klar zu sein, daß die Kinder in der Lage waren zu diskriminieren und die Kriterien, die über die Zugehörigkeit der Frageklasse des Modells entschieden, zu generalisieren.

Erörterung

Die Ergebnisse zeigten deutlich, daß die Kinder fähig waren, die Reize in Übereinstimmung mit den vier alternativen Kriterien zu kategorisieren, die das Modell zeigte, und daß diese Form der Informationsbeschaffung auf neue Reize übertragen wurde. Daß die Fragen des Modells in so geringem Maße im Sinne einer exakten Mimikry kopiert wurden, insbesondere von der Gruppe, die die impliziten Anweisungen erhielt, legt die Vermutung nahe, daß die Kinder die kategorialen Eigenschaften der Frageklasse abstrahierten und nicht einfach die Äußerungen des Modells kopierten. In diesem Zusammenhang ist es interessant, daß ROSENTHAL und WHITEBOOK (1970) ebenfalls fanden, daß die deutliche Anweisung, dem Modell nachzueifern, Kinder darin bestärkte, den Wortinhalt zu kopieren. Die Gruppen mit weniger deutlichen Anweisungen unterschieden sich jedoch nicht in der Art und Weise, in der sie sich die abstrakten Aspekte (Zeitform des Verbs und Tiefenstruktur der Sätze) der Paradigmen des Modells aneigneten. Außerdem übertrafen nur in einem der vier vorliegenden Untersuchungen (in derjenigen, die mit nominal-physikalischen Fragen arbeitete) die explizite Anweisung, das Modell nachzueifern, das Verfahren der impliziten Anweisung. Die Daten zeigen, daß die Induktion abstrakter Kriterien (aus verschiedenen Beispielen), die die Informationsbeschaffung steuern, ein weiteres Beispiel eines komplexen, regelgelenkten Verhaltens darstellen, das durch Stellvertretung leicht modifiziert werden kann. Obwohl sich die untersuchten Frageklassen in ihrer Häufigkeit während der Anfangsphase deutlich unterschieden, werden signifikante Nachahmungsveränderungen in jedem Experiment erzielt. Es ist erwähnenswert, daß diese Ergebnisse aus einem Sample Jugendlicher stammen, die aus ökonomisch benachteiligten Bevölkerungsteilen kamen, und aus Familien, in denen zum größten Teil Spanisch als erste Sprache gelernt wird. Psycholinguisten neigten dazu, den Begriff der Nachahmung auf die wörtliche Mimikry der Reaktion des Modells zu begrenzen (z. B. CHOMSKY, 1964; SLOBIN, 1968). Diese Verwendung des Begriffs „Nachahmung" grenzt den Geltungsbereich der Theorie des sozialen Lernens bei der Untersuchung regelgeleiteten Verhaltens sehr ein (ROSENTHAL und WHITEBOOK, 1970). Auf dem Gebiet der Abstraktions- und Kategorisierungsfähigkeiten haben PIAGET und seine Schüler einen bestimmenden Einfluß ausgeübt. Es ist schwierig, eine bestimmte Äußerung PIAGETs aus seinem generellen Nachahmungsbegriff auszugliedern. Es entsteht jedoch der Eindruck, daß auch er das Nachahmungslernen als bloße „Reproduktion", „Mimikry" oder genaue „Kopie" des Verhaltens des Modells ansieht (vgl. PIAGET, 1945, und PIAGET, 1936) und diesem nicht zutraut, die kognitiven Organisationen zu übermitteln, die er „Schemata" nennt. Obwohl sie wiederholt die Untersuchungen von BANDURA und MACDONALD (1963) bestätigten, haben neuerliche Forschungen in der Tradition PIAGETS (COWAN u. a., 1969) in Frage gestellt, daß der Begriff des sozialen Lernens sich auch auf komplex organisiertes Verhalten erstrecken könne.

BANDURA (1969c) hat auf dieses offensichtliche Mißverständnis des Begriffs der Nachahmung innerhalb der *zeitgenössischen* Theorie des sozialen Lernens hingewiesen und andernorts (1969a, 1969b) in allen Einzelheiten die Gesichtspunkte der technischen Informationsprozesse erörtert, die zu einer Theorie des sozialen Lernens gehören. Unter keinen Umständen grenzt dieser Standpunkt die Untersuchung des Nachahmungsverhaltens auf die beinahe verschwindend wenigen Fälle ein, in denen ein Beobachter die exakte Topographie der Reaktionen eines Modells als Mimikry oder sklavische Kopie wiederholt. Es ist zu hoffen, daß die vorliegende Untersuchung und andere Forschungsarbeiten zum sozialen Lernen regelgesteuerten Verhaltens dazu beitragen, solch eine überaus begrenzte Ansicht von Nachahmungsprozessen zu beseitigen.

SKINNER (1953) hat das Denken als eine Verfeinerung der Diskriminations- und Generalisierungsreaktionen dargestellt. Obwohl die vorliegende Forschungsarbeit sich nicht mit der Entwicklung neuer kognitiver Strukturen befaßt, deuten die Ergebnisse an, daß die Verfahren des sozialen Lernens geeignet sein könnten, Kinder dazu zu bringen, die abstrakten Kategorien zu diskriminieren, die ein Modell zeigt, und diese Klassifikation auf neue Reizeinstellung zu generalisieren. Man mag einwenden, daß alle Faktoren, die sich günstig auf die Disposition eines Kindes auswirken, Ereignisse zu organisieren (z. B. funktionale, kausale oder solche, die das Werturteil betreffen) Einfluß auf dauernde Organisationsgewohnheiten ausüben werden, die es in der Folge zeigt. Unter diesen Faktoren sind sicherlich die typischen Organisationseinstellungen der Personen von besonderer Bedeutung, die sich in der Umwelt des Kindes finden, wie z. B. Eltern und Altersgenossen. Ihr Vorbild wird sein Organisationsverhalten in Richtungen lenken, die nicht unbedingt mit den hypothetischen Reifestufen der kognitiven Entwicklung zusammenfallen (vgl. PIAGET, 1945, S. 218–219). In diesem Zusammenhang geben die vorliegenden Experimente zu der Vermutung Anlaß, daß Beobachtungslernen zumindest in gewissem Umfange die Organisation der Abstraktionsfähigkeit verändern kann.

Literatur

BALDWIN, A. L. 1968. *Theories of child development.* New York: Wiley.

BANDURA, A. 1969a. *Principles of behavior modification.* New York: Holt, Rinehart & Winston.

BANDURA, A. 1969b. Social learning of moral judgments. *Journal of Personality and Social Psychology,* 11, 275–279.

BANDURA, A. 1969c. Social-learning theory of identificatory processes. In D. A. Goslin (Hrsg.), *Handbook of socialization theory and research.* Chicago: Rand McNally.

BANDURA, A., & HARRIS, M. B. 1966. Modification of syntactic style. *Journal of Experimental Child Psychology,* 4, 341–352.

BANDURA, A., & MCDONALD, F. J. 1963. Influence of social reinforcement and the behavior of models in shaping childrens' moral judgments. *Journal of Abnormal and Social Psychology,* 67, 274–281.

CARROLL, W. R., ROSENTHAL, T. L., & BRYSH, C. 1969. Socially induced imitation of grammatical structures. Paper presented at the meeting of the Society for Research in Child Development, Santa Monica, March 1969.

CHOMSKY, N. 1964. Formal discussion. In U. Bellugi & R. W. Brown (Hrsg.), The acquisition of language. *Monographs of the Society for Research in Child Development,* 29 (1, No. 92), 35–39.

COWAN, P. A., LANGER, J., HEAVENRICH, J., & NATHANSON, M. 1969. Social learning and Piaget's cognitive theory of moral development. *Journal of Personality and Social Psychology,* 11, 261–274.

KIRK, R. E. 1968. *Experimental design: Procedures for the behavioral sciences.* Belmont, Calif.: Brooks/Cole.

ODOM, R. D., LIEBERT, R. M., & HILL, J. H. 1968. The effects of modeling cues, reward, and attentional set on the production of grammatical and ungrammatical syntactic constructions. *Journal of Experimental Child Psychology,* 6, 131–140.

PIAGET, J. 1945. *La formation du symbole chez l'enfant.* Neuchâtel: Delachaux & Niestle. (Deutsch: *Nachahmung, Spiel und Traum.* Stuttgart: Klett 1969.)

PIAGET, J. 1936. *La naissance de l'intelligence chez l'enfant.* Neuchâtel: Delachaux & Niestle. (Deutsch: *Das Erwachen der Intelligenz beim Kinde.* Stuttgart: Klett 1969.)

PIAGET, J. 1923. *Le langage et la pensée chez l'enfant.* Neuchâtel: Delachaux & Niestle. (Deutsch: *Sprechen und Denken des Kindes.* Düsseldorf: Schwann 1972.)

ROSENTHAL, T. L., & WHITEBOOK, J. S. 1970. Incentives versus instructions in transmitting grammatical parameters with experimenter as model. *Behaviour Research and Therapy,* 8, 189–196.

SKINNER, B. F. 1953. *Science and human behavior.* New York: Macmillan (Deutsch: *Wissenschaft und menschliches Verhalten.* München: Kindler 1973.)

SLOBIN, D. I. 1968. Imitation and grammatical development in children. In N. S Endler, L. R. Boulter, & H. Osser (Hrsg.), *Contemporary issues in developmental psychology.* New York: Holt, Rinehart & Winston.

Albert Bandura

Verhaltenstheorie und die Modelle des Menschen*

Die Vorstellung, die die Verhaltenstheorie von der Natur des Menschen vermittelt, beruht auf begrifflichen und gesellschaftlichen Grundlagen, die einer kritischen Überprüfung bedürfen. Je nach unserer Auffassung vom Menschen neigen wir dazu, bestimmte Aspekte seiner Funktionen äußerst sorgfältig zu untersuchen und andere außer acht zu lassen. Solcherart begrenzen die Prämissen die Forschung und werden ihrerseits von dieser verändert. Wenn die Erkenntnisse, die die Forschung beschafft, dann in der Praxis angewendet werden, gewinnen die Vorstellungen vom Menschen, auf die sich die Sozialtechnologen stützen, eine noch größere Bedeutung. Dies wird nirgends so deutlich wie in der wachsenden Angst der Öffentlichkeit vor einer Manipulation und Kontrolle durch psychologische Methoden. Einige dieser Ängste gründen sich auf die Erwartung, daß verbesserte Methoden der Beeinflussung unausweichlich zum Mißbrauch führen müssen. Andere Befürchtungen werden durch den Anspruch auf psychologische Macht geweckt, der in der Sprache von Manipulation und autoritärer Kontrolle liegt. Die meisten Ängste gehen aber auf die Ansichten des Behaviorismus zurück, wie sie von den populären Autoren und von den Theoretikern selbst artikuliert wurden, und denen die empirischen Fakten des menschlichen Verhaltens widersprechen. In der Vorstellung der großen Öffentlichkeit und auch vieler unserer Fachkollegen wird Verhaltenstheorie mit „Konditionierung" gleichgesetzt. Im Laufe der Jahre wurden den Termini *Behaviorismus* und *Konditionierung* negative Vorstellungen assoziiert, wie speichelabsondernde Hunde und manipulative Praktiken, in denen Mensch und Tiere zu Marionetten werden. Dies hat dazu geführt, daß jene, die bestimmte Gedanken oder Praktiken verunglimpfen wollen, die sie ablehnen, sie nur als behavioristisch oder als PAWLOWsche Vorläufer eines totalitären Staates zu bezeichnen brauchen.

---

* Dieser Text wurde zusätzlich in die deutsche Ausgabe des Buches aufgenommen. Er ist 1974 im *American Psychologist* erschienen (Vol. 29, No. 12); Albert BANDURA hat ihn als *Presidential Address* beim *Meeting of the American Psychological Association* in New Orleans, im August 1974, vorgetragen. Die deutsche Übersetzung erscheint hier mit Erlaubnis des Autors.

Im Gegensatz zu einer verbreiteten Überzeugung stellt sich der konditionierte Reflex bei Menschen im wesentlichen als ein Mythos heraus. *Konditionierung* ist einfach ein deskriptiver Terminus für Lernen durch gepaarte Erfahrungen, und keine Erklärung dafür, wie die Veränderungen vor sich gehen. Ursprünglich nahm man an, daß Konditionierung automatisch erfolge. Bei näherer Prüfung stellte sich heraus, daß sie kognitiv vermittelt wird. Selbst wenn Erfahrungen wiederholt paarweise auftreten, lernen Menschen erst, wenn sie erkennen, daß die Ereignisse miteinander korrelieren (DAWSON & FUREDY, 1974; GRINGS, 1973). Sogenannte konditionierte Reaktionen werden weitgehend durch erlernte Erwartungen selbst aktiviert und nicht automatisch ausgelöst. Der entscheidende Faktor ist also nicht in der Tatsache zu sehen, daß Ereignisse sich in zeitlicher Nähe zueinander ereignen, sondern darin, daß Menschen lernen, sie vorherzusagen und angemessene antizipatorische Reaktionen abzurufen.

Die Fähigkeit, aus korrelierten Erfahrungen zu lernen, verrät Sensibilität; doch weil PAWLOW die Erscheinung zuerst bei einem Hund nachwies, wurde sie in der Folge als ein grundsätzlich tierischer Prozeß angesehen. Hätte er sich entschieden, das Auftreten physiologischer Hyperaktivität beim Menschen im Zusammenhang mit Hinweisreizen zu untersuchen, die mit Streß assoziiert sind, oder die Entwicklung einfühlender Reaktionen auf den Ausdruck von Leiden zu erforschen, wäre die Konditionierung in einer weniger mißverständlichen Weise behandelt worden. Von Menschen zu erwarten, daß sie von Ereignissen unbeeindruckt bleiben, die erschreckend, erniedrigend, abstoßend, traurig oder lustvoll sind, heißt zu verlangen, daß sie sich unmenschlich verhalten. Obwohl auch negative Effekte wie Ängste und Abneigungen aus gepaarten Erfahrungen unmittelbarer oder stellvertretender Art entstehen können, erwachsen daraus auch einige der positiven Eigenschaften des Menschen. Die abwertende Behandlung der Lernprinzipien, die regelmäßig in den wissenschaftlichen und populären Veröffentlichungen zu finden ist, schätzt sowohl die Psychologie als Wissenschaft als auch das Publikum, das durch die aggressive Rhetorik hinters Licht geführt werden soll, gering ein.

Es ist ausreichend belegt, daß Verhalten großenteils von seinen Konsequenzen beeinflußt wird. Die Vorstellung vom Menschen, die sich aus diesem Prinzip ergibt, hängt davon ab, welche Arten von Konsequenzen berücksichtigt werden, und wie man ihre Funktionsweise versteht. In Theorien, die nur die Rolle der unmittelbaren externen Konsequenzen anerkennen und behaupten, daß diese das Verhalten automatisch formten, erscheinen die Menschen als mechanische Puppen, die von Umweltkräften gelenkt werden. Aber die externen Konsequenzen, so einflußreich sie oft

auch sind, sind nicht die einzigen Determinanten menschlichen Verhaltens, noch operieren sie automatisch.
Reaktionskonsequenzen erfüllen mehrere Funktionen. Erstens dienen sie der Informationsbeschaffung. Wenn Individuen die Auswirkungen ihrer Handlungen beobachten, lernen sie möglicherweise unterscheiden, welche Verhaltensweisen welchen Umständen angemessen sind. Die erworbene Information dient dann dazu, das Handeln zu steuern. Anders als die mechanistischen Metaphern vermuten lassen, sind die Ergebnisse in der Lage, das Verhalten der Menschen über das Denken zu verändern. Als Ansporn motivieren die Konsequenzen genauso, wie sie informieren. Indem voraussehbare Ergebnisse symbolisch repräsentiert werden, können zukünftige Konsequenzen in gegenwärtig motivierende Faktoren des Verhaltens umgeformt werden. Viele Dinge, die wir tun, sollen uns antizipierte Vorteile einbringen und zukünftige Schwierigkeiten abwenden. Unsere Handlungsentscheidungen stehen weitgehend unter antizipatorischer Kontrolle. Das weithin akzeptierte Diktum, demzufolge der Mensch von Reaktionskonsequenzen regiert wird, trifft folglich besser auf antizipierte als auf aktuelle Konsequenzen zu. Betrachten wir das Verhalten bei einem Verstärkungsplan mit festgelegtem Verhältnis, sagen wir 50:1, in dem also nur jede fünfzigste Reaktion verstärkt wird. Obzwar 96 % der Ergebnisse das Verhalten löschen und nur 4 % es verstärken, wird es beibehalten — trotz der wenig förderlichen Konsequenzen. Wenn Menschen eine hinsichtlich der Häufigkeit und Vorhersagbarkeit variierende Verstärkung erfahren, richten sie ihr Verhalten nach den Ergebnissen, von denen sie annehmen, daß sie sich bei zukünftigen Gelegenheiten durchsetzen würden. Wenn — was nicht ungewöhnlich ist — ihre Annahme sich von den tatsächlichen Ergebnissen unterscheidet, wird ihr Verhalten von den tatsächlichen Konsequenzen so lange nur schwach kontrolliert, bis sie durch wiederholte Erfahrung zu realistischen Erwartungen bewegt werden (BANDURA, 1971a; KAUFMAN, BARON & KOPP, 1966).
Hätten sich die Menschen allein von unmittelbaren Konsequenzen anleiten lassen, würden sie in den Museen längst ihren Platz unter den ausgestorbenen Arten einnehmen. Nicht daß unsere Zukunft ohne jeden Zweifel gesichert wäre. Die unmittelbaren Belohnungen des konsumptiven Lebensstils, der um des schnellen Profites willen bedingungslos angeheizt wird, gefährden die Überlebenschancen des Menschen auf lange Sicht. Aber unmittelbare Konsequenzen wiegen, selbst wenn sie ungewöhnlich mächtig sind, nicht unbedingt solche auf, die in der Zukunft erwartet werden (MISCHEL, 1974). Wenn unsere Nachkömmlinge noch eine Zukunft haben, verdanken sie es jenen, die die aversiven Langzeitkonsequenzen der gegenwärtigen Praxis vorhersehen und öffentliche Unterstützungen für Kontin-

genzen erwirken, die ein dem Überleben förderliches Verhalten favorisieren. Gefährliche Schädlingsbekämpfungsmittel werden beispielsweise gewöhnlich verboten, bevor die Bevölkerung an den toxischen Rückständen erkrankt. Die menschliche Fähigkeit, Informationsprozesse zu steuern, liefert die Basis für intelligentes Verhalten. Ihre Fähigkeit, durch antizipatorisches Denken weit entfernte Konsequenzen auf ein gegenwärtiges Verhalten zu beziehen, ermöglicht vorausschauendes Handeln. Bei der Erklärung der Verstärkung nahm man ursprünglich an, daß sich Konsequenzen auf das Verhalten auswirkten, ohne daß das Bewußtsein einbezogen werde. Die immer noch herrschende Vorstellung, daß die Verstärker sich unmerklich auswirken könnten, weckt die Furcht, daß verbesserte Verstärkungstechniken Machthaber instandsetzen könnten, die Menschen ohne ihr Wissen oder ihre Zustimmung zu manipulieren. Obwohl das Problem empirisch noch nicht ganz gelöst ist, gibt es wenige Anhaltspunkte dafür, daß Belohnungen als automatische Verstärker menschlichen Verhaltens wirken. Verhalten wird wenig von seinen Konsequenzen beeinflußt, wenn nicht bewußt wird, was verstärkt wird (BANDURA, 1969; DULANY, 1968). Wenn Individuen die instrumentelle Beziehung zwischen Handlung und Ergebnis erkannt haben, können kontingente Belohnungen ein entsprechendes oder entgegengesetztes Verhalten hervorrufen, je nachdem wie sie den Ansporn, die beeinflussenden Faktoren, das Verhalten selbst und die Art und Weise beurteilen, in der andere reagieren. Man betrachtet die Verstärkung also, jetzt, da man sie besser versteht, als einen informativen und motivierenden Einfluß und nicht mehr als einen mechanischen Stabilisierungsfaktor des Verhaltens.

Menschliches Verhalten darf nicht isoliert betrachtet werden. Als soziale Wesen beobachten sie das Verhalten anderer und die Gelegenheiten, bei denen es belohnt, nicht beachtet oder bestraft wird. Sie können deshalb von beobachteten Konsequenzen genauso wie von ihrer eigenen unmittelbaren Erfahrung profitieren (BANDURA, 1971 b). Die Berücksichtigung von stellvertretender Verstärkung bezieht eine andere menschliche Dimension — nämlich die Urteilskraft — in die Wirkungsweise der Verstärkungseinflüsse ein. Die Menschen wägen die Konsequenzen, die sie selbst erfuhren, gegen jene ab, die anderen aus ähnlichem Verhalten erwuchsen. Dasselbe Ergebnis kann also, je nachdem, auf wen man sich bei dem sozialen Vergleich bezieht, eine Belohnung oder eine Bestrafung werden.

Menschliches Verhalten läßt sich besser aus dem gemeinsamen Einfluß beobachteter und unmittelbarer Konsequenzen erklären als durch einen der beiden Faktoren alleine. Verhalten ist jedoch nicht gänzlich aus einem gemeinsamen Koeffizienten vorhersagbar, weil soziale Rechtfertigungsstrategien die Bedeutung von Ungleichheiten im Ergebnis verändern. Ungleiche Verstärkung wird bereitwillig akzeptiert, weil Menschen gewohnheitsmäßig in soziale Ränge eingestuft und eher nach ihrer Position als nach ihrer Leistung belohnt werden. Willkürliche Ungleichheiten haben gleichfalls gute Aussichten, hingenommen zu werden, wenn die Schlechtbelohnten in dem Glauben gewiegt werden, sie besäßen Eigenschaften, die ihren Anspruch auf gleiche Behandlung verringerten. Überzeugend gerechtfertigte Ungleichheiten wirken sich nachteiliger auf die Betroffenen aus, als bewußt erfahrene Ungerechtigkeiten, weil sie die schlechter Behandelten veranlassen, sich selbst abzuwerten. Negative Reaktionen auf ungleiche Verstärkung, die als ungerecht erkannt wird, können auch durch die Umstände abgeschwächt werden. Wenn man in Menschen die Erwartung weckt, daß die ungerechte Behandlung in voraussehbarer Zukunft ausgeglichen werden wird, erscheint sie ihnen weniger aversiv.

Theorien, die menschliches Verhalten als das Ergebnis externer Belohnungen und Bestrafungen erklären, bieten ein verstümmeltes Bild des Menschen, weil er sein Handeln teilweise durch selbstgeschaffene Konsequenzen steuert (BANDURA, 1971 b; THORESEN & MAHONEY, 1973). Beispiel und Vorschrift liefern Verhaltensstandards, die als Grundlage für selbstverstärkende Reaktionen dienen. Die Tatsache, daß Menschen auf sich selbst reagieren lernen, gibt ihnen die Möglichkeit zur Selbststeuerung. Sie tun Dinge, die ihnen selbst Freude verschaffen und ihren Selbstwert erhöhen, und sie meiden Verhaltensweisen, die zur Selbstbestrafung führen.

Nachdem die Selbstverstärkungsfunktionen erworben worden sind, ruft ein gegebener Akt zwei Sorten von Konsequenzen hervor: Selbstbewertende Reaktionen und externe Ergebnisse. Verstärkungen, die aus der Person oder aus der Umwelt stammen, können einander ergänzende oder entgegengesetzte Einflüsse auf das Verhalten ausüben. Zum Beispiel geraten Individuen gewöhnlich in Konflikt, wenn sie für ein Verhalten belohnt werden, das sie persönlich verurteilen. Wenn die Selbstverurteilungskonsequenzen die belohnenden Folgen aufwiegen, bleiben die externen Einflüsse verhältnismäßig unwirksam. Wenn andererseits gewisse Handlungsweisen zu Belohnungen führen, die die Selbstzensur in den Schatten stellen, wird daraus ein widerstrebendes Einverständnis resultieren. Wenn eine Person an Selbstachtung verliert, weil sie sich in einer Weise verhält, die sie selbst verurteilt, kann sie jedoch diese Selbstachtung dadurch restaurieren, daß sie Rechtfertigungen zur eigenen Entlastung findet. Ein anderer Konflikt zwischen externen und selbstgeschaffenen Konsequenzen liegt vor, wenn Individuen für ein Verhalten bestraft werden, das sie hoch einschätzen. Dissidenten und Nonkonformisten aus Prinzip sehen sich oft in dieser mißlichen Lage. Ein persönlich hochgeschätztes Verhalten wird an den Tag gelegt, vorausgesetzt, es kostet einen nicht zuviel. Wenn die drohenden Konsequenzen zu gewichtig sind, hemmt man unter dem hohen Strafrisiko die von einem selbst positiv bewerteten Akte, führt sie aber sofort aus, sobald die Strafandrohung reduziert wird. Es gibt jedoch Individuen, deren Selbstwertgefühl so tief in bestimmten Überzeugungen verwurzelt ist, daß sie eher über längere Zeit eine nachteilige Behandlung in Kauf nehmen, als daß sie sich zu etwas hergeben, das sie als ungerecht oder unmoralisch ansehen.

Externe Konsequenzen üben den größten Einfluß auf das Verhalten aus, wenn sie mit denen kompatibel sind, die selbst geschaffen werden. Diese Bedingungen sind erfüllt, wenn belohnenswerte Akte sich positiv auf das Selbstwertgefühl auswirken und bestrafenswerte der Selbstzensur verfallen. Um die Kompatibilität zwischen persönlichen und sozialen Einflüssen zu sichern, suchen sich Menschen die Leute, mit denen sie umgehen, danach aus, ob sie ähnliche Verhaltensstandards anerkennen wie sie selbst. Dadurch verschaffen sie sich soziale Unterstützung für ihr eigenes Selbstverstärkungssystem.

Individualistische Theorien moralischen Handelns behaupten, daß die Internalisierung von Verhaltensstandards einen ständigen Kontrollmechanismus innerhalb der Person schaffe. Danach übt das Gewissen eine dauernde Kontrolle über tadelnswertes Verhalten aus. Menschliches Verhalten widerspricht dieser Ansicht jedoch sinnfällig. Viel menschliche Grausamkeit und menschliches Leiden sind Personen zu verdanken, die sich ansonsten moralisch integer zeigen. Und einige der augenfälligsten Veränderungen im moralischen Verhalten, wie sie sich z. B. in politischen und militärischen Gewaltakten zeigen, vollziehen sich, ohne daß sich die Persönlichkeitsstrukturen oder moralischen Standards verändern. Persönliche Kontrolle ist offensichtlich komplexer und flexibler als die Theorie vermuten läßt. Obwohl selbstverstärkende Einflüsse zur Verhaltenssteuerung dienen, können verurteilenswerte Handlungen durch Praktiken der Selbstrechtfertigung gegen sie abgeschirmt werden (BANDURA, 1973). Ein Mittel hierzu besteht darin, unmenschliches Verhalten dadurch persönlich und sozial akzeptabel erscheinen zu lassen, daß man es in moralisch hochstehenden Prinzipien definiert. Menschen erklären sich nicht eher zu Handlungsweisen bereit, die sie gewöhnlich als schlecht oder zerstörerisch betrachten, bis man sie nicht davon überzeugt hat, daß diese Verhaltensweisen moralischen Zwecken dienen. Viele Grausamkeiten sind im Laufe der Jahre im Namen religiöser Prinzipien, selbstgerechter Ideologien und rechtmäßiger Sanktionen geschehen. In den täglichen Geschäften halten euphemistische Bezeichnungen als bequeme sprachliche Mittel dafür her, moralisch zweifelhafte Handlungen zu maskieren oder ihnen einen

respektablen Status zu verschaffen. Auf ein Verhalten, das man selbst nicht gutheißt, kann man auch ein günstigeres Licht werfen, indem man es mit Handlungsweisen vergleicht, die in stärkerem Maße verurteilenswert sind. Moralische Rechtfertigungen und beschwichtigende Vergleiche sind deshalb besonders wirksam, weil sie nicht nur die selbstgeschaffenen Abschreckungsmittel eliminieren, sondern zudem die Selbstbelohnung in den Dienst des moralisch zu verurteilenden Verhaltens stellen. Was moralisch nicht zu akzeptieren war, wird zur Nahrung des Selbstgefühls.
Eine verbreitete dissoziative Technik besteht darin, die Beziehung zwischen dem Handeln und der Wirkung, die es hervorruft, zu verschleiern oder zu entstellen. Menschen werden sich zu einer Verhaltensweise bereit erklären, die sie normalerweise zurückweisen, wenn eine legitimierte Autorität diese Verhaltensweise sanktioniert und die Verantwortung für deren Konsequenzen übernimmt. Wenn sie die Verantwortung abgeben können, fühlen sich die Beteiligten nicht mehr zuständig für das, was sie tun, und schließen auf diese Weise Selbstverbotsreaktionen aus. Die Aufhebung der Selbstzensur kann außerdem dadurch gefördert werden, daß die Verantwortlichkeit für schuldhaftes Verhalten aufgeteilt wird. Durch Arbeitsteilung, Auffächerung der Entscheidung und kollektives Handeln können Menschen sich an schädlichen Praktiken beteiligen, ohne daß sie sich persönlich verantwortlich fühlen oder ihr Verhalten mißbilligen müssen. Wieder ein anderes Entlastungsmittel besteht darin, daß dem Opfer die Schuld zugeschoben wird. Den Opfern wird angelastet, daß sie so schlecht behandelt werden, oder außergewöhnliche Umstände werden als Rechtfertigung für das fragliche Verhalten angeführt. Man braucht sich keine Selbstvorwürfe dafür zu machen, daß man Akte begeht, die die Umstände einem aufzwingen. Die Selbstbestrafung läßt sich auch dadurch abschwächen, daß das Opfer nicht mehr als Mensch betrachtet wird. Menschen Unrecht zuzufügen, die als Untermenschen oder als würdelos betrachtet werden, wird wahrscheinlich weniger Selbstvorwürfe hervorrufen, als wenn man ihnen menschliche Empfindungen zubilligen müßte.
Andere selbstenthemmende Maßnahmen wirken dadurch, daß sie die Konsequenzen der Handlungen entstellen. Solange schädliche Auswirkungen unbekannt bleiben oder verniedlicht werden, liegt wenig Grund zur Selbstzensur vor. Wenn sich die Konsequenzen nicht so leicht entstellen lassen, läßt sich das Mißbehagen über ein Verhalten, das zu den Selbstwertstandards im Widerspruch steht, dadurch reduzieren, daß man sich selektiv an die positiven Auswirkungen des eigenen Handelns erinnert und das damit verbundene Unrecht vergißt.
Bei der Vielzahl selbstenthemmender Mittel kann sich eine Gesellschaft nicht auf die Gewissenskontrolle verlassen, um moralisches und ethisches

Verhalten sicherzustellen. Obwohl persönliche Kontrolle als eine selbststeuernde Kraft wirkt, kann sie durch soziale Sanktionen annulliert werden, die destruktivem Handeln Vorschub leisten. Durch Indoktrination und soziale Rechtfertigung erhalten Ereignisse ihre Bedeutung, und auf dieser Grundlage bilden sich Antizipationen, die das Handeln der Person determinieren. Kontrolle durch Information, die in kognitiven Prozessen verwurzelt wird, ist beherrschender und mächtiger als Konditionierung durch die Kontiguität von Ereignissen. Zur Ausbildung humaner Verhaltensweisen sind deshalb neben günstigen persönlichen Kodes auch in den sozialen Systemen verankerte Sicherheitsvorkehrungen notwendig, die schädlichen Sanktionierungspraktiken entgegenwirken und rücksichtsvolles Verhalten fördern.

Ein Begriffssystem legt nicht nur fest, welche menschlichen Funktionen gründlich untersucht werden, sondern auch, wie sich menschliches Verhalten verändern läßt. Frühe Anwendungen der Verstärkungsprinzipien geschahen unter der damals vorherrschenden Annahme, daß Konsequenzen Verhalten automatisch und unbewußt verändern. Da man davon ausging, daß der Prozeß mechanisch ablief, mußten die Verstärker sofort erfolgen, um wirksam zu werden. Die Teilnehmer von Veränderungsprogrammen wurden deshalb hinsichtlich der Frage, warum sie verstärkt wurden, völlig gleich behandelt, und um sicher zu gehen, daß die Wirkung auch wirklich unmittelbar sei, wurden die Verstärker sofort dargeboten, wenn die geforderten Reaktionen gezeigt wurden. Als tatsächlicher Effekt ergab sich ein ermüdender Formungsprozeß, der in moralischer Hinsicht im besten Falle zu mittelmäßigen Resultaten führte. In vielen Kreisen der Öffentlichkeit und der Fachwelt hat der Terminus Verstärkung immer noch die Nebenbedeutung von heimlicher Kontrolle bewahrt, obwohl Verstärkungstheorie und -praktiken weit über diese Ebene hinausgedrungen sind.

Sobald man wahrnahm, daß sich angemessene Handlungsweisen nur unzureichend mittels der Verstärkung ausbilden ließen, setzte man in größerem Maße kognitive Faktoren zur Verhaltensmodifikation ein. Wie nicht anders zu erwarten, zeigen Menschen raschere Veränderungen, wenn man ihnen sagt, welche Verhaltensweisen belohnenswert und welche bestrafenswert sind, als wenn sie dies selbst entdecken müssen, indem sie die Konsequenzen ihrer Handlungen beobachten. Fähigkeiten, die sich noch nicht in ihren Repertoires befinden, können leichter mit Hilfe von Anweisung und Modellierung entwickelt werden, als wenn man sich allein auf die Erfolge und Fehlschläge ihres ungeleiteten Verhaltens verläßt. Als die weitere Forschung ergab, daß Verstärker als modellierende Faktoren wirken, wurden Konsequenzen als der Ursprung von Motivationen betrachtet, deren Wirksamkeit wesentlich von den Präferenzen derjenigen abhängt, an denen sich die Veränderungen vollziehen. Menschen sind also nicht unterschiedslos allen Einflüssen ausgeliefert, denen sie ausgesetzt sind. Erlebnisse von Handlungen müssen sich nicht unbedingt sofort zeigen. Menschen können zeitliche Zwischenräume zwischen einem Verhalten und nachfolgenden Verstärkern kognitiv überbrücken, ohne dadurch die Wirkung anspornender Operationen zu beeinträchtigen.

Auf dieser zweiten Evolutionsstufe nahmen die Verstärkungspraktiken eine neue Gestalt an: Aus einseitiger Kontrolle wurde ein sozialer Vertrag. In positiven Übereinkünften wird versichert, daß Individuen gewisse Belohnungen und Privilegien beanspruchen können, wenn sie gewisse Dinge tun. Im Fall negativer Sanktionen muß tadelnswertes Verhalten mit Bestrafung bezahlt werden. Der Prozeß wird in der Terminologie der Verstärkung dargestellt, aber die Praxis ist die des sozialen Austausches. Die meisten sozialen Interaktionen werden natürlich von konditionellen Übereinkünften gesteuert, obwohl sie gewöhnlich nicht in der Verstärkungssprache wiedergegeben werden. Sie anders beschreiben, heißt jedoch nicht ihre Natur verändern.

Die Kontingenzen hängen von den unterschiedlichen Eigenschaften der Menschen ab und von dem Mitspracherecht, das sie bei den über ihr Leben bestimmenden sozialen Übereinkünften besitzen. In Übereinstimmung mit den in unserer Gesellschaft am höchsten eingeschätzten Werten haben Verstärkungspraktiken traditionell utilitaristische Verhaltensweisen begünstigt. Aber die Verhältnisse ändern sich. Bei wachsendem Vorbehalt gegenüber dem materialistischen Lebensstil werden Verstärkungspraktiken zunehmend dafür verwandt, persönliche Fähigkeiten und menschliche Eigenschaften zu fördern. Diese beginnende Veränderung der Wertorientierung wird wahrscheinlich noch zunehmen, wenn die Zeit sich weiter verringert, während deren Menschen für ihren Lebensunterhalt arbeiten müssen, und sie dadurch mehr Freizeit gewinnen, die sie ihrer eigenen Entwicklung widmen können.

Eine andere folgenreiche Veränderung ist in dem erneut zunehmenden Interesse an individuellen Rechten zu sehen. Die Menschen wollen an der Entscheidung über die Entwicklung der gesellschaftlichen Kontingenzen beteiligt werden, die sich auf den Verlauf und die Qualität ihres Lebens auswirken. Im Zuge dieser sozialen Bewegung werden sogar Maßnahmen, die im Namen der Psychotherapie geschehen, auf ihre moralischen und sozialen Zwecke befragt. Diese Sorgen führten zu Vorschriften, die sicherstellen sollen, daß Verstärkungstechniken zum Wohle der Menschheit und nicht als Instrumente sozialer Kontrolle angewendet werden.

Ein sehr verwandtes Problem ist die relative Aufmerksamkeit, die der

Frage geschenkt wird, wie die Individuen oder die sozialen Institutionen zu verändern seien, damit das Leben sich verbessere. Wenn die Psychologen irgendeinen ernstzunehmenden Einfluß auf die allgemeinen Probleme unseres Lebens nehmen wollen, müssen sie ihre korrektiven Maßnahmen auf die schädlichen Praktiken der Gesellschaft anwenden und können sich nicht damit zufriedengeben, die Opfer dieser Praktiken zu behandeln. Dies ist natürlich leichter gesagt als getan. Fachleute jeden Spezialgebietes werden sehr viel nachhaltiger dafür verstärkt, daß sie ihr Wissen und ihre Fähigkeiten in den Dienst vorhandener Verfahren stellen, als daß sie sie dafür verwenden, diese zu verändern. Sozial orientierte Anstrengungen sind unter unangemessenen Verstärkungsbedingungen nur schwer aufrecht zu erhalten.

Die bis hierhin erörterten Methoden zur Veränderung beruhen im wesentlichen auf externen Handlungskonsequenzen. Anhaltspunkte dafür, daß Menschen eine gewisse Kontrolle über ihr eigenes Verhalten ausüben können, gaben den Anstoß zu weiteren Veränderungen der Verstärkungspraktiken. Man war nicht mehr so sehr daran interessiert, Verhalten zu dirigieren, sondern Fähigkeiten zur Selbststeuerung zu entwickeln. In diesem Verfahren wird die Kontrolle weitgehend in die Hände der Individuen selbst gelegt: Sie arrangieren die Umweltreize für ein erwünschtes Verhalten, sie beurteilen ihre eigene Leistung und sie fungieren als ihre eigenen Verstärkungsagenten (GOLDFRIED & MERBAUM, 1973; MAHONEY & THORESEN, 1974). Sicherlich müssen die Selbstverstärkungsfunktionen erst geschaffen und manchmal auch durch externe Einflüsse unterstützt werden. Daß diese Selbstbeeinflussung externe Ursprünge hat, ändert jedoch nichts an der Tatsache, daß sie, sobald sie einmal etabliert ist, teilweise bestimmt, welche Handlungen ausgeführt werden. Aufzählbare historische Determinanten einer generalisierbaren Funktion sind nicht gleichzusetzen mit den gegenwärtigen Einflüssen, die sich aus der Ausübung dieser Funktion ergeben.

Die Tatsache, daß die Fähigkeit zur Selbststeuerung anerkannt wird, stellt eine Abkehr von dem Prinzip dar, nach dem alles Verhalten ausschließlich auf Umweltkontrolle zurückgeführt wird. Aber die Anfänge der Selbstbeeinflussungsverfahren sind noch tief im physischen Bereich verwurzelt, die selbsterteilten Konsequenzen sind meistenteils materieller Natur. Die Verstärkung wird möglicherweise sowohl hinsichtlich ihrer Form wie auch ihres Ursprunges verändert werden, sobald man die Unzulänglichkeiten materieller Ergebnisse erkannt hat. Die meisten Menschen schätzen ihre Selbstachtung höher als ihre Bequemlichkeit ein. Sie gründen ihr Verhalten in großem Umfange auf die Forderungen, die sie an sich selber stellen, und die Billigung, die ihr Verhalten in ihren eigenen

Augen findet. Wer den Einfluß verdeckter Selbstverstärkung bei der Verhaltensregulierung nicht zur Kenntnis nimmt, leugnet eine einzigartige Fähigkeit des Menschen. Vertreter einer Auffassung, die nur externe Konsequenzen gelten läßt, berücksichtigen in ihrer Forschungsarbeit und Praxis nur solche Einflüsse und erhalten deshalb auch nur Beweismaterial, das ihre Vorstellungen belegt. Jene, die persönliche Einflüse genauso gelten lassen, neigen eher dazu, Methoden zu wählen, die die Fähigkeiten des Menschen zur Selbststeuerung offenbaren und verbessern. Das Menschenbild, das in die Verhaltenstechnologien eingeht, ist deshalb mehr als nur ein philosophisches Problem. Es entscheidet mit darüber, welche Möglichkeiten des Menschen gefördert werden und welche unterentwickelt bleiben.

Die vorstehenden Bemerkungen unterstreichen die Notwendigkeit, daß die Verstärkungsprozesse, die das menschliche Verhalten regulieren, unter einer umfassenden Perspektive zu erforschen sind. Im wesentlichen dasselbe müßte über die Art und Weise gesagt werden, in der menschliches Lernen in Begriffe gebracht und erforscht worden ist. Nur unglaublich langsam drang die Erkenntnis in unsere Theorien ein, daß der Mensch durch Beobachtung genauso gut wie durch unmittelbare Erfahrung lernen kann. Dies ist ein anderes Beispiel dafür, wie das unbeirrte Festhalten an orthodoxen Beispielen es erschwert, die Grenzen eines Begriffssystems zu überschreiten. Nach dem Ausschluß kognitiver Determinanten verkündeten die frühen Vertreter des Behaviorismus nur noch entschiedener die Doktrin, daß Lernen sich nur dadurch vollziehen könne, daß Reaktionen ausgeführt und ihre Wirkungen erfahren würden. An dieser Erbschaft tragen wir immer noch. Die rudimentäre Lernweise, die auf unmittelbarer Erfahrung beruht, ist erschöpfend untersucht worden, während der wirksamere und mächtigere Lernmodus, dem die Beobachtung zugrundeliegt, weitgehend unbeachtet blieb. Hier tut eine Akzentverschiebung not.

Die Fähigkeit, modellierte Aktivitäten symbolisch zu repräsentieren, befähigt den Menschen, neue Verhaltensweisen auf dem Wege der Beobachtung zu erwerben, ohne daß ihre Umsetzung in die Tat verstärkt worden wäre. Durch die Beobachtung anderer gewinnt man eine Vorstellung davon, wie ein bestimmtes Verhalten ausgeführt wird. Bei späteren Gelegenheiten steuert die kodierte Information dann die eigenen Handlungen. So zeigt die Forschungsarbeit, die im theoretischen Bezugssystem des sozialen Lernens durchgeführt wurde, daß im Grunde alle Lernphänomene, die sich aus unmittelbarer Erfahrung ergeben, auch stellvertretend hervorgerufen werden können, indem nämlich das Verhalten anderer Menschen und die Konsequenzen, die sie dabei erfahren, beobachtet werden (BANDURA, 1969). Die Verkürzung des Aneignungsprozesses durch

Beobachtungslernen ist natürlich sowohl für die Entwicklung als auch für das Überleben von entscheidender Bedeutung. Modellierung verringert den Energieverschleiß, den die zeitraubende Ausführung unangemessener Reaktionen darstellt. Da die Konsequenzen von Irrtümern außerdem teuer zu stehen kommen können, wenn sie sich nicht sogar als fatal erweisen, würden die Überlebensaussichten der Menschen gering sein, wenn sie die Information über das, was sie zu tun haben, allein aus den Wirkungen ihres Handelns gewinnen müßten.

In vielen Fällen muß das modellierte Verhalten in einer prinzipiell gleichen Weise erlernt werden. Autofahren, Skilaufen und die Durchführung chirurgischer Operationen erlauben beispielsweise wenig oder keine Abweichung von der üblichen Praxis. Neben der Übermittlung besonderer Reaktionsmuster können Modellierungseinflüsse jedoch auch generatives und innovatorisches Verhalten schaffen. Im letzten Prozeß abstrahieren Beobachter gemeinsame Züge aus anscheinend unterschiedlichen Reaktionen und formulieren auf dieser Grundlage generative Verhaltensregeln, die sie dazu befähigen, über das, was sie gesehen und gehört haben, hinauszugehen. Durch die Synthese von Zügen verschiedener Modelle zu neuen Einheiten können sich die Beobachter dank der Modellierung neue Denk- und Verhaltensstile schaffen. Einmal begonnen, führen die Erfahrungen mit den neuen Formen zu weiteren evolutionären Veränderungen. Aus einer partiellen Abweichung von der Tradition wird möglicherweise eine neue Richtung.

Einige Grenzen, die man gewöhnlich der Verhaltenstheorie zuschreibt, rühren von dem falschen Glauben her, daß Modellierung bestenfalls Mimikry spezifischer Akte hervorbringen kann. Dieser Ansicht widersprechen die sich mehrenden Beweise dafür, daß abstrakte Modellierung ein hochwirksames Mittel zur Induzierung regelgeleiteten, kognitiven Verhaltens darstellt (vgl. die anderen Kapitel dieses Buches und ZIMMERMAN & ROSENTHAL, 1974). Auf der Grundlage von durch Beobachtung gewonnenen Regeln verändern Menschen die Ausrichtung ihres Urteils, begriffliche Schemata, Sprachstile, die Strategien von Informationsprozessen und viele andere kognitive Funktionen. Nichtsdestoweniger wird weiterhin eine unzutreffende Einschätzung fälschlicherweise mit einer Schwäche gleichgesetzt, die angeblich der Theorie innewohne.

Neuerdings wird Beobachtungslernen in weiterem Umfange akzeptiert, aber einige Theoretiker sind erst dann dazu bereit, ihm endgültig den wissenschaftlichen Status zuzubilligen, wenn es auf die Beschreibung ausgeführten Verhaltens reduziert wird. Demzufolge werden Paradigmen für die Umsetzung in die Tat gewählt, die ihre Wurzeln in der traditionellen Annahme haben, daß Reaktionen ausgeführt werden müssen, bevor sie gelernt werden können. Dabei wird die unmittelbare Reproduktion modellierter Reaktionen begünstigt, wobei kaum auf die kognitiven Funktionen zurückgegriffen wird, die jedoch gerade eine besonders einflußreiche Rolle spielen, wenn Verhaltensweisen über längere Zeit behalten werden sollen. Man beschäftigt sich mit dem Problem, ob Verstärkung Modellierung unterstützen könne, und vernachlässigt darüber die weit interessantere Frage, ob man Menschen daran hindern könne, zu lernen, was sie gesehen haben.

Wer sich in der Lernforschung auf Beobachtungsparadigmen stützt, gewinnt eine größere Zahl von Determinanten und intervenierenden Mechanismen: Lernen durch Beobachtung wird von vier Teilprozessen gesteuert: (a) Aufmerksamkeitsfunktionen regulieren die sensorische Eingabe und Wahrnehmung modellierter Handlungen; (b) durch Kodierung und symbolische Wiederholung werden transitorische Erfahrungen zur Gedächtnisrepräsentation in stabile Anweisungen für ihre Ausführung umgeformt; (c) motorische Reproduktionsprozesse steuern die Integration konstituierender Akte in neue Reaktionsmuster; und (d) anspornende oder motivierende Prozesse entscheiden darüber, ob Reaktionen, die durch Beobachtungen erworben wurden, ausgeführt werden. Unter dieser Perspektive erweist sich das Beobachtungslernen nicht so sehr als Prozeß mechanischen Kopierens, sondern eher als ein aktives, auf das Urteil gegründetes und konstruktives Verhalten.

Da das Beobachtungslernen eine Reihe von Subfunktionen einschließt, deren Evolution sich nach der Reife und Erfahrung des Individuums richtet, befindet es sich offensichtlich in Abhängigkeit von der früheren Entwicklung. Unterschiede zwischen den theoretischen Perspektiven bedingen unterschiedliche Methoden bei der Untersuchung der Frage, wie die Fähigkeit zum Beobachtungslernen selbst erworben wird. Wenn der Begriff der Modellierung als Herstellung von Reiz-Reaktions-Verbindungen verstanden wird, werden die Bemühungen darauf gerichtet sein, die Wahrscheinlichkeit von Nachahmungsreaktionen durch Verstärkung zu erhöhen. Sicherlich läßt sich das Nachbildungsverhalten durch Belohnung steigern, aber solche Beweise tragen wenig dazu bei, herauszufinden, was eigentlich während dieses Prozesses genau erworben wird, oder zu erklären, warum Nachahmung unter günstigen Verstärkungsbedingungen nicht stattfindet. Aus Sicht des sozialen Lernens wird die Fähigkeit zum Beobachtungslernen durch den Erwerb folgender Fähigkeiten entwickelt: diskriminierende Beobachtung, Gedächtnisverschlüsselung, Koordinierung des ideomotorischen und sensomotorischen Systems und Urteilsfähigkeit hinsichtlich der Konsequenzen des Nachbildungsverhaltens. Dadurch daß man versteht, wie Menschen lernen nachzuahmen, versteht man auch, wie die notwendigen Subfunktionen entwickelt werden und wie sie operieren. Die Fähigkeit zum Beobachtungslernen wird durch Unzulänglichkeiten der Teilfunktion beschränkt und durch deren Verbesserung erweitert.

Im Laufe der Jahre haben die Vertreter der radikaleren Richtung des Behaviorismus nicht nur jedem Forschungsinteresse an geistiger Tätigkeit abgeschworen, sondern auch zahlreiche Gründe dafür angeführt, warum die Berücksichtigung kognitiver Ereignisse in Ursachenanalysen unzulässig sei. Es wurde — und es wird noch — dahingehend argumentiert, daß es keinen Zugang zu ihrer Erkenntnis gäbe, es sei denn durch unzuverlässige Selbstdarstellungen oder durch Rückschlüsse aus ihren Wirkungen, und daß es sich um ein Epiphänomen handele oder daß es einfach fiktiv sei. Fortschritte in der experimentellen Verhaltensanalyse, so wurde behauptet, würden die Berücksichtigung kognitiver Ereignisse möglicherweise als überflüssig erweisen. Die empirische Evidenz beweist jedoch das Gegenteil. Es liegt jetzt Forschungsmaterial in großem Umfange vor, aus dem hervorgeht, daß sich das Erkennen in beeindruckender Weise durch Unterweisung aktivieren läßt. Menschen lernen und behalten viel besser, indem sie selbsterzeugte kognitive Hilfen verwenden, als wenn ihre Ausführung wiederholt verstärkt wird (ANDERSON & BOWER, 1973; vgl. auch die anderen Kapitel dieses Buches). Bei den sich mehrenden Beweisen dafür, daß das Erkennen das Verhalten ursächlich beeinflußt, verlieren die Argumente gegen kognitive Determinativen an Überzeugungskraft.

Diese neueren Entwicklungen haben das Interesse von der Untersuchung des Reaktionslernens auf die Analyse von Gedächtnis und Erkennen verlagert. Dadurch sind wir zu einem besseren Verständnis der Mechanismen gelangt, durch die Information erworben, gespeichert und abgerufen wird. Lernen besteht jedoch aus mehr Faktoren als aus dem Erwerb und dem Behalten von Information. Behavioristische Theorien haben sich zu sehr mit der Ausführung beschäftigt, aber die Bedeutung interner Determinanten sehr vernachlässigt, während die kognitiven Theorien das Denken zwar intensiv betrachteten, doch das Behalten vergaßen. In einer vollständigen Erklärung menschlichen Verhaltens müssen die internen Prozesse nach Möglichkeit mit dem Handeln verbunden werden. Solche Erklärung muß folglich nicht nur erfassen, wie Information in erlernte Ausführung mündet, sondern auch berücksichtigen, wie Verhalten organisiert und reguliert wird. Das theoretische Bezugssystem des sozialen Lernens schließt sowohl die internen Prozesse des Organismus ein, wie auch ausführungsrelevante Determinanten.

Spekulationen über die Natur des Menschen führen unausweichlich zu den fundamentalen Problemen des Determinismus und der menschlichen Freiheit. Bei der Untersuchung dieser Frage ist grundsätzlich zwischen den metaphysischen und den sozialen Aspekten der Freiheit zu unterscheiden. Viele der hitzigen Dispute über dieses Thema erwachsen genauso sehr — wenn nicht in stärkerem Maße — aus der Verwechslung der Dimensionen der Freiheit wie aus unterschiedlichen Ansichten über die Lehre des Determinismus.

Betrachten wir zuerst die Freiheit im sozialen Sinne. Ob Freiheit eine Illusion ist — wie einige Autoren behaupten — oder eine soziale Realität von erheblicher Bedeutung, hängt von der Bedeutung ab, die ihr verliehen wird. Innerhalb des Bezugssystems des sozialen Lernens wird Freiheit als die Zahl der Wahlmöglichkeiten definiert, die dem Menschen zur Verfügung steht und die auszuführen er das Recht hat. Je mehr Verhaltensalternativen und soziale Vorrechte Menschen haben, desto größer ist ihre Handlungsfreiheit.

Die persönliche Freiheit kann auf viele verschiedene Arten eingeschränkt werden. Verhaltensdefizite schränken mögliche Wahlen ein und beschneiden andererseits die Gelegenheiten, die eigenen Präferenzen zu realisieren. Freiheit kann also durch eine Erweiterung der Fähigkeiten ausgedehnt werden. Selbstbeschränkung, die auf unbegründete Furcht und rigide Selbstzensur zurückgeht, schränkt die tatsächliche Zahl der Handlungen ein, die ein Individuum ausführen oder auch nur in Betracht ziehen kann. Hier läßt sich Freiheit dadurch schaffen, daß die auf Dysfunktion beruhende Selbstbeschränkung aufgehoben wird.

Bei dem Bemühen, größtmögliche Freiheit zu bieten, muß eine Gesellschaft dem Verhalten gewisse Grenzen auferlegen, weil die Freiheit anderer dadurch eingeschränkt würde, daß jedes Individuum unbeschränkt nach seiner Willkür verfahren dürfte. Das soziale Verbot für ein Verhalten, das gesellschaftsschädigend ist, legt dem Handeln zusätzliche Zügel an. Oft entzünden sich Konflikte an Verhaltensrestriktionen, wenn viele Gesellschaftsmitglieder die Konvention in Frage stellen und wenn legale Sanktionen nur dazu benutzt werden, eine besonders moralische Vorstellung durchzusetzen, statt gesellschaftsschädigendes Verhalten zu verhindern.

Über die Frage, ob ein Individuum das Recht habe, sich in einer Weise zu verhalten, die ihm selber, aber nicht der Gesellschaft schade, ist lange Zeit leidenschaftlich gestritten worden. Die Gegner bringen vor, daß es für eine Person, wenn es sich nicht gerade um einen Einsiedler handele, schwierig sei, sich selber Schaden zuzufügen, ohne andere in Mitleidenschaft zu ziehen. Nicht selten führe solch ein Verhalten zur Unfähigkeit des Individuums, für sich selbst zu sorgen, und die Gesellschaft müsse dann am Ende für die Behandlung und den Unterhalt aufkommen. Die Befürworter finden diese Argumente nicht überzeugend genug, um ein besonderes Verbot zu rechtfertigen, da einige der für die eigene Person schädlichen Aktivitäten, die die Gesellschaft billigt, genauso schlimm oder schlimmer sein können als die, die das Gesetz ausschließt. Die im Laufe der Zeit erfolgten normativen Veränderungen hinsichtlich des privaten Verhaltens tendieren dazu, eine individualistische Moral zu begünstigen. Folglich sind viele einstmals vom Gesetz formell verbotenen Aktivitäten von legalen Sanktionen befreit worden.

Die Freiheit einiger Gruppen wird durch sozial gebilligte Diskrimination beschnitten. In diesen Fällen werden, unabhängig von den Fähigkeiten, die Alternativen, über die eine Person verfügt, durch Hautfarbe, Geschlecht, Religion, ethnischen Hintergrund oder die soziale Klasse beschränkt. Wenn die Selbstbestimmung durch Vorurteile eingegrenzt wird, heben diejenigen, die als zweitrangig behandelt werden, die Ungleichheiten durch ein Vorgehen auf, das den erklärten Werten dieser Gesellschaft entweder zuwiderläuft oder ihnen entspricht.

Freiheit hat mit Rechten genauso zu tun wie mit Wahlmöglichkeiten und Verhaltenszwängen. Der Freiheitskampf des Menschen zielt grundsätzlich darauf ab, die sozialen Kontingenzen so zu strukturieren, daß gewisse Verhaltensformen von aversiver Kontrolle befreit werden. Nachdem bestimmte Grundrechte in dem System verankert wurden, gibt es gewisse Dinge, die eine Gesellschaft einem Individuum nicht zufügen kann, wie sehr sie es auch immer möchte. Rechtmäßige Einschränkungen der gesellschaftlichen Kontrolle schaffen Freiheiten, die Realitäten sind, nicht einfach Gefühle oder Geistesverfassungen. Gesellschaften unterscheiden sich hinsichtlich des Ausmaßes an institutionalisierter Freiheit und hinsichtlich der Zahl und Typen von Verhaltensweisen, die offiziell von Kontrolle und Strafandrohung befreit sind. Soziale Systeme, die Journalisten vor solcher Kontrolle schützen, sind z. B. freier als diejenigen, die die Anwendung von autoritärer Gewalt gestatten, um Kritiker oder ihre Publikationsorgane zum Verstummen zu bringen. Gesellschaften, die eine unabhängige Jurisdiktion besitzen, gewähren eine größere soziale Freiheit, als diejenigen, die nicht über sie verfügen.

In philosophischen Ausführungen wird Freiheit häufig als Antithese zum Determinismus betrachtet. Wenn sie jedoch durch Wahlmöglichkeiten und Rechte definiert wird, existiert keine Inkompatibilität zwischen Freiheit und Determinismus. Unter dieser Perspektive wird Freiheit nicht begriffen als Abwesenheit von Einflüssen oder einfach Fehlen externer Zwänge, sondern wird positiv definiert, als die Fertigkeiten, über die jemand verfügt, und die Ausübung der Selbstbeeinflussung, auf der die Handlungswahl beruht.

Die psychologische Analyse der Freiheit führt möglicherweise zu den

Ausführungen über die Metaphysik des Determinismus. Bestimmen Menschen zum Teil ihr eigenes Verhalten, oder werden sie ausschließlich von Kräften beherrscht, die sich ihrer Kontrolle entziehen? Die lange währende Debatte über dieses Problem wurde durch SKINNERS (1971) Behauptung belebt, daß, abgesehen von genetischen Einflüssen, menschliches Verhalten allein durch Umweltkontingenzen kontrolliert werde, z. B.: „Eine Person wirkt nicht auf die Welt ein, sondern die Welt wirkt auf sie ein" (S. 211). Ein wesentliches Problem dieses Analysetyps liegt darin, daß in ihm die Umwelt als eine autonome Kraft dargestellt wird, die das Verhalten automatisch formt und kontrolliert. Umwelteinflüsse haben Ursachen wie Verhaltensweisen. Meistens stellt die Umwelt nur eine Möglichkeit dar, bis sie durch angemessene Handlungen aktualisiert und gestaltet wird. Bücher beeinflussen keine Menschen, bis sie nicht jemand schreibt und andere sie aussuchen und lesen. Belohnungen und Bestrafungen bleiben in der Schwebe, bis sie durch entsprechende Verhaltensweisen ausgelöst werden.

Es trifft zu, daß Verhalten von Kontingenzen reguliert wird, aber die Kontingenzen werden teilweise von der Person selbst geschaffen. Durch ihre Handlungen bestimmen Menschen wesentlich mit, welche Verstärkungskontingenzen auf sie wirken. Das Verhalten schafft also teilweise die Umwelt, und die Umwelt beeinflußt das Verhalten in einer reziproken Weise. Der oft wiederholte Satz: Verändere die Kontingenzen und du veränderst das Verhalten, sollte reziprok ergänzt werden: Verändere das Verhalten und du veränderst die Kontingenzen.

Das Bild von der Wirkungsmöglichkeit, das sich aus den Ergebnissen psychologischer Forschung gewinnen läßt, hängt davon ab, welche Aspekte des reziproken Kontrollsystems man für die Analyse auswählt. In dem Paradigma, das Umweltkontrolle voraussetzt, untersucht der Forscher, wie Umweltkontingenzen ein Verhalten verändern [$V = f(U)$]. Im Paradigma persönlicher Kontrolle wird umgekehrt untersucht, wie ein Verhalten die Umwelt bestimmt [$U = f(V)$]. Verhalten ist die Wirkung im ersten Fall und die Ursache im zweiten. Obgleich sich die reziproken Einflußquellen für experimentelle Zwecke trennen lassen, wirkt die wechselseitige Kontrolle in der Realität gleichzeitig. Im Verlaufe dieses Austausches kann also ein und dasselbe Ereignis als Reiz, als Reaktion oder als Umweltverstärker in Erscheinung treten, je nachdem, an welcher Stelle der Sequenz die Analyse willkürlich ihren Anfang nimmt.

Eine Durchsicht der Literatur über Verstärkung lehrt uns, in welchem Ausmaße wir bei unserem Versuch, einen in zwei Richtungen verlaufenden Prozeß abzubilden, Opfer eines einseitigen Paradigmas geworden sind. Umweltkontrolle ist bis zum Überdruß untersucht worden, während persönliche Kontrolle weitgehend vernachlässigt wurde. Um nur ein Beispiel zu nennen: Es liegen zahllose Exempel dafür vor, wie ein Verhalten bei verschiedenen Verstärkungsplänen variiert; vergebens hält man jedoch Ausschau nach Untersuchungen, die zeigen, wie es Menschen entweder durch individuelles oder durch kollektives Handeln gelingt, Verstärkungspläne nach ihren eigenen Bedürfnissen zu bilden. Dieser Mangel an Forschungsarbeiten über persönliche Kontrolle rührt nicht daher, daß Menschen etwa keinen Einfluß auf ihre Umgebung ausübten, oder daß solche Anstrengungen ohne Wirkung blieben. Genau das Gegenteil ist der Fall. Verhalten gehört zu den einflußreichsten Determinanten zukünftiger Kontingenzen. Wie die Analyse von wechselseitigen Beziehungen ergibt, aktualisieren aggressive Individuen durch ihr Verhalten eine feindliche Umwelt, während diejenigen, die eine Bereitschaft zu friedlichen Reaktionen zeigen, innerhalb derselben Verhältnisse ein freundliches soziales Milieu schaffen (Rausch, 1965). Wir alle kennen Menschen, die ständig in Problemen stecken, weil sie sich durch ihr unfreundliches Verhalten unausweichlich negative soziale Klimata schaffen, wo immer sie sich befinden. Es ist anzumerken, daß einige der Doktrinen, die der Umwelt die vorherrschende Kontrolle zuschreiben, letztlich durch das Eingeständnis gekennzeichnet sind, daß der Mensch ein gewisses Maß an Gegenkontrolle ausüben kann (Skinner, 1971). Der Begriff einer reziproken Wechselbeziehung geht jedoch beträchtlich über den der Gegenkontrolle hinaus. In der Gegenkontrolle fungiert die Umwelt als die auslösende Kraft, auf die die Individuen reagieren. Wie wir bereits gesehen haben, aktivieren und schaffen Menschen aber Umwelten und weisen sie auch zurück.

Den Menschen kann insofern eine partielle Freiheit zuerkannt werden, als sie zukünftige Bedingungen dadurch beeinflussen können, daß sie ihr eigenes Verhalten bestimmen. Auch wenn man davon ausgeht, daß die Auswahl bestimmter Handlungsverläufe aus verfügbaren Alternativen festgelegt ist, können Individuen doch eine gewisse Kontrolle über die Faktoren ausüben, die ihre Wahlhandlungen leiten. In der philosophischen Analyse können alle Ereignisse einem unendlichen Regreß von Ursachen unterworfen werden. Solche Erörterungen legen den Akzent gewöhnlich auf die Frage, wie die Handlungen des Menschen durch vorhergehende Bedingungen bestimmt werden, aber vernachlässigen den reziproken Teil des Prozesses, der zeigt, daß die Bedingungen selbst teilweise von den vorhergehenden Handlungen des Menschen bestimmt werden. Die Anwendung von Verfahren zur Selbstkontrolle zeigt, daß Menschen ihr eigenes Verhalten dadurch in die jeweils gewünschte Richtung zu lenken vermögen, daß sie auf die Umweltbedingungen und Selbstverstärkungskonsequenzen so einwirken, daß diese die gewünschten Reaktionen mit größter Wahrscheinlichkeit hervorrufen und aufrechterhalten. Man mag ihnen sagen müssen, wie sie es anzustellen haben, und ihre Bemühungen anfangs extern unterstützen müssen, aber selbstgeschaffene Einflüsse tragen signifikant zum späteren Erreichen des Zieles bei.

Wenn man die These verficht — wie die Vertreter des Umweltdeterminismus es häufig tun —, daß Menschen durch externe Kräfte kontrolliert werden, und gleichzeitig dafür eintritt, daß sie ihre Gesellschaft durch die Anwendung der Verhaltenstechnologie verändern sollen, entkräftet man die grundlegende Prämisse des Arguments. Wenn Menschen tatsächlich nicht in der Lage wären, ihre eigenen Handlungen zu beeinflussen, könnten sie zwar Umweltereignisse beschreiben und vorhersagen, aber schwerlich eine intentionale Kontrolle über sie ausüben. Wenn jedoch soziale Veränderungen zur Sprache kommen, verwandeln sich verschworene Umweltdeterministen in leidenschaftliche Anwälte der Fähigkeit des Menschen, die Umwelt auf einer Suche nach einem besseren Leben umzuwandeln.

In rückwärts gewandten Ursachenanalysen wird von den Bedingungen gewöhnlich angenommen, daß sie den Menschen beherrschen; in vorwärts gerichteten deterministischen Analysen, die das Setzen und Erreichen von Zielen zum Gegenstand haben, zeigt sich, wie Menschen die Bedingungen für ihre Zwecke umformen können. Einige können es besser als andere. Je größer ihre Voraussicht, Erfahrung und Selbstbeherrschung ist — und all das kann man lernen —, desto näher kommen sie ihren Zielen. Wegen ihrer Fähigkeit zur reziproken Einflußnahme schaffen sich die Menschen ihr Geschick zumindest teilweise selbst. Nicht der Determinismus soll widerlegt, sondern die Frage soll geklärt werden, ob er als ein- oder zweigerichteter Kontrollprozeß zu behandeln ist. Wenn man die Interdependenz von Verhalten und Umweltbedingungen berücksichtigt, wird klar, daß sich aus dem Determinismus nicht die fatalistische Annahme ableiten läßt, der Mensch sei lediglich eine Marionette externer Einflüsse.

Die psychologischen Perspektiven, unter denen der Determinismus gesehen wird, beeinflussen wie andere theoretische Aspekte die Art und den Umfang der sozialen Praxis. Umweltdeterministen sind immer geneigt, ihre Methoden im Dienste institutionell vorgeschriebener Verhaltensmuster zu verwenden. Die Anhänger des persönlichen Determinismus tendieren dagegen eher dazu, im Menschen die Fähigkeiten der Selbststeuerung auszubilden. Diese zweite verhaltenswissenschaftliche Einstellung hat viel mit dem Ideal der Humanitas gemeinsam. Die Verhaltenstheoretiker sind jedoch der Auffassung, daß „Selbstverwirklichung" keinesfalls auf die menschlichen Tugenden zu beschränken sei. Menschen haben zahlreiche Möglichkeiten, die im guten oder schlechten verwirklicht werden können. Viel Leid haben die Menschen im Laufe der Zeiten durch Tyrannen erfahren, die „sich selbst verwirklicht" haben. Eine zentrovertierte Moral der Selbstverwirklichung ist deshalb insofern einzuschränken, als die sozialen Konsequenzen eines Verhaltens zu berücksichtigen sind. Die Behavioristen betonen im allgemeinen die Umweltherkunft der Kontrolle, während die Humanisten dazu neigen, ihr Interesse auf die persönliche Kontrolle zu begrenzen. Soziales Lernen geschieht in beiden Richtungen des Einflußprozesses.

Wenn die Umwelt nicht als beeinflußbare, sondern als autonome Determinante des Verhaltens angesehen wird, lassen sich menschliche Eigenschaften und Leistungen kaum noch werten. Wenn der Erfindergeist aus externen Umständen erwächst, sollte der Umwelt für die Leistungen der Menschen gedankt werden und sie sollte auch bestraft werden, wenn die Menschen sich falsch verhalten oder grausam sind. Im Gegensatz zu dieser einseitigen Anschauung, resultieren menschliche Leistungen aus einer reziproken Wechselbeziehung zwischen externen Umständen und einer Vielzahl von persönlichen Determinanten, zu denen angeborene Möglichkeiten, erworbene Fähigkeiten, Reflexion und ein hohes Maß an Eigeninitiative gehören.

Komponisten tragen zum Beispiel dazu bei, den Geschmack durch ihre schöpferischen Anstrengungen zu formen, und das Publikum seinerseits unterstützt ihre Arbeit, bis die Vertreter eines neuen Stils neue Publikumspräferenzen hervorbringen. Jede erfolgreiche Kunstform resultiert aus einem ähnlichen zweigerichteten Einflußprozeß, für den weder dem Künstler noch den Umständen allein das Verdienst gebührt.

Herausragende Leistungen, ganz gleich auf welchem Gebiet, erfordern ein gerüttelt Maß an Selbstdisziplin und Fleiß. Nachdem die Individuen sich die Wertmaßstäbe angeeignet haben, opfern sie einen Großteil ihrer Zeit aus eigenem Antrieb, um ihre Leistungen soweit zu verbessern, daß sie mit sich selbst zufrieden sein können. Auf dieser Funktionsebene beruht die Ausdauer, die für ein Vorhaben aufgebracht wird, im wesentlichen auf Kontrolle der Selbstverstärkung. Die Fähigkeiten werden auf das äußerste gesteigert, um ebenso — oder mehr — den eigenen Ansprüchen zu genügen wie denen des Publikums.

Ohne selbsterzeugte Einflüsse wären die meisten innovatorischen Vorhaben kaum aufrecht zu erhalten. Denn das Unkonventionelle stößt anfänglich auf Widerstand und wird nur dann allmählich akzeptiert, wenn es sich als nützlich erweist oder wenn es einflußreiche Fürsprecher gewinnt. Deshalb bringen die frühen Versuche von Neuerern gewöhnlich eher schroffe Ablehnung als Belohnungen oder Anerkennung. In der Geschichte der schöpferischen Bemühungen ist es nichts Ungewöhnliches, daß ein Künstler, der sich merklich von der Konvention entfernt, Hohn erntet. Einige werden in ihrer späteren Laufbahn anerkannt. Andere sind hinreichend von dem Wert ihrer Arbeit überzeugt, daß sie sich unermüdlich abmühen, selbst wenn ihre Produktionen während ihres ganzen Lebens negativ aufgenommen werden. Ideologische und — in geringerem Maße — technologische Fortschritte nehmen einen ähnlichen Verlauf. Die meisten innovatorischen Anstrengungen werden in ihrer ersten Phase für eine gewisse Zeit von der Gesellschaft unterstützt, aber Umwelteinflüsse sind unkonventionellen Entwicklungen prinzipiell nicht besonders dienlich.

Der Vorgang der reziproken Einflußnahme ist auch bedeutsam im Zusammenhang mit der öffentlichen Sorge, daß Fortschritte der psychologischen Erkenntnisse zu einer wachsenden Manipulation und Kontrolle der Menschen führen könnten. Eine der üblichen Antworten auf solche Befürchtungen besteht in der Aussage, daß alles Verhalten unausweichlich kontrolliert werde. Sozialer Einfluß könne also nicht bedeuten, daß Kontrollen dort auferlegt würden, wo vorher keine vorhanden gewesen seien. Dieses Argument trifft insofern zu, als jeder Akt eine Ursache hat. Aber es ist nicht das Kausalitätsprinzip, das die Menschen beunruhigt. Auf der sozialen Ebene betreffen ihre Befürchtungen die Verteilung der Kontrollmacht, die Mittel und Zwecke, für die sie verwendet wird, und die Frage, ob Mechanismen verfügbar sind, mit deren Hilfe eine reziproke Kontrolle über institutionelle Praktiken ausgeübt werden kann. Auf der individuellen Ebene flößen ihnen die Möglichkeiten der Psychotechnologie zur Programmierung menschlicher Beziehungen Sorge ein.

Als mögliche Mittel gegen den Mißbrauch psychologischer Techniken werden gewöhnlich individuelle Schutzvorrichtungen erörtert. Information über Einflußmöglichkeiten wird als bester Schutz gegen Manipulation empfohlen. Wenn Menschen wissen, wie Verhalten kontrolliert werden kann, tendieren sie dazu, offensichtlichen Versuchen der Einflußnahme zu widerstehen, und erschweren auf diese Weise die Manipulation. Vorsicht allein bedeutet jedoch nur geringe Sicherheit.

Gegen Ausbeutung hat man sich schon erfolgreich zur Wehr gesetzt, lange bevor die Psychologie als Wissenschaft begründet war und sie ihre Prinzipien und Prozeduren der Verhaltensveränderungen formuliert hatte. Die wirksamste Ursache der Opposition gegen manipulative Kontrolle liegt in den reziproken Konsequenzen menschlicher Interaktion. Menschen wehren sich dagegen, ausgenutzt zu werden, und werden es auch in Zukunft tun, weil ihnen Willfährigkeit nachteilige Konsequenzen eintragen würde. Auch raffinierte Beeinflussungsmethoden können das Bestreben nicht vermindern, Verhaltensweisen zu vermeiden, die persönliche Nachteile mit sich bringen. Aufgrund der Reziprozität der Konsequenzen ist niemand in der Lage, andere nach Belieben zu manipulieren, und niemandem bleibt die Erfahrung der Ohnmacht bei dem Versuch erspart, andere dem eigenen Willen gefügig zu machen. Dies trifft auf allen Funktionsebenen zu, seien sie individuell oder kollektiv. Eltern können ihre Kinder nicht dazu bewegen, ihnen in allen ihren Wünschen zu folgen, während Kinder sich von ihren Eltern daran gehindert sehen, zu tun, was sie wünschen. An den Universitäten finden Verwaltung, Dozentenschaft, Studenten und Alte Herren, daß die anderen Beteiligten ungebührlich viel Einfluß zur Durchsetzung von Interessen haben, daß aber die eigene Gruppe nicht über genügend Macht verfügt, um die institutionelle Praxis zu verändern. Auf der politischen Ebene glaubt der Kongreß, daß die Exekutive über ungebührlich viel Macht verfüge, und umgekehrt hat die Exekutive das Gefühl, daß sie durch den Widerstand des Kongresses an der Durchführung ihrer Politik gehindert werde.

Wenn der Schutz vor Ausbeutung allein auf den individuellen Sicherheitsvorkehrungen beruhte, würden die Menschen ununterbrochen Zwängen unterworfen werden. Deshalb schaffen sie institutionelle Sanktionen, die der Kontrolle des menschlichen Verhaltens Grenzen setzen. Die Unantastbarkeit des Individuums wird weitgehend durch gesellschaftliche Sicherheitsvorkehrungen gewahrt, die die Möglichkeit, unlautere Mittel zu verwenden, einschränken und Reziprozität durch Interessenausgleich fördern.

Die Tatsache, daß Individuen mit gewissen psychologischen Techniken vertraut sind, gibt ihnen noch nicht das Recht, sie anderen aufzuzwingen. Industrielle wissen nur zu gut, daß die Produktivität höher ist, wenn die Bezahlung sich nach der geleisteten Arbeit und nicht nach der Arbeitszeit richtet. Dennoch können sie nicht das für sie günstigste Verstärkungssystem verwenden. Wenn die Industriellen über unbeschränkte Macht verfügten, würden sie den Arbeitern Akkordlohn zahlen und sie nach Belieben anstellen und entlassen. Der Ausgleich des Machtunterschieds zwischen Arbeitgebern und Arbeitnehmern führte zu einer allmählichen Verminderung der Leistungsanforderungen. Als die Arbeiterschaft durch kollektives Handeln zu einer wirtschaftlichen Macht wurde, war sie in der Lage, Garantielöhne tages-, wochen-, monate- und sogar jahresweise auszuhandeln. In regelmäßigen Abständen werden neue vertragliche Kontingenzen festgelegt, die wechselseitig akzeptabel sind. Mit der Entwicklung besserer Formen gemeinsamen Handelns machen im Laufe der Zeit andere Beteiligte ihren Einfluß geltend, um die Verhältnisse so zu verändern, daß bestimmte Teile der Arbeiterschaft und Industrie davon profitieren, aber das Leben in anderen Gesellschaftsbereichen von diesen Veränderungen nachteilig berührt wird.

Wie dieses Beispiel illustriert, führen verbesserte Kenntnisse über die Verfahren der Verhaltensbeeinflussung nicht unbedingt zu einer Ausweitung der sozialen Kontrolle. Wenn die letzten Jahre überhaupt etwas gezeigt haben, dann doch, daß sich die Streuung der Macht vergrößerte und damit die Möglichkeiten zur reziproken Einflußnahme erhöht wurden. Soziale Ungleichheiten konnten in Frage gestellt und institutionelle Praktiken verändert werden; Benachteiligte konnten sich gegen die Verletzung ihrer Rechte zur Wehr setzen und sich mittels Beschwerdeverfahren und Rechtsmitteln Geltung verschaffen – auch in gesellschaftlichen Kontexten, die sich bislang unter einseitiger Kontrolle befanden. Die Tatsache allein, daß mehr Menschen an der Macht beteiligt werden, bietet noch keine Gewähr für humanere gesellschaftliche Zustände; in einer konsequenten Analyse wäre der entscheidende Gesichtspunkt die Frage, welchen Zwecken die Macht dient, wie immer sie auch verteilt sein mag. Doch genauso wenig führt die Verfügbarkeit des Wissens um die Mittel der Einflußnahme notwendig zu einer mechanischen Reaktionsweise in den persönlichen Beziehungen. Ganz gleich, welcher Observanz sie auch sein mögen, Menschen modellieren, erklären und verstärken, was ihnen wertvoll ist. Zweckgerichtetes und engagiertes Verhalten ist nicht weniger echt als improvisiertes Handeln.

Werke wie „1984" lenken die Aufmerksamkeit der Öffentlichkeit von den als normal empfundenen Einflüssen ab, die das Wohl der Menschen kontinuierlich bedrohen. Die meisten Gesellschaften haben institutionalisierte reziproke Systeme, die durch legale und soziale Kodes beschützt werden, um zu verhindern, daß eine allzu mächtige Kontrolle über das menschliche Verhalten ausgeübt wird. Obwohl die institutionelle Macht von Zeit zu Zeit mißbraucht wird, liegt die eigentliche Gefahr nicht im Totalitarismus. Die Risiken werden in größerem Maße von dem intentionalen persönlichen Gewinnstreben, sei es materiell oder anders orientiert, als von repressiver Kontrolle geschaffen. Schädliche soziale Praktiken entstehen und zeigen sich sogar in einer offenen Gesellschaft gegen Veränderungen immun, wenn viele Menschen von ihnen profitieren. Um ein verbreitetes Beispiel zu nennen: Die ungleiche Behandlung unterprivilegierter Gruppen im Interesse privaten Gewinnstrebens erfreut sich öffentlicher Unterstützung, ohne daß es dafür einer despotischen Herrschaft bedürfte.

Die Menschen haben sich natürlich um mehr zu kümmern als um die Ungerechtigkeiten, die sie einander zufügen. Wenn die aversiven Konsequenzen von Lebensstilen, die in anderer Hinsicht belohnenden Charakter haben, sich verzögern und sich unmerklich addieren, werden die Menschen zu bereitwilligen Agenten ihrer eigenen Selbstzerstörung. Wenn also genügend Menschen Nutzen aus Verhaltensweisen ziehen, die ihre Umwelt zunehmend belasten, werden sie möglicherweise, indem sie gegenläufige Einflüsse abblocken, ihre Umwelt zerstören. Obwohl die Individuen sehr unterschiedlich an dieser problematischen Entwicklung beteiligt sind, müssen alle gleichermaßen die unangenehmen Konsequenzen auf sich nehmen. Angesichts der wachsenden Erdbevölkerung und der Zunahme des verschwenderischen Lebensstiles, der die begrenzten Naturvorkommen empfindlich angreift, werden wir zu lernen haben, mit neuen Realitäten menschlicher Existenz fertig zu werden.

Die Psychologie kann den Menschen nicht sagen, wie sie ihr Leben zu führen haben. Sie kann ihnen jedoch die Mittel in die Hand geben, um persönliche und soziale Veränderungen herbeizuführen. Und sie kann ihnen dabei helfen, sich an Werten zu orientieren, wenn sie sich zwischen den Konsequenzen alternativer Lebensstile und institutioneller Strukturen entscheiden müssen. Als Wissenschaft, die die sozialen Konsequenzen ihrer Anwendung verantwortet, muß die Psychologie auch dadurch ihre umfassende Verpflichtung gegenüber der Gesellschaft anerkennen, daß sie ihren Einfluß auf der Ebene gesellschaftspolitischer Entscheidungen geltend zu machen sucht, um sicherzustellen, daß ihre Ergebnisse auch zur Verbesserung menschlicher Lebensverhältnisse verwendet werden.

Literatur

ANDERSON, J. R., & BOWER, G. H. 1973. *Human associative memory*. New York: Wiley.
BANDURA, A. 1969. *Principles of behavior modification*. New York: Holt, Rinehart & Winston.
BANDURA, A. 1971 (a). *Social learning theory*. New York: General Learning Press.
BANDURA, A. 1971 (b). Vicarious and self-reinforcement processes. In R. GLASER (Hrsg.), *The nature of reinforcement*. New York: Academic Press.
BANDURA, A. 1973. *Aggression: A social learning analysis*. Englewood Cliffs, N.J.: Prentice-Hall.
DAWSON, M. E., & FUREDY, J. J. 1974. The role of relational awareness in human autonomic discrimination classical conditioning. Unpubliziertes Manuskript, University of Toronto.
DULANY, D. E. 1968. Awareness, rules, and propositional control: A confrontation with S-R behavior theory. In T. R. DIXON & D. L. HORTON(Eds.), *Verbal behavior and general behavior theory*. Englewood Cliffs, N.J.: Prentice-Hall.
GOLDFRIED, M. R., & MERBAUM, M. (Hrsg.) 1973. *Behavior change through self-control*. New York: Holt, Rinehart & Winston.
GRINGS, W. W. 1973. The role of consciousness and cognition in autonomic behavior change. In F. J. McGUIGAN & R. SCHOONOVER (Eds.), *The psychophysiology of thinking*. New York: Academic Press.

KAUFMAN, A., BARON, A., & KOPP, R. E. 1966. Some effects of instructions on human operant behavior. *Psychonomic Monograph Supplements*, 1, 243–250.

MAHONEY, M. J., & THORESEN, C. E. 1974. *Self-control: Power to the person.* Monterey, Calif.: Brooks/Cole.

MISCHEL, W. 1974. Processes in delay of gratification. In L. Berkowitz (Hrsg.), *Advances in experimental social psychology.* Vol. 7. New York: Academic Press.

RAUSCH, H. L. 1965. Interaction sequences. *Journal of Personality and Social Psychology*, 2, 487–499.

SKINNER, B. F. 1971. *Beyond freedom and dignity.* New York: Knopf.

THORESEN, C. E., & MAHONEY, M. J. 1973. *Behavioral self-control.* New York: Holt, Rinehart & Winston.

ZIMMERMAN, B. J., & ROSENTHAL, T. L. 1974. Observational learning of rule-governed behavior by children. *Psychological Bulletin*, 81, 29–42.

John W. Atkinson

Einführung in die Motivationsforschung

Mit einer Einführung von Leo Montada
Aus dem Amerikanischen von Christine Buchroitner und Leo Montada
1975, 531 Seiten, kartoniert (3-12-920210-2)

Das Buch gibt einen glänzenden Überblick über die Geschichte der Motivationsforschung, bietet eine Fülle von Beispielen und Problemen für wissenschaftstheoretische Erörterungen und vermittelt gleichzeitig Einblick in die Praxis von Forschung und Theoriekonstruktion.

Wegen der klaren Struktur der Darstellung ist diese Einführung bereits für Studenten in den ersten Semestern verständlich; wegen der Fülle der verarbeiteten theoretischen Ansätze und empirischen Befunde gibt es auch dem akademischen Lehrer wertvolle Anregungen.

Bernard Weiner

Theorien der Motivation

Mit einem Vorwort des Autors zur deutschen Ausgabe
Aus dem Amerikanischen von Johanna Schneider
1976, 314 Seiten, kartoniert (3-12-928560-1)

Weiner führt ein in die kognitiv orientierten Theorien der Motivation, vor allem in die Theorie der Leistungsmotivation (McClelland, Atkinson, Heckhausen) und in die Attribuierungstheorie (Heider), in jene Theorien also, die dazu beitragen, das mechanistische Verständnis der Handlung zu überwinden.

Bernard Weiner

Wirkung von Erfolg und Mißerfolg auf die Leistung

Unter Mitarbeit von Wulf-Uwe Meyer
1975, 128 Seiten, kartoniert (3-12-928550-4)

Unternimmt man leistungsbezogene Handlungen häufiger nach Erfolg oder nach Mißerfolg? Arbeitet man nach Erfolg oder nach Mißerfolg intensiver? Diese und eine Reihe ähnlicher Fragen versucht der Autor aufgrund exakter Daten zu beantworten. Er schildert die Untersuchungsmethoden, die empirischen Befunde, die Fortschritte in der Theorieentwicklung sowie die praktischen Anwendungen im Zusammenhang der Wirkungen von Erfolg und Mißerfolg auf die Leistung. (Abhandlungen zur Pädagogischen Psychologie. Herausgegeben von F. Süllwold und F. Weinert, Band 5; Gemeinschaftsverlag Huber/Klett)

Ernest R. Hilgard/Gordon H. Bower

Theorien des Lernens

Aus dem Amerikanischen übersetzt von H.-E. Zahn, deutsche Ausgabe herausgegeben von Hans Aebli und Hans-Eberhard Zahn

Band I: 4. Auflage 1975, 367 Seiten, Linson (3-12-923790-9)
Band II: 2. Auflage 1973, 409 Seiten, Linson (3-12-923800-X)

Die Verfasser legen in diesem Handbuch die wichtigsten Lerntheorien (Thorndike, Pawlow, Guthrie, Skinner, Hull, Tolman und Freud, die Gestalttheorie und die Feldtheorie von Lewin) anhand ihrer bekannten Versuche ausführlich dar, erläutern sie mit Hilfe übersichtlicher schematischer Zeichnungen und nehmen zu jeder Theorie kritisch Stellung. Im zweiten Band werden vor allem die neuen Forschungsrichtungen behandelt: funktionale Aspekte des Lernprozesses, mathematische und Informationsverarbeitungsmodelle und die neurophysiologischen Komponenten.

Leo Montada

Die Lernpsychologie Jean Piagets

Mit einer Einführung von Hans Aebli

1970, 253 Seiten, Linson (3-12-925840-x)

Montada hat aus dem Werk Piagets jene Texte und Textstellen ausgewählt und kommentiert, die als Teile einer impliziten Lerntheorie gedeutet werden können, und sie zusammen mit darauf aufbauenden, teils auch davon abweichenden neueren Forschungen auf diesem wichtigen Gebiet in einen verbindenden Rahmentext gestellt.

Gerhard Kaminski

Verhaltenstheorie und Verhaltensmodifikation

Entwurf einer integrativen Theorie psychologischer Praxis am Individuum

1970, 657 Seiten, Linson (3-12-924670-3)

Das Werk will eine umfassende Rahmentheorie klinisch-psychologischer Praxis vermitteln. Die Arbeitsprozesse des Psychologen und ihm nahestehender Fachleute aus den Bereichen der Erziehungs- und Lebensberatung, schulpsychologischer Beratung, Berufsberatung und psychologischer Therapie werden konsequent bis in die Details hinein als Problemlösungsprozesse interpretiert und durchschaubar gemacht.

Konzepte der Humanwissenschaften

Gerhard Kaminski (Hrsg.)
Umweltpsychologie

Perspektiven — Probleme — Praxis
Mit Beiträgen von Lutz H. Eckensberger, Joachim Franke, Carl F. Graumann, Gerhard Kaminski, Kurt Pawlik, Hugo Schmale, Kurt H. Stapf und 14 weiteren Autoren
1976, 270 Seiten, kartoniert (3-12-924810-2)

Im Jahre 1974 war die Umweltpsychologie im deutschen Sprachgebiet zum ersten Mal Thema eines psychologischen Kongresses. Dieser Band gibt einen umfassenden Überblick über dieses neue Feld der Psychologie und die ersten Forschungergebnisse. Die Autoren des ersten Teils beschreiben Aufgaben und Möglichkeiten einer Umweltpsychologie. Die folgenden Teile geben Einblick in die konkrete Arbeit an verschiedenen psychologischen Instituten.

Uwe Laucken
Naive Verhaltenstheorie

Ein Ansatz zur Analyse jenes Konzeptrepertoires, mit dem im alltäglichen Lebensvollzug das Verhalten der Mitmenschen erklärt und vorhergesagt wird.
Mit einem Vorwort von Gerhard Kaminski
1974, 249 Seiten, kartoniert (3-12-925260-6)

Wohl ein jeder erfährt an sich selbst, daß er das Tun seiner Mitmenschen, mit denen er täglich umgeht, deutend zu verstehen sucht und daß er sein eigenes soziales Verhalten nach diesen Deutungen ausrichtet. Diese schlichte Erfahrung ist dem Autor Anlaß, sich als Psychologe zu fragen, wie das diese Deutungen fundierende Wissen beschaffen ist. Ausgehend von alltagsgebräuchlichen Erklärungen menschlichen Verhaltens sucht er daher explikativ die zugrundeliegende „Theorie des naiven Verhaltens" zu erschließen und seinen Befund in Ansätzen kognitionspsychologisch zu interpretieren.

Ulric Neisser
Kognitive Psychologie

Mit einer Einführung von Hans Aebli
1974, 427 Seiten, kartoniert (3-12-926230-x)

Neisser liefert in diesem Buch eine groß angelegte Kritik des Empirismus: Damit das in den Sinnen Gegebene verarbeitet und gedächtnismäßig gespeichert wird, muß es entweder sofort sprachlich verschlüsselt, oder seine Elemente müssen einzeln „bemerkt" und zu einem strukturierten Bild verknüpft werden. Erinnerung ist Rekonstruktion des Wahrgenommenen. Das Denken muß entsprechend als ein aktiver Konstruktionsprozeß und nicht als eine Folge von inneren Bildern betrachtet werden.